現象学的心理学
への招待

理論から具体的技法まで

ダレン・ラングドリッジ

田中彰吾・渡辺恒夫・植田嘉好子 訳

新曜社

PHENOMENOLOGICAL PSYCHOLOGY
Theory, Research, and Method
by Darren Langdridge
Copyright © Pearson Education Limited 2007

This translation of PHENOMENOLOGICAL PSYCHOLOGY:
Theory, Research, and Method is
published by arrangement with Pearson Education Limited
through The English Agency (Japan) Ltd.

日本語版への序文

　日本には、現象学的心理学における長く誇るべき研究の伝統があることを、私は以前から知っていました。ですが、日本にいる仲間たち ── 彼らは私と同様、現在もこの分野を支配している伝統的な（総じて認知的な）心理学への代案として、現象学的心理学の可能性を追求しています ── と絆を深める機会を得たのはつい最近のことです。私の考えでは、現象学的方法は、好奇心をもって一緒に努力しながら、また絶えざる敬意を払いつつ、他者の世界に接近しそれを理解するうえで、最良の方法を提供してくれるものです。人間科学の大半の研究は、人間の経験を、そしてまた人間存在そのものをも単なる変数に還元してしまいますが、現象学的方法はそれとは根本的に異なる立場をとるものです。本書『現象学的心理学』の日本語版に人々が触発されてさらに読書を続け、自身の研究において現象学的方法を用いることになるよう、私も大いに期待しています。

　フランスの偉大な哲学者ポール・リクールは（私も本書全体を通じて彼に言及していますが）、2006年の著作『翻訳について』で優れた翻訳の重要性について述べています〔訳注：フランス語原著は「Sur la traduction」と題し2004年に出版されているが未邦訳〕。そこで彼は「言語的歓待（linguistic hospitality）」の概念について述べ、それが力のある翻訳の核心にあって、自己と他者の溝を埋める方法になっていると論じています。

　　翻訳者の課題を劇的なものにする葛藤に満ちた性質がそこにあるにもかかわらず、彼または彼女は、「言語的歓待」と私が好んで呼ぶものに悦びを見出すのである。その苦境は、完全には当てはまらない対応関係に由来する。……言語的歓待はしたがって、他者の言葉に住み込む行為と並んで、他者の言葉を自らの家、自らの住まいへと迎え入れる行為なのである。

　この点を念頭に置きつつ、「他者」の言葉に「住み込み」それを「迎え入れる」という彼らの素晴らしい努力に関して、私は本書の訳者たち（田中彰吾博士、植田嘉好子博士、渡辺恒夫博士）に心から感謝したいと思います。特に田中彰吾氏は、私が日本を訪れた際、歓待を実践することの意義を私に向かってさ

らに示してくれました。日本文化の美しさを味わうには短すぎる機会ではありましたが、彼の付き添いで好ましい思い出になりました。最後に、この企画を信頼し、本書の出版に同意いただいたことについて、新曜社に心から感謝します。人間科学における最新の思想を日本語で出版するという野心的企画の一翼を担うことができて、非常に興奮しています。

イギリス、オープン大学教授
ダレン・ラングドリッジ

謝　辞

　拙論「解釈学的現象学 —— 新たな社会心理学に向けての議論」（『心理学の歴史と哲学』第 5 巻 1 号，pp.30-45）の一部を再掲載する許可をいただいたことについて、エリザベス・バレンタインとイギリス心理学会に感謝を申し上げたい。

　本書の草稿に対して大変貴重な意見を与えてくれたトレヴァー・バット、リンダ・フィンレイ、マーク・バージェス、デヴィッド・ジャイルズにこの場を借りて謝意を表したい。また、理論を実践する機会を与えてくれた、オーレ・シュパーテン、オールボー大学の学生たち、ハダースフィールド大学の教員と学生、ロンドン・サウスバンク大学、「レズビアンとゲイの心理学部門パートナーシップ構築イベント 3」の参加者にも、心から感謝する。オープン大学のすべての同僚たちにも、このように刺激的で知的な拠点を与えてくれたことに感謝している。そして、ピアソン・エデュケーションのモーテン・ファグレヴァンドとジェイニー・ウェブには、この出版企画を信頼し、実現させてくれたことに謝意を表したい。

　最後に、この企画に取り組んでいる間、愛し支え続けてくれたわが家族と友人 —— 旧きも新しきも —— に感謝の意を伝えたい。

●目 次

日本語版への序文　　i
謝辞　　iii

1章　文脈の中の現象学的心理学　　1

1.1　心理学における質的方法　　2
1.2　現象学と現象学的心理学　　5
1.3　本書の概観　　6

2章　現象学の基礎　　9

2.1　現象学とは何か　　12
2.2　歴　史　　13
2.3　志向性　　15
2.4　経験されること（ノエマ）とそれが経験される
　　しかた（ノエシス）　　17
2.5　エポケー（判断停止）　　21
2.6　現象学的還元　　23
2.7　想像的変更　　24
2.8　本　質　　25

3章　実存主義と現象学　　29

3.1　実存主義の基本　　32
3.2　マルティン・ハイデガー　　34
3.3　後期実存主義者たち
　　──サルトル、ボーヴォワール、メルロ＝ポンティ　　43
3.4　サルトル、選択することと実存の虚無性　　44
3.5　メルロ＝ポンティと身体的主体　　47

4章　解釈学的転回　　　　　　　　　　　　　55

4.1　ハンス＝ゲオルク・ガダマー　　　56
4.2　ポール・リクール　　　　　　　　58

5章　現象学的心理学のさまざまな領域を区分けし概観する　　　75

5.1　現象学的心理学へのさまざまなアプローチ　　76
5.2　研究の設計　　　　　　　　　　　　　　　78
5.3　標本抽出法　　　　　　　　　　　　　　　79
5.4　反射性　　　　　　　　　　　　　　　　　81
5.5　倫　理　　　　　　　　　　　　　　　　　85
5.6　データ収集1 ── インタビュー　　　　　　89
5.7　データ収集2 ── 書かれたもの　　　　　103
5.8　データ収集3 ── 他のテクスト源および観察法　　107
5.9　品質 ── 研究への体系的なアプローチをとること　　109
5.10　研究結果を書くことと伝達すること　　112
5.11　現象学的研究におけるコンピュータの利用　　113

6章　事象そのものへの接近 ── 記述的現象学　　117

6.1　データ収集　　　　　　　　　　　　　119
6.2　方　法　　　　　　　　　　　　　　　120
6.3　研究結果の提示　　　　　　　　　　　124
6.4　記述的現象学的分析 ── 急性感染症の経験　　126
6.5　シェフィールド学派の分析　　　　　　143

7章　解釈と意味 ── IPA、解釈学的現象学、鋳型分析　　149

7.1　データ収集　　　　　　　　　　　　　152
7.2　方　法　　　　　　　　　　　　　　　153
7.3　研究結果の提示　　　　　　　　　　　156

7.4	IPA の実践例 ── 人間関係における不信の経験	158
7.5	解釈学的現象学	170
7.6	鋳型分析	175

8章　生活世界を物語る
──批判的ナラティヴ分析　　181

8.1	物語ることへの関心の拡大	182
8.2	データ収集	184
8.3	方法	186
8.4	研究結果の提示	194
8.5	研究事例 ── 親になることについて若いゲイ男性が抱く期待	197
8.6	最後に	211

9章　鍵になる論点、論争、反論　　215

9.1	既存の物の見方への挑戦	215
9.2	妥当性と現象学的研究	217
9.3	記述 対 解釈	220
9.4	ポストモダニズムと言語への転回	223
9.5	方法の成文化 ── 多様化／統合、創造性、そして方法崇拝	230
9.6	現象学的心理学にはどんな未来があるか？	234

『現象学的心理学への招待』訳者解説	237
参考文献	253
人名索引	263
事項索引	265

装幀＝新曜社デザイン室

1章　文脈の中の現象学的心理学

【この章の目的】
- ●質的研究において鍵となる用語を紹介する
- ●現象学的心理学の基礎を説明する
- ●現象学的心理学を、心理学における質的研究というより広い分野のなかに位置づける
- ●本書の構造を概観する

　私は大学1年次をシェフィールドで過ごしたのだが、そこでの最初の心理学の授業を今でも憶えている。私は興奮していたし不安でもあった。興奮していたのは、なんとか大学に入学できたから、不安だったのは、自分の学力が十分かどうかわからなかったからだ。講堂は大きく見え、自信に満ちた若い男女であふれていた。そして私は、吐き気まじりの嫌な感じを覚えながら、そこにいたのだった。講義はある警告から始まった。君たちが自分自身をよりよく理解しようとしてここにいるのなら間違った場所にいることになる、というのも、私たちがここにいるのは心理学という科学について学ぶためで、私たち自身について学ぶためではないからだ、という警告だった。なんてことだ。私は間違った場所にいるらしい。幸い、講義が進むと、今後の年次で扱うことになる魅力的な幅広いトピックが説明され、私は引き込まれていた。私は、科学者であること、新しい科学の研究に関わっていることを誇りに感じた。しかし、後に続く3年の課程のなかで、学問と私自身についてのこの信念に対する疑念はどんどん強まっていった。少なくともその一部は哲学を学んだことに由来するもので、人間性の心理を含め何でも良く知っているとの私の主張すべてに懐疑を投げかけてくる先生たちがいた。世界が実在するとの信念から、人間について客観的知識を獲得する可能性に至るまで、私が確信していたすべてが撃沈されてしまった。結局このことが、哲学に教わりつつ「心理学する」方法 —— それはもちろん、人間の条件を明らかにするような心理学である —— を見つける旅の始まりになった。すでにお気づきかもしれないが、こうして私は、生きられた経験を理解することに焦点を当てる現象学的心理学へと導かれたのである。

このストーリーそのものが、ちょっとした現象学的心理学の研究になっている。というのも、一人のひと（この場合は私自身）の生きられた経験を記述しているからだ。より一般的に見ても、たとえば、初めて大学に出席する経験についてつまびらかにしたものになっている。このストーリーは、本書の主題との関係で私を位置づけてくれるだけでなく、この導入部を通じて明確にしたいと思っている本書の構造と内容を告知するものにもなっている。

　本書の目的は、現象学的哲学にもとづく、あるいはそれに示唆を得た、「現象学的心理学」として一般に知られている一連の質的方法について、包括的に提示することにある。と言っても、これは哲学や心理学研究における新しい方法ではない。現象学的哲学は100年以上前に姿を現し、心理学者が推進する特定の研究を形成するうえで最初に用いられたのは1960年代のことである。心理学研究への現象学的アプローチはこのときから —— より広い心理学の共同体からはしばしば無視されながらも —— 継続してきたが、過去およそ20年間の間に、イギリス、ヨーロッパ大陸、アメリカ、オーストラリア、南アフリカにおいて急速に拡大し、より真剣に受け止められるようになった。本書はこの発展に対する応答であり、イギリスの心理学とそこで用いられている方法の観点から見たこの系列の諸方法を一冊にまとめ、提供する試みである。

1.1　心理学における質的方法

　質的方法とは、現象を経験する人々にとってそれが持つ意味の観点から、現象を自然観察的に記述し、または解釈することに関わる方法である。これは、現象とそのある側面の量を計測する量的方法とは対照をなす。この分野にいる多くの者にとって、特に現象学的心理学に従事する者にとって、焦点は、経験の一定の側面を豊かに記述することである。ただし、すべての質的研究者にとってこれが真実であるわけではない。たとえば、ディスコース心理学者（discursive psychologist）たちは、言語によって記述された経験よりも、以下のものに焦点を当てる。会話において私たちが利益を確保する方法など、談話の持つ行為への方向づけ（たとえばEdwards & Potter, 1992; Potter & Wetherell, 1987)、そして／または、談話上のリソース、言語が実際に人生を構成し、世界のなかである生き方を可能にするとともに制約するしかた（たとえばHenrique et al., 1984; Parker, 1992)。

　21世紀への転換期にあって、社会心理学（および臨床心理学、応用心理学）は、少なくともイギリス、ヨーロッパ大陸、オーストラリア、北米においては、い

まだに(圧倒的に実験系の)社会認知的観点によって支配され続けている。とはいえ、心理学理解のこうした方法が過去に挑戦を受けてこなかったわけではない(さまざまな批判の手際よい要約は Burr, 2003 を参照)。1970年代半ばの社会心理学における「危機」以降、これらの挑戦はより活発になり、ためらいなく聞こえてくるようにもなった。質的方法は、近年心理学において人気になりつつあるが、それはある程度、心理学共同体の内部で量的方法への不満が増大しつつあることの結果なのである。近年刊行された研究方法についての書籍、学術雑誌に掲載された論文を少しでも調べれば、心理学における質的方法が重要性を増していることの証左になる。

認知的観点への批判は、心理学への認知的アプローチの核心にある実在論(私たちが研究しうる真に可知的な世界が外部に存在するという仮定)と本質主義(人々を、最終的に人々が現にそうであるところの何かにするような、本質的な所与の核が存在するという信念)への疑義を含む。さらに、多くの認知系研究者は、知識が歴史と文化によって生じてくる道筋(私たちが出来事を話したり書いたりするしかたや言語を通じて構成されること)を説明することに失敗しており、そのことが、認知的観点からもたらされた知見への相当な不信を引き起こしている。結果として、人々は、知識を創造し人間性を探求するオルタナティヴな方法を求めるようになったのである。これらの質的なオルタナティヴは、心理学の主張に対する歴史と文化の影響を認め、心理学について私たちが生み出している知識と主張に対して批判的(懐疑的)な立場をとる。そして、私たちがそれらの知識を間主観的に(すなわち人々の間で)言語を通じて構成するしかたを重視するのである。

質的方法を学ぼうとする多くの人々にとって最初の困難は、多岐にわたる複雑な用語の理解が必要になることだ。以下で、すべての質的方法に関連するいくつかの基本用語を解説しながら、心理学の主流派(認知的)アプローチへの批判をさらに際立たせてみよう。あらゆる研究にとって、第一の重要な組織化の原理は**パラダイム**である。パラダイムとは、世界を理解する原理を提供する一連の基本的な諸信念であり、それゆえ、社会科学の研究を支える基本的な原理である。概して、これらの信念は哲学的議論を経た信用すべきものであるが、究極的にはつねに議論の余地を残している(そうでなければ、存在の本性と、私たちが世界について知っていると言いうるものについての哲学で進行中の論争は、ずっと昔に終結していただろう)。心理学は**実証主義**パラダイムにのっとっていた――そしてある程度は今もそうである。実証主義パラダイムとは、科学的方法(数量化や統計の使用を含む)を通じて、私たちがそれについての知識を獲得

できるような世界が実在することを信じるパラダイムである。多くの社会科学研究者にとって、**ポスト実証主義**パラダイムが実証主義に取って代わっている。そこでは、真の世界はいまだ仮定されているものの、世界についての私たちの知識は危うい（疑いうる）ものであり、そのため、完結することは決してなく、近似的なものにとどまる（Guba, 1990）。主流派の心理学研究の多くは、自然科学（化学、物理学、生物学）における大半の研究と同様に ── 自然科学は長らく心理学にとってのモデルであり続けてきた ── 実証主義／ポスト実証主義パラダイムの内部で機能している。実証主義／ポスト実証主義パラダイムは自然科学にとってはおそらく適切であるものの（この点でさえ近年は疑問視されているとはいえ）、心理学および人間性の研究にとっては不適切なパラダイムだと思われる。その結果、さまざまなパラダイムが心理学に流用されるのを私たちは見てきたし、そこには現象学的パラダイムの採用も含まれていた（以下を参照）。

あらゆるパラダイムは、世界についての一連の信念につながっているし、それによって、一連の用語が導かれてくる。パラダイムは、特定の**認識論**的な立場 ── すなわち、私たちが何かを知っていると言いうるか、ということに関する私たちの立場 ── につながっている。認識論は、知識、私たちが世界について何を知っていると言いうるか、知るものと知られるものとの関係、に関心を持つ哲学の一部門である。私たちが実在の世界を信じるなら、その世界についての真理を発見するため（または物事が現実にどのようであるかを発見するため）、科学的認識論を採用する必要があるだろう（私たちはそこでは客観的で、〔世界から〕分離しており、没価値的である）。対照的に、現象学的パラダイムは（実在する可知の世界よりも）経験やナラティヴに認識論的な焦点を当て、主観的で〔世界と〕非分離のこれらをとらえる方法を求める。この連鎖で残る2つの輪は、ある主題について研究する一般的なやり方を意味する**方法論**と、使用される特定のテクニックとしての**方法**である。採用される方法論は、本人の認識論的な立場によって性格づけられる。そして今度は方法論が、使用される方法の種類に影響を与えることになる。実証主義的科学の方法論を承認している者は、実験のような方法を採用する傾向があり、実験は研究のプロセスから異質な要因を取り除くようデザインされる。しかし、現象学的方法論は、データ収集と分析のプロセスに研究者が与える影響を説明する必要を認識しており、経験についての自然観察的で一人称的な記述の集積をともなう。質的な理論と方法の基礎についてのさらなる議論は、ラングドリッジ（Langdridge, 2004a）を参照。

1.2 現象学と現象学的心理学

　現象学的心理学に特有の焦点は、現象学的哲学の創始者エトムント・フッサールによる有名な言葉、「事象そのものへの還帰」にある。だから、現象学的哲学を心理学に応用する場合、私たちは、人々のそこで生きる世界についての知覚と、その知覚が人々にとって意味するものに ── すなわち人々の生きられた経験に ── 焦点を定めようとする。現象学（現象学的哲学）は、1900年代初頭、ドイツの哲学者エトムント・フッサールの仕事とともに始まった哲学運動である。それは、生きられた経験の哲学を中心に据えることに関心を持ち、大胆かつ根本的に新しい方法で哲学することを告げるものだった。とはいえ、現象学は一貫した思想の体系ではないし、現象学的心理学を創造するうえで依拠しうる考え方にも、異なった示唆に富む多くのヴァリエーションがある。したがって、現象学的心理学と呼びうるひとつの何かがあるわけではない。むしろ、現象学的心理学は、さまざまな強調点を持つ現象学によって特徴づけられており、現象学的哲学の特定の流派に依拠して方法論をもっぱら形にしている、一群のアプローチに貼られたラベルとして見るべきである。

　あらゆる現象学者は、実証主義と科学的プロジェクトにとって中心的な主観－客観の二元論 ── そこでは、実在する世界と知覚を通じて現れる世界とは分離していると見なす ── に対抗する。現象学者が主張するのは、世界のなかの対象を、主観性やそれについての知覚から切り離してとらえても意味がないということである。ある対象は、私たちがそれを知覚し、意識に現前して初めて、私たちの現実に参入する。それだけでなく、知覚はとりわけ、対象との関係における知覚主体の位置、知覚主体の気分など、文脈に応じて変化する。それゆえ、真に知りうる世界についての最終的な知識は見出されることがない。その代わりに、私たちは世界についての知覚と、それがどう経験されるかに焦点を当てる。異なる人にとってそれが異なった意味を持つこと、同じ人でも異なった文脈なら異なった意味を持つことを認識してのことである。したがって、現象学的心理学の狙いは、経験を研究すること、世界が人々に対してどのように現れるかを研究することにある。この目的のため、現象学的心理学は、豊かな具体的経験の記述、そして経験のナラティヴを研究者が引き出すことのできるような一連の方法を採用する。これらの方法は、研究参加者の生活世界を解明するべく、また潜在的には、類似する出来事を経験した、あるいは将来するかもしれない他の人々の生活世界、さらには研究者の生活世界をも解明するよう

に設計されている。

1.3　本書の概観

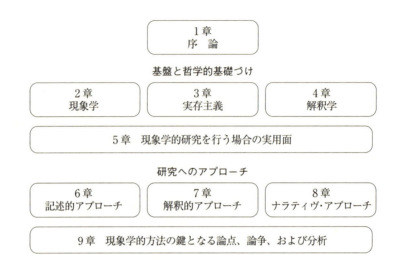

　本書は、現象学的心理学の哲学的基盤のアウトラインを示す３つの章から始まる。各章では順に、現象学の基盤（２章）、現象学に続いて生じた運動で、現象学を変容させ現象学的方法論に直接の影響を与えた実存主義（３章）、および解釈学（４章）を紹介する。２章から４章は、異なる種類の現象学的思考の哲学的基礎を詳しく説いたもので、大陸哲学のこの流派が、フッサール現象学と呼ばれるものから実存主義的現象学（しばしば単に実存主義と言う）へ、解釈学的現象学（解釈学的・実存主義的現象学と呼ばれることもある）へとどのように展開したかも示してある。仰々しい響きに困惑するかもしれないが、これらの名称はエトムント・フッサール（現象学の創始者）の本来の哲学のうち、それぞれ、生きられた経験と意味の解釈に焦点を定めたものである。あなたがもし、人々によって生きられた世界、人々のナラティヴを —— その豊かさ、複雑さ、活気のすべてとともに —— 理解することに関心があるのなら、現象学の「部族言語」は理解しようと努力するに値する。以下に続く３つの章は、現象学の哲学的核心をなす複雑な用語が、誰の目にも明らかに理解できるよう、説明を試みたものである。この３つの章は、６章から８章で提示した現象学的方法の３つのグループに対応している。６章では、現象学的心理学への記述的アプローチ

に焦点を当てる。これは、2章で提示する現象学の基本に最も即しており、実存主義（3章で取り上げる）のアイデアにも沿っている。続いて7章では、現象学的心理学を実践するうえでより解釈重視の方法を考察する。これらは、3章と4章でそれぞれ提示する、現象学的哲学における実存主義的および解釈学的な転回により緊密に即したものである。8章では、4章で論じる哲学者ポール・リクールの解釈学的現象学から直接的に発展した現象学へのナラティヴ・アプローチを紹介する。5章は、2～4章とは大きく異なり、多くの現象学的研究に共通する多様な論点について、実用的な情報を提供する長い章になっている。とりわけ、研究計画、標本抽出、反射性、研究倫理、データ収集についての情報を記してある。最後に9章は、現象学的な観点への批判に対する現象学的な応答を提示すること、また、心理学における質的研究の内部で今日生じている重要な論争の数々に関与すること（そして乗り越えること）を試みたものである。これらの論争のいくつかはきわめて複雑なものであり、1件の現象学的研究を実施することだけに興味がある読者にとって、一部のセクションはさして重要でないように見えるかもしれない。しかし、現象学的心理学に対して向けられる批判、そして、解釈、言語、ポストモダニズム、現象学的心理学の未来にまつわる論争に関心のある読者にとっては、この章に見るべきものが多くあることを願っている。

　本書を読むさい、次章以降の3つの章を飛ばして、現象学的研究を行うことの実用性を扱った章へ、さしたる問題なく進むことも十分に可能である。実際、時間が限られていて、現象学的研究の実施方法について早急に情報を得なければならないのなら、続く3つの章を飛ばして、研究プロセスの実用性にただちに焦点を当てることをお勧めしたい。とりわけ、研究計画、標本抽出、データ収集の全般的な詳細は5章に記してあり、データを分析するさまざまな方法は6～8章で得ることができる。ただし、多くの質的方法と同様、哲学に基盤を持つ現象学的心理学にとって、本書をこのように読むのは理想的なやり方ではない。用いられる方法を特徴づける哲学を理解することで、実施される研究は大いに豊かなものになるだろう。それはまた、研究の妥当性や方法論の健全性を確保するのに役立つだろう。こうした点も含めて、実用的な章に進む前に、続く3つの章を読み通すことをお勧めする。後の章を読むさいにこれらの章に立ち戻ることが必要になるかもしれないし、実際、そうするのが望ましい。2～4章で提供される現象学的哲学の最初の基礎知識はさらなる読書にとっての基盤になるだろうし、現象学的心理学についての知識を形成するうえで立派な土台となるだろう。

私が本書において一人称（「私」）を使用し、私自身の見方を提示していることに読者は気づかれたことだろう。主流派心理学の書物の多くが持つ非人称的スタイルへの対比として、またそれに含まれる権威への挑戦として、多くの現象学的心理学者が「私」を使用する。しかも、こうしたより個人的な声の使用は、研究プロセスにおける研究者の重要性が現象学的心理学で認識されていることを反映している。私たちにとって、知識は、歴史、文化、採用されている特定の理論的観点の外側で生み出されるものではない。現象学的心理学者は「真理」を生み出していると主張はしないし、それが可能だとも考えない。それゆえ、あなた ── 読者 ── も、アカデミックな「専門家」の知見として信じるのではなく、提示された知見の価値を判定するよう委ねられているのである。

要　約

　質的方法は、現象を経験する人々にとってそれが持つ意味の観点から、現象を自然観察的に記述し解釈することに関わる方法である。心理学は量的・認知的観点に支配され続けているものの、この観点への批判は大きくなりつつあるし、質的なオルタナティヴへの関心も増大している。これらのオルタナティヴな見方のひとつが現象学的心理学である。現象学的心理学は、何よりもまず、世界についての人々の生きられた経験を理解すること ── 「事象そのものへの還帰」── に関心を持つ。ただし、現象学的心理学はひとつではない。むしろ、共通の現象学的哲学に基盤を持つ一群の方法である。以下に続く章は2つに区別される。前半は、現象学的心理学の哲学的基盤を説明することに関わり、後半は、これらの概念を心理学に実際に応用することについて述べている。

2章　現象学の基礎

【この章の目的】
● 現象学的心理学とは何であるかを説明する
● 現象学的哲学の簡単な歴史と、創始者エトムント・フッサールの思想のあらましを述べる
● 現象学的哲学の基本的概念を紹介する
　志向性、ノエマーノエシス、エポケー（判断停止）、現象学的還元、想像的変更、本質

　この章では、現象学の基本についてその輪郭を示す。とりわけ、この哲学運動の、心理学にとって大切な特徴を簡単に描き出すよう努めたい。まず、「現象学とは何か？」という問いに答える試みから始め、次に、現象学の現代的理解に役に立つよう前後関係を踏まえながら、この運動の歴史についての話に入ってゆく。その後で、現象学における6つの重要な概念を取り上げ、その実際的応用のための基礎づくりとして役立つよう、明晰かつ簡潔に描写する。だがその前に、心理学における現象学的な研究法の位置づけについてもう少し知ってもらうため、以下のことを論じておきたい。
　1章で述べたように、心理学における支配的な研究方法は、量的かつ実証主義的（もしくはポスト実証主義的）アプローチである。このアプローチは、心理学的現象を変数上のスコアに変換するなどしてデータを計量化することを心がける。この方法は、世界についての私たちの知覚と世界そのものの関係にはほとんど問題がない、という前提にもとづいている。このような視点を持って研究している研究者たちは、観察可能な行動であれ「心的状態」であれ、研究対象に関する識別可能な真理が究極的には存在していると考える。この真理に到達するために、結果が従属変数として測定できるよう独立変数を操作する実験を行ったり、態度や信念や行動についての質問紙を考案したりする。このような方法で人間についてのデータを集めることが、人々の頭の中で何が起こっているかを語ってくれると、確信しているのである。と言っても、実際にはそんなに簡単に済むわけではない。多くの心理学者が、対象を知覚する人物や知覚

する文脈が違えば、対象は異なる意味になってしまう、という過程があることを認めているからだ。たとえば、海を、楽しかったり心穏やかになったりするもの、明るい日差しのなかでの素晴らしい海辺の休日の思い出を呼び起こすものとして知覚する人もいれば、まさしく同じ海を、制御できない荒れ狂った獣さながら引きずりこんで溺れさせるものとして知覚する人もいるかもしれない。まさに同じ対象が、人が違えば、あるいは同じ人物でも状況や前後の文脈が違えば、まったく異なった事象を意味してしまうのだ（溺れかけるという経験があった前か後かで、静かな海か嵐の海かで、または単にその人の機嫌が良いか悪いかで）。だが、主流の心理学者の間ではそれでもなお、さらにいっそう厳密な方法を適用することで、私たちの心理の秘密を明らかにすることは可能だという根深い信念がある。この見解に異議が唱えられてこなかったわけではない。そしてそのなかでも特に強力で徐々に人気の高まりつつある代案 ── 現象学的心理学 ── が、言うまでもなく本書の主題である。次の３つの章で明らかになるように、現象学的アプローチは、世界について知りうると考えられていること、それゆえにまた、人間の本性について知りうると考えられていることについて、伝統的な理解とはまるっきり異なる代替案を提供する。現象学的アプローチが、定量的・実証主義的・自然科学的な見方に対立し、他の多くの質的研究の見方と共通している見解には、次のような項目が含まれる。

- 人間の経験に、それ本来の正当な価値を持つ主題として焦点を当てる
- 意味に、したがってまた経験から意味が生じる過程に関心を持つ
- 事態の解釈や因果関係よりも、事態の記述とそのなかの関係性に的を絞る（この区別は次の章でさらに言及し、問題とする）
- 研究されているテーマが〔研究対象者と研究者によって〕共同構築されるさいの研究者の役割を認識する。しかもすべての経験は、（歴史的、文化的、個人的な）文脈のなかで理解されなければならない。

現象学的心理学の研究例として、研究ボックス 2.1 の男性のレイプの経験に関する例を読んでいただきたい。そこではこの経験の恐怖、そして巻き込まれた人に対して与える意味に、鮮明に息吹が与えられている。始めから終わりまで背景状況に対する感受性を保ちつつ、研究に限界があることを認めつつも、このような犯罪を防ぐのに役立つかもしれないとして、研究者たちはこの経験の構造を明らかにし、犯罪から生還した人たちの回復過程を明らかにしようとしている。これこそが現象学的心理学の目指すところである。すなわち、人間

経験を豊かに記述すること、それにより、繊細かつ多様なしかたで新たに経験を理解すること、そしてこの新しい知識を使って、私たちと他者たちによって生きられる世界に変化をもたらすことである。

◀研究ボックス 2.1▶

非・施設の状況における男性のレイプ被害の経験
Pretorius, H. G. & Hull, R. M. (2005). The experience of male rape in non-institutionalised settings. *Indo-Pacific Journal of Phenomenology*, 5 (2), 1-11.

　この論文は、刑務所や軍隊や寄宿舎のような場でもないのにレイプされ生還した3人の男性の経験の研究から得られた結果を報告している。著者たちは記述を中心とする現象学的方法を用い、彼らの経験と、この出来事が人生に及ぼした衝撃について、大変綿密に描写している。彼らは研究参加者との綿密なインタビュー (in-depth interview) を通してデータを集め、レイプの経験と人生に与えた衝撃についての情報を引き出すことに的を絞った。インタビューは一語一句そのままに書き起こされ、記述的現象学的分析を受けた（この分析の方法については5章と6章を参照）。著者たちは彼らの結果を5つのカテゴリーに構造化している。すなわち、予期せぬ暴行、レイプの自己への影響、レイプの経験を打ち明けること、支援機関、そして人生の変化である。これらは当事者の言葉の短い引用で補足しつつ詳細に記述され、そのトピックに関する以前の文献と関連づけられる。研究者たちは、彼らがレイプの「犠牲者」となって、男性であることは何を意味するのかということを再び定義し再構築することが必要となり、彼らの生活がどのようにひっくり返ったかを報告している。生還できたという安堵感と、自分および自分が愛するものが苦しまなければならなかったことに対する怒りの間で、葛藤する感情が生じる。レイプを他の人に打ち明けることはとりわけ問題をともなうが、当事者が前向きになり、レイプとその自分にとっての意味を自分自身の人生に組み入れることを可能にするためには、決定的に重要なことでもある。著者たちは男性の実際に受けたレイプの体験とそれが彼らの生活に及ぼした結果について、次のように鮮明に要約している (pp.8-9)。

　「犠牲者にとってレイプの経験は、彼のパーソナルスペース〔訳注：身体の周囲に広がる個人的なわばりのような空間〕への究極的な侵入と侵害をともない、それは身体的な侵入というだけではなく、もっと深くまで浸透する

ものであり、自己感覚の核心を侵害するほど深いものである。強制的な支配、屈辱、困惑によって、自分の人生をコントロールする力が奪われ他人の手に渡されてしまうという経験が、レイプという経験である。犠牲者は、それまで築き上げてきた自分を、自分が何ものであるかの感覚を、破壊され、無数の破片に打ち砕かれて地面に撒き散らされてしまう、そんな事件である。……打ち明けることによって生活は甦り、犠牲者に生気が戻ることが可能である。レイプの記憶を組み立て直し、前後の文脈に組み入れることによって、犠牲者は、起きてしまったことを自分自身の経験として新しい自分に組み入れ、コントロールを取り戻すことができる。……とはいえ、レイプの犠牲者になったという経験は、永久に自己概念の一部であり続ける。それは、自身の幸福と健康にとって、つねに現存ししかも永続する脅威として意識され続ける。もし犠牲者が誰にも打ち明けなかった場合は、レイプの経験は自身の関心の焦点に逸らすことのできない不可能な対象として居座り続け、人生の成功や幸福や癒しや幸運を奪い取るものであり続ける。」

2.1 現象学とは何か

　現象学（phenomenology）は、ギリシャ語の phainomenon（現象）と logos（論理）の合成語であるが、人間の経験についての研究であり、物事が意識に現れるとき、どのように知覚されるかについての研究である。より広義には現象学は、エトムント・フッサール（Edmund Husserl: 1859-1938）に始まりマルティン・ハイデガー（Martin Heidegger: 1889-1976）とその弟子たちによって発展した哲学運動に付けられた名称である。この運動は20世紀の哲学思想のなかで中心的な役割を果たし、今なお活動している多くの現代思潮を導いてきた。この哲学運動はまた、心理学も含む多くの分野に影響を与えた。本書の中核をなすのは、現象学的哲学と心理学が交差する部分にほかならない。
　したがって現象学の焦点は人々の世界の知覚はどのようなものであるかにあり、よく知られた言い方で言えば「現れるがままの事象」の知覚はどのようなものであるかにある。本書の関心は、人々に現れるがままに世界を描写することであるが、その達成のためにはさまざまなプロセスに携わる必要がある。実際、人間の経験に焦点を当てることを可能にする方法には多様なものがあり、後で本書のなかでこれらについて概説する。けれども、最初に基本に戻り、これらの方法の哲学的基礎を確認することが重要である。すなわち、現象学的哲

学そのものから始めて、いかに現象学が他の哲学運動とはまったく異なるものを提供するのかを理解するために、(それゆえにいかに現象学的心理学が他の心理学の方法とはまったく異なるものを提供するかを理解するために)、かなり難易度の高い概念へと進んでいかなければならない。実際には、いろいろある心理学への現象学的アプローチのすべてが、この種の難解な概念を同じように必要としているわけではない。けれども、現象学が経験に焦点を置くということは、すべての現象学的アプローチにとって枢要なことである。そしてまた、志向性についての議論と (2.3)、世界が現れる様態とそれについての私たちの経験の相互の関係は、現象学的心理学のすべての方法にとって重要性を持つ。もっとも、6～8章で輪郭を描く予定のさまざまな現象学的心理学のすべてが、エポケー (2.5を参照) や現象学的還元 (2.6) や想像的変更 (2.7) のすべてを用いているとは限らない。たとえ用いたとしても、それと見分けられないくらいに改訂されているかもしれない。これらの概念の使用 (あるいは不使用) については6～8章でもう一度触れるが、さまざまな現象学的方法を紹介するのも、その時になる。今大切なことは、これらの概念が、私たち自身と世界についての日常的な思考方法とは異なる現象学的な思考方法の基礎を、いかにして形成しているかを理解することである。

2.2 歴　史

現象学として知られる哲学の一部門の創始者であるエトムント・フッサールは、数学者としての教育を受けたが、さまざまな科学で用いられる基本的概念の意味を基礎から確立しようと企てた。その実現のためには、諸々の科学を区別し、それぞれが拠って立つ概念を規定する経験の根本的構造を見きわめることが必要だと考えた。それゆえ、現象学的物理学、現象学的地理学、現象学的心理学、等がありえることになろう。研究対象 (物理的過程、地理的特徴、心理的現象、等) が私たちの経験に現れる道筋を厳密に分析することで、これらの専門分野の基本的概念を堅固に確立することを目指したのである。もっとも、心理学者が後にフッサールの方法を取り入れたときには、基本的概念の理解によって諸科学の互いの違いを区別するこ

図2.1　現象学の創始者エトムント・フッサール

とでなくて、世界についての人間的諸経験のあれこれの特定の諸側面を理解することが主要な関心だった。

◀伝記ボックス 2.1 ▶

エトムント・フッサール（Edmund Husserl: 1859-1938）

エトムント・フッサールは 1859 年モラヴィア〔訳注：当時のオーストリア帝国の一部で現在はチェコ共和国の東部〕のプロスニッツで生まれた。彼の家族は、何世紀もの間その地域で暮らしてきた同化ユダヤ人だった。彼の父親は織物商人だったが、ユダヤ教という自己の宗教には無関心だったようだ。若きフッサールも地域のユダヤ人とは交わらなかった。彼は地域の学校に行き、1876 年に卒業証明書を得た。彼は特に優秀な生徒ではなかった。数学を除いてはすべての教科で大体平均の成績を収めた。数学では彼は特別な才能を示した。著名な哲学者レヴィナス〔訳注：リトアニア出身でフッサール現象学を最初にフランスに紹介したフランスのユダヤ系哲学者。1906-1995〕は、フッサール自身が話したこととして、年若い少年だった頃ペンナイフを貰ったが、十分に切れ味が良くないと思い、完璧な刃にしようと研ぎ続けて、しまいに刃そのものが消えてしまったという逸話を伝えている。フッサールはこの逸話は自分の哲学を象徴していると考えていたらしい（それはこの章を通じて明らかになるはずだ）。高校の卒業証書を得た後、フッサールは天文学を学ぶためにライプツィヒ大学に進んだ。しかし彼は数学と物理学の講義にも出席した。2 年後にはベルリンに行き、少し後でさらに勉強するためにウィーン大学に行った。彼が哲学によりいっそうの興味を持ち始めたのはこのころだった。1882 年には純粋数学に関する論文で学位を授けられた。

フッサールの哲学の発展における重要な瞬間は友人のマサリク〔訳注：哲学者で、後に初代チェコスロバキア大統領となる。1850-1937〕に勧められてブレンターノの講義に出席し、一方で新約聖書の勉強を始めたときであった。彼は後に、哲学に対する関心は、ドグマ的ではない方法で宗教的疑問を追究したいという願望から来ている、と述べている。ブレンターノの指導下でフッサールは哲学の研究を始めた。そして、後年、現象学における枢要な概念である「志向性」の着想を発展させるときに、ブレンターノの著作を参考にすることになる（2.3 参照）。

フッサールはゲッティンゲン大学とフライブルク大学での 40 年間の教育研究の期間およびそれ以前の期間に、20 冊もの多くの重要な著述をした。その

> 著作は、20世紀初期に彼の後に現れた哲学者たち、もっぱらフランスとドイツの哲学者たちに、多大な影響を与えた。『論理学研究』(1900, 邦 1968-1976)で概説されている彼の現象学の発展は、人間の意識に世界がどのように現れるかをつぶさに考察することを通して、あらゆる知識の起源に還帰することを試みるものだった。「事象そのものへ還帰」を私たちに促すことが、現象学運動のスローガンとなった。なぜなら、世界が、研究対象であるよりは、生きられた経験(lived experience)であることを認識するのは、「事象そのもの」へと還るときだけであるから。これはフッサールにとって根本的に重要なことであった。彼にとって、現象学は哲学にとっての根底的な始まりを意味していた。私たちは現象学において、新しいやり方で、つまりは生きられる経験を通して、世界をあるがままに見始めるであろう。

フッサールはその後の現象学運動の基礎を築いた。マルティン・ハイデガーの著作と活動と共に、その運動は、私たちの実存の理解を中心的焦点とした実存主義的転回へと向かうことになった。そしてそれは、(3章で詳しく議論する)サルトル、ボーヴォワール、メルロ=ポンティによって、十分に実現されることになる。これらの哲学者の著作は20世紀中期のヨーロッパ大陸における知的な運動に著しい影響を与え、今日も私たちの遺産であり続けている。より最近では、現象学における解釈学的転回の出現(もしくは復活)を私たちは目のあたりにしているが、そこでは、4章で詳しく議論するように、ハンス=ゲオルク・ガダマーとポール・リクールの著作が広範な分野で評価を受けると共に、解釈ということへの関心の興隆もしくは復活がある。次の2つの章では、フッサールに続いたこれらの枢要な思想家のうちの何人かの思想を紹介しよう。そのなかには、フッサールの著作にもとづいて構築された思想もあれば、フッサールの企てを、多分フッサール自身は現象学の企てとは認めないだろう程に徹底的に変えてしまったものもある。しかしながら、最も急進的な者たちにあっても、しばしば独自に色づけられた形でではあるが、この章で紹介する基本的概念はなお存続している。

2.3 志向性

フッサールによれば、**志向性**(intentionality)が意識の枢要な特徴である。志向性はここでは、ジムに行くとか猫を入浴させるといった、何かをしようと

意図する (intention) という普通の意味で使われているのではない。そうでなくて、私たちが意識している (conscious) 時は——気づいているときは、と言ってもよいが——いつでも何かを意識している（または何かに気づいている）、という事実のことを言うのである。それが猫であれ他の人間であれ想念であれ、そこにはつねに意識の対象がある。そこで、たとえば私たちが何かを見るとき、その何かは、自分の脳の後頭葉への投射として頭の中に現れるのではなく、外の世界に現れる。どうしてまたこのようなことが、現象学者にとって重要なのだろうか。身体とは別個の心という概念についての、長年続いている哲学上の論争の核心に触れるからである〔訳注：志向性はフッサールが哲学者ブレンターノから受け継いだ概念で、心的現象の特徴とされる。たとえば紙の上のインクのしみが文字として知覚されるように、意識が働くとき、外界の事物が特定の対象として意識されるという特徴がある〕。この論争は、心理学者にとっては主要な関心事ではないが、私たちが人間の本性について言いうることに影響する。手短かに言えば、過去200〜300年にわたって哲学では、とりわけ17世紀のデカルトの哲学に従って、私たちは自己自身と自分の考えや感情に気づくのであって、そのようなものとして意識は、そうした考えや感情を導く外部の事象に向かうというより、内部に向かうというように、きわめて特別なしかたで理解されてきたのだった。この、意識についてのデカルト主義的な考え方では、私たちの意識は「何かについての」意識ではなくなってしまう。代わりに、哲学者たちが「自己中心的袋小路」(egocentric predicament) と称したものにとらえられてしまう。神経科学の研究成果は、一見したところ、意識についてのそのような見解を支持しているように思われる。なぜなら思考が脳の状態の変化の結果として私たちの頭の中で起こるに違いないということは、自明に思われるからだ（本当に自明だろうか？）。だが意識についてのこの一見明らかな理解にもかかわらず、もし気づきが内面に向かっているのであれば、私たちはどのようにして外部世界に触れることができるのか、という難問（自己中心的袋小路）に直面することになる。さらなる問題として、私たちはどのようにして、同じように自分自身の主観性の囚われとなっている他の人物の世界を知ることができるのであろうか。だが現象学者にとっては、ギルバート・ライル (Ryle, 1949, 邦 1987) の言う「機械の中の幽霊」、すなわち私たちの身体に棲んでいて行動を指示する精神あるいは魂といったものは存在しない。その代わり、意識が世界に向かうそのしかたが、焦点となる。なぜなら意識は、志向的に世界のなかの諸対象に関わるからである。そして現象学的心理学者の研究対象となるのは、世界についてのこの意識であり、具体的に言えば、人間の意識と世界との関係

である。それは経験の公共的な領域である。

　このように現象学的心理学は、頭の中で何が起きているのかを理解しようとして人々の内側を覗き込みながら認知を理解するといった、大方の主流心理学で伝統的になされてきたことに関心があるのではない。代わりに、志向的な相関関係においては、事象が現れるがままの経験とそれが私たちに現れるしかたに取り組むこととなり、意識におけるそれらに注意が焦点化される。心というものは、それゆえ、もはやある個人にとっての私秘的なもの（「機械の中の幽霊」）ではなく、本質的に公共的なものとして理解される。これによって心理学という企ては、脳の中の思考パターンを探し求めるというよりは、人と人との間の関係性（間主観性（intersubjectivity））も含めて、ある人物とその住まっている世界に起こっていることを基にしたものなる。このような構想の結果として、現象学的心理学にとって、経験を理解すること、そして人がその住まっている世界を知覚するしかたが、中心的な関心事となる（図2.2）。

図2.2　都市労働者にとっての世界の知覚は人里はなれた村人のそれと、どんなにか違っているかもしれない

2.4　経験されること（ノエマ）とそれが経験されるしかた（ノエシス）

　現象学理論における**志向性**の中心的な役割は、2つの新しい用語の理解によってより明瞭になるはずだ。伝統的な哲学や多くの現代哲学では（そして日

2章　現象学の基礎 ── 17

常的思考でも）、対象と主体の間には区別がなされている。主体とは対象を認識する人間のことである。ややざっくばらんに言えば、主体とは、考え、行為し、知覚する人間であり、他方、対象は知覚されるものであり、いつもではないがしばしば、椅子とか机といった物質的な物体である。フッサールはしかしながら、すべての経験は（何か）についての経験であると主張し、そうすることで主体と対象の間の分別を、経験されるもの（**ノエマ** noema またはノエマ的相関）と経験されるしかた（**ノエシス** noesis またはノエシス的相関）の相関関係に変形させようとする。この相関関係が**志向性**と名づけられるのである。ここで相関関係とは、量的方法におけるような因果関係を意味するのではなく、単に関係性を意味していることを理解しなければならない。区別は、意識において私に現前して経験されるものと（主に視覚と触覚を通じて現前する私のコンピュータのように）、これらのものが私に現前し、反省的に検知されるそのしかた（キーボードやディスプレイがこの本を書きやすくする道具として私の注意をひきつけるように）との間にある。このように、志向性の２つの極の間を区別することは可能であるとはいえ、それらは必ず関係し続けていることを忘れてはならない。アイディ（Ihde, 1986, pp.42-43）の言葉を引用するならば、「……あらゆる経験は、経験されている何かへの指示、もしくは方向づけを備えている。その一方で、経験されるあらゆる現象は、それが現前している経験の様式を指し示し、様式を反映している」。この関係性は、単純な知覚に限らず、すべての経験に普遍的である。たとえば、もし私が未来の成功（たとえばノーベル賞の栄冠を手にするといった）を想像するならば、それが現実の知覚でなくとも、栄誉を受け取る私の想像上の視覚的な姿がそれ自身のノエマ的特質を持つ。たとえば私は授賞式の舞台を詳しく述べることができる。私が何を着ているか、どのように感じているか、そして私の周囲の仲間について、等々〔訳注：知覚には知覚ならではの、想像には想像ならではの物事の経験のされ方があるということ〕。ノエマ（経験されること）とノエシス（経験されるしかた）の間の関係性は普遍的であって、分離することができない。

　ドン・アイディ（1986）はノエマとノエシスの関係について役に立つ図式を提供してくれている。この図式について彼が詳しく説明していることが、超越論的現象学と実存的現象学との区別をつけるのに助けになるだろう。超越論的現象学は経験の外側に出る（「世界を上空から見下ろすために」自分自身の外側に立つ）ことが可能であるが、一方、実存的現象学では現実の生存（私たちによって生きられるがままの世界についての経験）に焦点を絞る必要がある。この区別は、現象学哲学者だけでなく、現象学的心理学者にとっても重要である。なぜなら、

それは現象について私たちが知ることのできる限界に関する、認識論の問題だからである。この区別は、5章とそれに続く4つの章で、今日英国で使用されている現象学的心理学の最も重要な研究方法のいくつかを紹介するとき、もう一度登場する。というわけで私は、ノエマとノエシスの相互関係について、そして超越論的現象学と実存的現象学との区別についての以下の諸章の議論において、アイディ（1986）に忠実に従うことにしたい。アイディ（1986, p.44）は、ノエマとノエシスの関係を次のように図示している。

　図中の矢印は、経験される物事はつねに特定のしかたで経験されるという、その経験のしかたを強調するために使用されている。この図式にはまた、これまでの私たちの議論に欠けていたものが見出される。すなわち、経験される物事を経験する人物（主体、自我、あるいは「私」）である。この図式は、フッサールがその研究の最初にとった立場そのものである。彼はしかしながらのちに、超越論的転回をすることになった。そこでは主体（経験する者）はもはやノエマとノエシスの間の相互関係の一部ではなく、その代わり、この過程を外から（あるいは上から）見るためにこの関係の外に反省によって移動することができるのである（Ihde, 1986）。この移動は一部には、経験というものは少なくとも2つの異なった側面から成るという認識から生じている。あなたが車で高速道路を運転していると仮定してみよう。ほぼ確実にあなたは、運転することは運転自体の手順についてはあまり考えないような経験であることに気づくだろう。よほどの初心者でなければ、やれギアをチェンジしなければならない、ハンドルを回さなければならない等と、いちいち考えはしないだろう。それどころか、運転するという直接的経験に没頭しているからには、手順など考え始めたら最後、運転は困ったことになるだろう。私たちの経験の多くはこの種類のものである、そしてこの直接的で何かに没入している経験は、その経験について考えるという経験とは非常に異なっているように思われる。経験について考えるということは、それが運転であれ他の経験であれ、それ自体経験であることはもちろんだが、あなたが能動的かつ直接的に没入するような体験とは非常に異なった種類の経験なのである。この区別は自明に見えるけれども、諸々の困難をもたらしかねない。なぜならば、反省的移動によってその経験について反

省するために直接的経験の外側に踏み出せば、私たちがノエマとノエシスの志向的な相互関係の外側に踏み出しているとたやすく確信してしまうからである。これは、「超越論的私」あるいは「超越論的自我」の出現によって経験を神の目で見る（Merleau-Ponty, 1945, 邦 1967-1974）、という立場へと導くであろう。そこで、これら２種類の体験は根本的に異なっているという考えは多くの批判を受けることになり、フッサールの後の現象学派のほとんど全員によって、彼の哲学のこの側面は拒絶されてしまった。その代わりにマルティン・ハイデガーに導かれた現象学の運動は実存的転回へと向かった。そこでの「私」は、ノエマとノエシスの志向的な関係のなかに埋め込まれたままである。より一般的に言えば、実存は、身体化された世界−内−存在に根拠づけられている、と理解された（ハイフンは私たちの存在と世界とを切り離すことは不可能だということを意味しているが、３章でさらに詳しく述べる）。したがってこの哲学的見解によれば、世界についてのすべての知覚は、私たちの生きている環境との関係のなかにある私たち自身の身体に、基礎を置いていることになる。

　志向的相関におけるノエシス極のカッコ（　）の中に示された「私」の位置づけは、重要な問題となる。自己反省的な自我（人）は現象学では主要な位置を占めない。すなわち、多くの種類の人間中心主義（ヒューマニズム。人は船の船長であるという確信にもとづいたアプローチ）と異なり、経験する人というものは経験の構造を探求するさいの出発点ではない。その代わりノエマ極が最初にくる。なぜなら、こちらのほうが経験においては最初に際立つからだ。つまり、現象学的探求は、経験に直接に最初に現れるもの（直接的経験の記述）から始めなければならない。これが、「事象そのものへ」という要請である。たとえば、もしわれわれが森の中で地面に落ちた枯れ枝を見つめているとしたら、それが、私の感覚領野、つまりノエマのなかで際立っているからには、その枝が経験の第一の焦点となるだろう。けれども、経験にとってこれがすべてではない。２番目の動きはノエシス極に、そして経験が「どのように」なされるかのしかたに（つまり経験そのものの反省的性質に）向かうものでなければならない。ノエシス的なものはノエマに備わる諸可能性によってのみ可能であるとはいえ、ノエシス的なものによってそのような諸可能性は形を成すのである。森の中の枯れ枝の話に戻るとして、意識的な気づきのなかでそれに注意を向けるならば、それがどのように見えるかが明らかになるだろう。それは最初私にとって単にひとつの枝として現れるが、あるいは老化と衰退の印として、または燃料源として、もしくは森の地面の無数の生き物の棲家として、経験される。このような経験のされ方がノエシスである。その最終的段階は、経験している

「私」へと、私（人）が、経験の結果として反省的経験を通じて出現するその しかたへと、移動する。探求のさいにはこの「私」は、経験に先立って世界を 示すのではなく、それが世界で出会うすべてのものへの関わりを通して自らの 姿を示すのである。つまり、私たちは、人々自身の知覚を通して人々によって 生きられている世界の経験に焦点を当て、それによってその知覚作用のただ中 にある人を理解するようになるのである。

2.5 エポケー（判断停止）

心理学における現象学的研究は、生活経験の一人称的報告に主たる関心がある。現象学的研究はこれらの報告を記述し、経験の意味および本質（すなわち基本的構造）の理解に到達することを目指す。**エポケー**（epoché）はフッサール（1931, 邦 2001）によって使われたギリシャ語で、研究対象について私たちが持っているかもしれない暗黙の前提、つまり先入見を控えようという特別な手続きを意味する〔訳注：邦訳では以上の意を汲んで「判断停止」とする場合もあるがここではエポケーで統一する〕。しばしばこれは、カッコ入れとも呼ばれる。エポケーの核心は疑うことである。私たちが知っていると言うすべてのものを疑うのではなく、自然的態度（natural attitude）、つまり日常的知識のもたらす先入見を疑うのである。自然的態度とは、フッサールによって、人間の現実生存を特徴づけると主張された態度のことである。これは、私たちが世界を経験する最も基本的な様式であって、そこではあらゆる種類の自明な前提が作用しているのである。私たちの経験を批判的に検討する試みとか、あらゆる可能性を徹底的に再検討するといったことは、そこではまず起こらない。そんなことをする代わりに、私たちは単に生活を送り、自然的態度でもって暮らしている。研究者もまた、自然的態度のなかで活動している。実際、ほとんどの主流の心理学は単純に量的方法を採用し、この方法は自然的態度によって経験を表すやり方なのだという批判的自覚もほとんどなしに、仕事をしている（むろん、自然的態度の背後に隠れているものを明らかにしようなどとは考えない）。次にやるべき選択肢のすべてを意識的に考えるようなことをせずに本能的に走りまわってショットを打つテニス選手のように、私たちは、たいていの時間を何も考えずに自然的態度で暮らしている（図 2.3）。その結果として、多くのものが見逃されてしまう。だから、多くのものが現象学的方法の適用によって初めて露わにされることになる。この現象学的方法は、私たちが自然的態度を棚上げにすることを可能にし、少なくとも自然的態度を批判的に自覚することを可能にし、

図2.3 音楽を演奏するときに、もし自分の動きをいちいち考えていたらいったいどうなるだろうか

人の生きられる経験のなかで作用している暗黙の想定についての、多くの批判的な理解を得ることになる。

エポケーの目的は研究者が「事象そのもの」を記述することを可能にすることであり、私たちの自然的態度を、つまり自分の周りの世界について持っているすべての想定を、棚上げにすること（もしくはそう試みること）である。私たちの経験することすべてを、あたかもまったく初めてのことであるかのように意識に現れさせるというのは、生やさしいことではない。このようにして得られる新鮮なものの見方のためには、私たちが憶測や先入見に自覚的になることが必要であり、意識の対象をさまざまな観点から検討することを要する。現象を多くの異なった観点から見る能力は、現象の本質（あるいは基本的な構造）を明らかにするために、欠くことのできないものである。

　私たちが本当に先入見をどれくらい多くカッコに入れることができるかは、現象学のなかでも熱い論議を引き起こしている。現象学的方法の批判者は、エポケーが実行可能かどうか、異議を唱えてきた。現象学のなかには、この問題をめぐって分かれている2つの大きな陣営がある。超越論的現象学はフッサールにならって、エポケーは実行可能で、世界についてのあなた自身の経験を超越して、別人がするようなしかたで見ること〔訳注：自分の視点を離れて、他の誰であってもそうするようなしかたで見ること〕が可能だと主張する。実存的現象学者はハイデガー、サルトル、メルロ＝ポンティに従い（3章）、エポケーを実行すべきではあるが、すべての暗黙の前提を本当にカッコ入れし、「神の視点」を得ることは決してできないと確信している。彼らは、私たちの世界内存在が世界に根ざし身体化されていることを強調する。記述的現象学者のなかには（5章、6章参照）、超越論的立場に賛同しているように思われる者もいるが、より実存的な立場をとっている者もいる（たとえばAshworth, 2003a,b）。どちらの立場がとられるにせよ、目的は同じである。調査される現象についての先入

見、つまり暗黙の前提をカッコに入れる試みであり、意識に現れる事象そのものに還ることによって、研究対象者の経験に対して開かれた態度であろうとする試みである。

2.6 現象学的還元

現象学的還元[1]はエポケーで始められたプロセスを続けるものである。このプロセスには3つの重要な要素がある。記述（description）、地平化（水平化）〔訳注：原文では horizontalization で地平化となるが、以下の文意に沿って「水平化」と補記した〕、検証（verification）である。いったん、私たちが先入見をカッコに入れて物事をあるがままに見始めると、私たちは、知覚との関係からだけではなく、意識との関係からも〔訳注：たとえば友人を見かけたならその姿の知覚だけでなくその人物にともなう感情なども含めて〕、見えるものを記述しなければならない。つまり、できるだけ詳細に意識の全体的な体験をとらえて記述しようと努める。自然的態度のなかに安住し、それゆえ経験の意味をすぐに解釈したがる主流派心理学の多くとは違って、その課題は単に現象の全般的な特徴を記述することであって、意識的経験に直接に現れていない要素はすべて除くのである〔訳注：たとえば友人に声をかけ損ねたとしても、それを無意識の反感のように直接経験されていないもののせいにせず、その場での友人の印象と自分の感情の忠実な描写に専念する、等〕。これは、現象についての繰り返しの反省、吟味、そして解明を必要とする。しかもつねに地平化（水平化）の原則を忘れることなく行うのである。現象学的心理学の研究においては、たとえばこういうことである。特定の経験をめぐって世界が当事者にどのように現れているかを記述しようとしたとする。そのため、インタビューの書き起こしや当人が文章化した記述を詳細に考察しなければならない。ここで私たちは、意味の階層秩序を作るという誘惑に抵抗し、その代わりに記述の詳細のすべてを等価値に扱うのである。どんなにありふれたものに見えようとも、当人に知覚されたすべての詳細を記述しなくてはならない。この段階では、どんな特定の知覚も特権的ではないのだ。まず細かい詳細を、次に全体を、検討考察すべきである。なぜなら部分－全体の関係が、その現象の本質を識別するのを助けてくれるからであ

---

[1] フッサールは実際には数種類から成る一連の還元を提案しているのであるが、それらの性質についてはやや混乱が見受けられる。ここで述べている還元は心理学的還元と呼ばれる部類の還元で、現象学的心理学で最も頻繁に用いられるものである。

る。自然的態度においては、あることは他のことより重要だと考えて「垂直化」をしがちである。現象学的心理学においては、研究対象者の経験の意味を理解しようとするさい、これに可能な限り抵抗しなければならない。還元の秘訣を繰り返すならば、知覚された現象に固有な意味の層を明らかにしようと努めることである。いったんこの過程を仕上げ終わったら、私たちは、意味の階層秩序についての仮説を作って検証の過程を始めてもよいかもしれない。ここで、私たちの分析をテクストに連れ戻し、その文脈で意味をなすかどうか確認するのである。現象がこの方法で検討されたなら、最終的な段階は、その経験について完全に記述したテクストを書くことである。

2.7 想像的変更

現象学的還元に続いて体験の意味をさらに解明するために使用される、もうひとつの段階がある。想像的変更（より厳密に言えば想像的自由変更）は、現象の特徴を想像によって変化させることを通じて、経験される現象にさまざまな観点から接近する手続きである。その発想は単純であっても強力である。その目標は、偶然的なものが消え去って本質的なものが現れるように、私たちの経験の要素を想像裡に変化させることである。たとえば、ある人物に病院での患者としての経験を記述するよう依頼するさいに、医師が看護師になり看護師が医師になるといったように、医師と看護師を交換して記述するようお願いする。この作業は、患者であるという経験をどのように変えるだろうか、また、この経験の特定の側面の本質をどのように把握させてくれるだろうか。多分それは、この２つの職業がいかに性別分担されているかを見ることを可能にするだろうし、もっと微妙なところでは、自分が医師と看護師に対してどのように異なった身の委ね方をしているかを見ることを可能にすると思われる。すなわち、医師に対しては、施される治療の受動的な受け手になり、看護師に対しては自分自身のケアに対してより能動的な関与者になるということである。また患者にとって、看護師は集団で働き、医師は単独で活動するという形態がはっきりと見え、それは医師の姿に権力の体現を見ることにつながるかもしれない。このように、可能性は無限である。なぜなら上述のような単に自然観察上の変更から、図2.4の説明にあるようなしかたで、知覚的世界の大部分はそのままにしながらも空想の領域へと移っていくことができるからである。想像的変更が、私たちが意味の層、そして経験の特性の不変項を明らかにするのに、きわめて強力な技術となる可能性を秘めていることは、容易に思い描くことができるだ

図2.4 警官がピエロの服を着ていると想像してみよう。この光景の意味にどんな影響を与えるだろうか（特に警官と抗議者の関係について考えるとき）

ろう。現象学的心理学においては、人口統計的な特徴は、特にこの作業の役に立つ〔訳注：性別・年齢・階級といった特徴を想像裡に変更してみること〕。しかし、単にジェンダーを逆にする（あるいはジェンダーそのものを取り去ってみる）とか、人種や階級やセクシュアリティを逆転させてみるといったことに、とどまる必要はない。確かに、研究されている現象への自然的態度から自分を解放し、他の見方で見ることを想像するには訓練が必要だ。けれども、私たちに見るという能力がありさえすれば、どんなことでも可能なのである。

2.8 本 質

　現象学において本質の特定へと進むことは、個人的な経験の記述からそうした経験の根底にある構造の探求へと移っていくことである。フッサールは、たった1つの経験的事例を元にしても、その経験の基礎をなしている普遍的な構造（すなわち本質）を特定することは可能だと確信していた。個別的なものから普遍的なものへの移行のプロセスは、形相的直観（eidetic intuition）と呼ばれるが、これはフッサールが日常的な経験のなかでも自然発生的に生じている過程だと考えたものである。本質という概念は物議をかもすものであって、フッサールは現象学のこの側面を十分に発展させなかったと感じる人もいる。けれども、個人的な経験の記述からより一般的な経験構造の記述への重要な移

行が、そこに示されている。フッサールはどのような個別的経験からでも本質を識別することが可能だと確信していたが、現象学的心理学者は本質というものを、多数の当事者による多元的な記述を通じて識別しようとする傾向があった。これは事実上、標本収集による想像的変更である。本質の真の性質は、研究対象となる経験の形態を多数の異なった観点から考察することによって開示されるのである。

　フッサールは、本質を観取する能力は相当な努力を要するものだと考えていた。なぜなら私たちは、いともたやすく**自然的態度**に戻ってしまうからである。自然的態度においては、経験は日常的な世界の見方によって染め上げられている。どのような経験であっても、個々の情報の一片としてだけでなく、本質そのものの顕現として認識することが重要なのである。本質に焦点を当てることは、少なくとも心理学的意味においては、全経験を作り上げている諸要素を、自然主義的な先入見を克服するしかたで探求しようと試みることである――自然主義的先入見においては、本質の現象学的探求は内観（心理作用の理解のために単に私たちの内面を見つめること）と混同されてしまっている。本質は、内的な直感のようなものから現れるのではなく、研究に携わる参加者の間での、意識に与えられた経験それ自体の厳密な検討と反省によって現れるのである。上に述べた、エポケー、現象学的還元、想像的自由変更は本質を特定するための方法を提供するが、5〜8章で詳しく述べるように、同時に現象学的心理学の方法ともなっている。

要　約

　現象学的心理学は、哲学における現象学的伝統から直接導き出される心理学へのアプローチである。これは、人間の経験に、また、知覚されるものが個人にいかに現れるかということに、焦点を当てるものである。経験を理解するということは、心理学者にとって、人々の生きられる世界経験の豊かな記述を生み出すよう計画された一連の手続きに携わることを意味する。それと共に、研究者は、研究テーマについてどのような道筋で先入観が起こりうるかを自覚するようになり、これらを反省して、カッコに入れて棚上げすることの重要さを認識するようになる。現象学的哲学は、エトムント・フッサールが19世紀末に著述活動を始めることで始まった。この哲学分野における最も重要な概念のひとつは志向性であり、それは私たちが意識しているときはいつでも何かについて意識しているという事実を意味している。これは、認知を研究するのに

人々の頭の内側を探る代わりに、人々の「現れるがままの事象」の経験に、つまり物事が意識にどのように映じているかに、注意を向ける必要を重視するという、重要な方法論へと導く。志向性はまた、主体と対象との区別から離れ、経験の対象（ノエマ）と経験のしかた（ノエシス）の相関に焦点を当てる。エポケー（しばしばカッコ入れとも称されるが）は、もともとギリシャ語であって、先入見を避け、初めて見るかのように「現れるがままの事象」を見ようとする手続きを意味している。つまり、私たちの日常的な世界の見方である自然的態度を棚上げにする試みである。現象学的哲学のこの側面については、しかしながら、経験についての先入見をカッコ入れすることがいかに可能かについての相異なる観点からの、熱い議論が続くことになった。現象学的還元はエポケーによって始められた過程に続くもので、3つの主要な要素をともなっている。すなわち、記述、地平化（水平化）、検証である。さらなる段階が還元の後に続く。それが想像的変更である。想像裡に主要な特徴を変化させることによって、研究対象になっている現象に多様な観点から接近しようという手続きである。フッサールにとって、そしてまた現象学のこの分野にこだわりを持つ現象学的心理学者にとって、想像的変更の目的は現象の本質を観取することである。本質とは、知覚的に現れている物事の基礎となっている構造的不変項である。現象学的心理学者は、人間の本性を理解しようとする試みにおいて、フッサールから主要な着想を得てきた。これら、フッサール哲学に最も忠実な現象学的心理学者たちは、記述、エポケー、そして現象学的還元を護持し続けている。この点は6章で詳しく論じることになる。

さらに学びたい人のために

- Ihde, D. (1986). *Experimental Phenomenology: An Introduction*. Albany, NY: SUNY Press.
  視知覚を通じて現象学的哲学の基礎の多くを紹介している、優れた入門書。現象学的哲学の実践的性質を理解したい読者にとっては、非常にふさわしい出発点となるだろう。
- Kearney, R. (1994). *Modern Movements in European Philosophy*, 2nd ed., Manchester: Manchester University Press.
  現象学運動のなかの多くの重要人物の思想を網羅した、流麗な筆致のきわめて明快な本。フッサール、ハイデガー、サルトル、メルロ＝ポンティ、リクール、およびその他多くの欧州大陸の哲学者に関する章から成っている。
- Moran, D. (2000). *Introduction to Phenomenology*. London: Routledge.
  数多くの（すべてというわけではないが）現象学者の思想を広範にカバーした、きわめて包括的で密度も濃い本。

・Sokolowski, R.（2000）. *Introduction to Phenomenology*. Cambridge: Cambridge University Press.
　　現象学を、その諸概念の元となった哲学者たちにあまり言及することなしに紹介している興味深い本。おかげで大変読みやすいが、どの哲学者がどの概念に寄与しているか詳細を教えてくれる他の教科書の補助として良いというところであろう。

【訳者補足】日本語で読める文献
・木田元・野家啓一・村田純一・鷲田清一（編）（1994）.『現象学事典』弘文堂.
　　現象学のことならたいがい載っている便利な事典で、日本の現象学研究の層の厚さを物語る。本書での訳語選定の指針にも用いた。なお 2014 年に縮刷版が刊行されている。
・フッサール, E.（2004）.『ブリタニカ草稿』谷徹（訳）筑摩書房.
　　フッサールを読んでみたいという人にまず薦められるのがこれ。ブリタニカ百科事典の記事として書かれたコンパクトな現象学紹介の書になっている。ただし、初学者にとっては難解なので、フッサール入門とも言える「訳者解説」のほうを先に読むことをお勧めする。

3章　実存主義と現象学

【この章の目的】
- 現象学的哲学における実存的転回について述べる
- 実存哲学の基礎を概観する
- 主要な実存的概念を紹介する
  生活世界、**現存在**、時間性、事実性、気分、死へ臨む存在、気遣い、本来性、共同存在、語り（言説）、自己欺瞞、身体的主体

　フッサール（Husserl, 1936, 邦1995）は、生活世界（Lebenswelt）の概念によって現象学的哲学における実存的転回を先取りしていた。彼は、生活世界をあらゆる哲学と人間科学研究の基底と見なしていた[1]。生活世界とは、具体的に生きられるがままの世界であって、すべての現象学的心理学研究の基礎となるべきものである。ここで再度、私たちは、経験が焦点となっているだけでなく、それが日々の生きられた経験に根ざしていることを見て取るのである。生きられた経験とは、自然的態度によって隠蔽されているとしても、その意味が最優先されるような経験である。それゆえ、この意味を露わにするためには、自然的態度を脇にどけておくための（心理学的還元のような）現象学の方法を用いることが要求される〔訳注：生きられた経験 lived experience はドイツ語 Erlebnis の英訳。ドイツ語 Erlebnis は知的な意味合いを持つ「経験（Erfahrung）」とは区別して「体験」と訳すが、本書は英語からの邦訳なので区別しない〕。もっとも、フッサール自身の仕事には矛盾が見られる。彼の後期の著作における生活世界の強調は、より早期の超越論的立場とはきわめて異なる立場を表明しているように見えるのだ。中期のフッサールは、事象を実際にあるがままに見るうえで、生きられた経験 —— 自己自身の主観的立場と自然的態度からなる —— の外側に立つことが可能だという信念を主張していたからである。とはいえ、生活世界が

---

　[1] メルロ＝ポンティ（1945, 邦1967-1974）は、生活世界への着目が、フッサール哲学における後期の実存的転回を画することになったと考えている。しかしながら、近年の注釈者（たとえば Moran, 2000）はこれには賛同せず、還元を通じて新たな意味の層が開かれたのだと見ている。

最も中心に位置するようになる後期の著作群においてさえ、フッサールはなおも、主観性を超越して意識の諸側面をカッコ入れし、世界のありのままの姿を開示することは可能だと論じている。この問題は、あらゆるタイプの現象学的心理学者もよく自覚しているが、その多くが（たとえば、Dahlberg, Drew & Nysröm, 2001）現象学的還元はフッサールが信じたような純粋な超越を可能にすることは決してない、不完全な過程だと見なしている。ただし、自然的態度が人間性理解を隠蔽している道筋の少なくとも一部は明るみに出せる、価値ある方法だとは考えている。

フッサールの超越論的現象学は、一度は彼の弟子だった哲学者たちによって、絶えざる批判を浴びてきた。これは最初、現象学の実存的転回をもたらすことになった。それはフッサールの学説に取って代わるような運動であり、その結果が、1950～60年代のサルトルとボーヴォワールの名声であった。もうひとつの結果が、解釈学的転回であり、これは解釈と言語についての特別な関心をもたらすことになる（4章参照）。実存的批判者のうち最も重要なのがマルティン・ハイデガー（1889-1976）であることは疑えない。彼の著作は現象学にも哲学一般にも、永続的な衝撃を与えた。ただし、ハイデガーがフッサール以後の最重要の哲学者であり、最初の真の実存主義者であることは疑えないとはいえ、実存主義の始まりはセーレン・キルケゴール（Søren Kierkegaard, 1813-1855）とフリードリッヒ・ニーチェ（Friedrich Nietzsche, 1844-1900）まで遡ることができる。

フッサールの現象学に、心理学に導入可能な方法が備わっていることは明らかだ。けれども、実存主義と現象学と心理学の間の関係は、もう少し入り組んでいる。実存主義者は、フッサールによって準備された現象学的土台に依っているにもかかわらず、新しい哲学的方法を発展させることにはあまり関心がなかった[2]。その代わり彼らは、私たちの実存そのものと実存がとる様態について、根源的な問いを発しようとしたのである。なかでもハイデガーは、少なくとも前期の著作では、人間性について何を知っていると私たちが言いうるか（**認識論**）にはおそろしく無関心で、その代わり、私たちの実存そのものについての真理（**存在論**）を確立することにもっぱら関心を注いだのだった。そう

---

[2] もちろんフッサールは、単に、哲学するための新しい方法を発展させようとしたわけではない。彼は現象学が、哲学の基盤に戻ることによって、哲学それ自体の根底的に新しい端緒となることを意図したのだった。とはいえ、広範囲に諸学の新しい基礎を確立しようとする過程のなかで現象学的方法を発展させたため、この方法が端的に心理学に適用可能になったのである。

いうわけで、彼の諸概念と現象学的心理学との関連性を見て取ることは難しい。にもかかわらず、ハイデガーの仕事は哲学と心理学の双方にとって意義あるものなので、続く諸節のなかで、この意義を汲み取ってもらえるよう期待したい。とりわけ、ハイデガーの仕事は現象学に、かつて見られなかったようなしかたで言語による解釈への門戸をひらくことになった。解釈学的現象学者であるガダマーとリクールの仕事は（4章で詳しく述べるが）、ハイデガーに依拠しており、しかも現象学的心理学にとって根源的な意義を持っている（5章と8章で論じる）。もっとも、ハイデガーに直接続いた実存主義者たち、サルトル（Sartre, 1905-1980）、メルロ゠ポンティ（Merleau-Ponty, 1908-1961）、ボーヴォワール（Beauvoir, 1908-1986）は、もっぱら人間的条件の理解に関心を注いだので、現象学的心理学の現代的形態のあるもの、とりわけシェフィールド学派のやり方に影響を与えることになった（5章と6章を参照）。

　実存主義者たちとフッサールの間の相違にもかかわらず、両者には重要な共通性がある。いちばん重要なことは、実存的現象学者たちも皆、人間的実存はまず何よりも**志向的**であるというフッサールの考えを堅持していることだ。もちろん**自然的態度**が、経験することの本質を覆い隠す役割をしている。私たちがフッサールと実存主義者の最初の相違を見出すのはここで、つまり、前者は自然的態度を完全にカッコ入れすることが可能だと信じていたのに対し、後者は、このような抽象化ができるにはあまりに私たちは実践的に世界に —— すなわち生活世界を通じて —— 関わりすぎている、と考えたのである。ただし、もし「現れるがままの事象」の記述を真に可能にしようとするのであれば、現代心理学に支配的な自然科学的な態度を脇にどけておくことが確かに必要だという点では、一致していた。それゆえ、生活世界における日々の生活様式の一切をカッコ入れすることは不可能だとしても、少なくとも、自然的態度のある側面を脇にどけておくことはできる。そこには、科学的方法が人間性についての真理を明らかにできると見なすような態度も含まれねばならない。

　本章で私は、ハイデガー、サルトル、メルロ゠ポンティの仕事についての手短かな —— だから選択的にならざるをえないが —— 概観を示そう。もちろん、実存哲学には他に多くの重要な人物がいる。けれどもここでの目的は、実存主義案内の決定版を提供することではない。読者が、現象学の実存主義的展開と、それが現象学的心理学の実践にとって持つ意義を見て取るに十分役立つような、実存主義の理論的理解を提供することである。けれども、最初に、実存主義の源泉をキルケゴールとニーチェまで遡り、実存主義運動全体にとって肝心な基本問題についての理解を深めることにしよう。

3.1 実存主義の基本

図 3.1 実存主義の礎を築いた思想家セーレン・キルケゴール

実存主義の始まりはデンマークの哲学者セーレン・キルケゴール（1813-1855）の著作まで遡ることができる（図 3.1）。彼の観察したところでは、人間は自由を求めて格闘するもので、私たちはこの格闘を人間的条件の本質的部分として受け入れる必要がある。誰が実存的哲学者で誰がそうでないかを定義するのは、ハイデガーのような中心的人物であっても自らこの称号を拒否している例もあって難しい。だが、何を追究するのであれそれが実存哲学であるならば、キルケゴールが洞察したように自由への格闘に根源的なしかたで関心を抱き、しかも抽象的にではなく実践的かつ生きたやり方で哲学に臨むのである。つまり、実存主義とは、単なる知的な活動であってはならず、私たちがそれを生き、それを通じて新たに生きることを学ぶ活動でなければならない。自由と、哲学に実践的に関わる必要性という二重の関心は、キルケゴール以来の実存主義運動の中にいる者すべてにとって中心的である。実存主義に見られるもうひとつの共通の撚り糸は方法論的なもの、つまりフッサール現象学である（2 章で概観した）。この方法は、本章でこれから明らかになるように、ハイデガー、サルトル、メルロ＝ポンティによって（理論的に）変形されたにもかかわらず、実存主義の核心に生き続けている。

ワーノック（Warnock, 1970）は、キルケゴールの人生を理解することなしに、その哲学的営為を理解することは不可能であるというが、同感である。彼は宗教的に厳格な家庭に育ち、そこでは窒息しそうだった。成長すると、この原理主義的な宗教の拘束着を脱ぎ捨てて、その代わりに歓びと快楽を求めるようになった。そのような時期の後に今度は、自己にも他者にも適用できる普遍的な道徳原理を発見したと信じて、きわめて道徳的な生活を送るようになった。その後、1838 年に、神への新しい信仰を見出して、キリスト教へ改めて回心した。これらの諸段階を後にキルケゴールは、すべての人間の発達に一般的と考えられる 3 段階として整理した。第一は、表面的には自由で、充実した生活を享受する段階で**審美的段階**と名づけられた。しかしながらこの段階で味わう自由は錯覚であり、それは次の、**倫理的段階**の自由であってもやはりそうである。こ

の段階では人は人生の送り方を自ら選ぶのではなく、人倫的な規範とその体系に従うのである。キルケゴールが、人間主義的な錯覚を払いのけて自由ということの意味を真に発見したと確信できたのは、キリスト教への回心によって**宗教的段階**での信仰を見出すことによってであった。ただし、この発展モデルは、審美的から倫理的へそして宗教的段階へという、単純な進歩のモデルではない。実際、宗教的段階へと達しなければならないという考えには、きわめて多くの論争の余地があるのだから。この段階モデルにとって枢要な面は、より高い段階へ進むことを、すなわち、大衆的な規範と期待とを越えて生きることを、選択する必要性にある。自由であれと説得されて自由を選択するなどありえない。自らの選択にもとづいて、そのようなしかたで生きるしかない。その選択は、単に知的（合理的）というだけでない、いかに生きたいかという実感をともなう真の（非合理的）決断である。そのような選択によって、人々の課す拘束や期待から人生を解き放つことで世界がいかに異なって見えるかが、理解できるのである。

　キルケゴールの実存主義的な使命は、彼が**客観性**と名づけたものの錯覚から読者を解放するところにあった。客観性はここでは、私たちの生き方を支配している規範を受け入れ、それどころか歓迎するような人間の状況を意味している。単一の真なる解を持っていると認められる物事は何であっても、客観的である。予測しコントロールする試みという、多くの現代心理学が共有する知識の科学的モデルは、宗教的と法律的とを問わず普遍的原理にもとづく道徳と同様、〔キルケゴールにあっては〕拒否される。客観性は倫理的段階において最も先鋭化するが、それはこの段階での人々は、成文化され教師から生徒へと伝達される規範に縛りつけられていて、人生の傍観者でしかなくなり、創造的に情熱を持って生きることができなくなるからである。これと対照的に、**主体性**は、各人が個として生き、自分自身で人生の選択をし、「内面性に生きること」をともなう。ただしそれは生やさしいことではない。集団の一員として埋没している客観性という束縛を脱し、代わりに自由と選択の厳しい現実に向き合うのは、困難だからである。主体性とともに信仰も教義の問題ではなくなり、個人が信じるか否かの選択の問題となる。同じように、科学も解答を与えることができない。科学の解答は、客観的な生き方という錯覚を基にしたものにすぎず、主体的に生きることから来る実存の具体的な個別性に関わり合うことも適用することもできないのである。それは、科学というものが、主体よりも客体の分析にもとづいた客観的技術を用い、合理的なもののみに焦点を合わせて非合理的なものは覆い隠すからである。キルケゴールによれば、一人一人が自己の歩

むべき道を選択しなければならないという人生企画への関わりにおいてしか、人間性は実現されることがない。したがって、心理学という企画もまた、客観性にもとづく自然科学のひとつから、主体性にもとづく一個の人間科学へと変わらなければならない。

　ニーチェ（1844-1900）もまた、先行するキルケゴールと同じように、世界には異論の余地なく識別可能な真理が存在するという客観性およびその神話と闘った。「神は死んだ」という原理から出発してニーチェが論じたのは、あらゆる意味は、世界のなかの意味を自然に発見するといったものではなく、私たちが世界に刻み付けるものだということだった。これは言い換えると、人生には固有の意味といったものはまったくないが、その代わり、意味を創造する人間的可能性がある、ということである。つまり、事実が存在するのではなく、ただパースペクティヴ〔訳注：世界について一定の構図を生み出す視点〕だけが存在するのである。神の死とともに、私たちにはもはや宗教にもとづく堅固な地盤がない。だから、自分の可能性を実現するための道は、自分で切り拓かなければならない。いわゆる科学の中立性は、ニーチェにとってとりわけ批判の的であった。彼の論じるところによると、科学にあってさえも、価値中立的でつねに真であるような知識体系を淡々と組み立てることは不可能である。最も基礎的な世界の記述・描写であっても、何かしらの価値評価をともなっている。たとえば、心理学者が群衆行動を研究するときには、群衆を理解し、それによってコントロールしたいという欲望がその研究には隠れている。この点は人間が世界について概念化するさいの鍵でもあって、世界をコントロールし支配することで、扱いやすくて自分たちの要求に適合したものにしたいという欲望に動かされているのである。これが**権力への意志**である。ニーチェもキルケゴールと同じく、自由と選択を強調し、客観性の錯覚から、とりわけ科学の言語によって固定され恒久化される類の客観性の錯覚から、解放される必要性を力説する。その代わり2人ともが説くのは、このような不確実性からくる不安を直視しつつ、情熱を持って生きることである。だから心理学もまた、そこで生み出される知識の部分性と偶然性をわきまえて、確実性を減じた（科学性を減じた）学問になっていかなければならない、ということになる。

3.2　マルティン・ハイデガー

　ハイデガー（「伝記ボックス3.1」を参照）の主著は『存在と時間』（Heidegger, 1927, 邦 2013）であり、そのフッサール批判と実存主義への企ても、この本の

なかで最も明瞭に見て取ることができる。ハイデガーの土台は、テクストの解釈に関わる解釈学的な伝統にある（解釈学については4章で詳しく述べる）。『存在と時間』のなかでハイデガーは、「あるとは何か（what is）」すなわち、存在するということについて究明しようと試みた。その過程で彼は、中立的で利害を離れたしかたで物事を現れる通りに考察し本質を見て取るなど、哲学者には不可能だと論じた。ハイデガーにとって哲学者を含めたすべての人々は、自分自身がその内に棲まっている世界から切り離されることがない。それゆえ、フッサールが提案したようには自分の物の見方をカッコ入れして現象の本質を把握するな

図3.2 実存哲学の枢要人物マルティン・ハイデガー

ど、無理というものである。反対に、私たちの実存のあり方は、その歴史的・文化的な文脈のなかで観察され、言語の役割を重視しつつ理解されなければならない。つまり、記述・描写されるだけでなく、解釈されねばならないのだ。私たちの手元にはいまだ現象学的方法がある。けれどもそれが目指すのは、現れのなかでの事象の本質という普遍的なことではない。むしろ、事象そのものに根ざした立場から見て、現れのなかで事象が持つ意味を解釈することである。哲学者はもはや、（この後でメルロ＝ポンティも言うように）神の目で見た眺めを採用するわけにはいかない。それが何であれ自分が何を理解したいのかに相関して決まる立場でもって満足せざるをえないのである。

◀伝記ボックス3.1▶

マルティン・ハイデガー s

マルティン・ハイデガー（Martin Heidegger: 1889-1976）は、20世紀の最も重要な哲学者の一人である。彼の仕事は哲学だけでなく、他の多くの分野にも深甚な影響を与えている。彼の生涯は、当然その業績も、ということになるが、決して申し分がない代物ではない。彼は1889年にドイツのメスキルヒで生まれた。聖職者になるよう定められており、その職に就く準備のために少年時代の教育を受けている〔訳注：父親がカトリック教会の関係者で、彼自身も聖職者になるための学校に進学した〕。そんな人生行路が劇的に変わった

きっかけは、ブレンターノ〔訳注：フッサールの師。伝記ボックス2.1参照〕が1862年に書いた『アリストテレスにおける存在の6つの意味』という本を、校長先生から贈られたことだった。この本のことをハイデガーは「杖ともなり鞭ともなった」と述懐しているが、この本からアリストテレスのギリシャ語原典へと遡ることが、哲学での経歴に足を踏み入れる触媒となったのだった。ハイデガーは、フライブルク大学で神学の勉学を続ける一方、哲学をも聴講するなどしてブレンターノの存在の意味についての問いを考え続けた。また、シュライアーマッハー〔訳注：ドイツの神学者で古典文献学者。近代文献学における解釈学的方法の祖。1768-1834〕の著作を通じて解釈学（解釈の研究）を発見したのも、この時期のことである。その後の人生もつきまとうことになる持病の時期を経て、ハイデガーは哲学に転じ、1913年学位を得た。第一次世界大戦勃発時には兵役に招集されたが、病弱ということで除隊され、フライブルクでの郵便物の検査官として勤務した。ハイデガーが現象学研究を本格的に開始したのは、1916年にフッサールがフライブルク大学教授に赴任して来てからである。1919年にはフッサールの助手となり、講義を始めたところ大変な評判になった。一方、公刊業績の不足で正規の教授職にはなかなかありつけなかった模様であるが、1927年になってようやく『存在と時間』を発表するに至る。ところがフッサールと共に仕事をしていた間に、両者の相違が明瞭になってきた。ハイデガーは、実存の生ける現実に焦点を当てることを好み、フッサールの現象学プロジェクトの超越論的性質に根底から批判的だった。対してフッサールは、ハイデガーが哲学的人間学に入り込んで現象学的還元の意義を見失ってしまっていると考えた。けれども、『存在と時間』の出現以来、哲学界のほとんどを席巻したのはハイデガーのほうであった。1928年にはフッサールの後継として、ハイデガーがフライブルク大学における哲学講座の主任となる。

　ここで、ハイデガーの国民社会主義〔訳注：近年のドイツ研究の傾向を鑑みて国家社会主義ではなく国民社会主義と訳した〕への加担について少し時間を割くのは必要なことだ。彼のナチ党への参加の件については、今まで多くのことが書かれてきたし、彼の人生のこの側面とその哲学との間に何か関係があったかどうかについても、多くの議論がある。彼が国民社会主義党へ積極的に関わったことも、フライブルク大学総長として自ら手を下したいくつかのひどい行為についても、後年の安直な正当化の試みにかかわらず、歴然としたものがある〔訳注：ハイデガーは1933年、フライブルク大学総長就任にともないナチ党に入党し、翌年に総長を辞任してその後離党した。「いくつかのひどい行

為」とは、ヒトラー賛美の入った総長就任演説を行ったこと等を意味している〕。国民社会主義における彼の役割、そして戦後になっても公的に謝罪しなかったこと、これらはむろん、責められるべきには違いないが、だからといって彼の哲学上の天才に目をふさぐべきではないだろう。彼が第二次大戦中と戦後に、多くの人間的過誤を犯したことを忘れるわけにはいかないが、それだけをもってその哲学への関心を拒絶するようなことはあってはならない。彼の哲学それ自体が、国民社会主義の根源に共鳴するものだとまで言った人々もいる。けれども、このような立場は、テクストに対してきわめて特殊な批判的立場をとることを、読者に要求するものだろう。私自身のやり方は、彼の哲学を読んでいる間は彼の生涯についてはカッコに入れ、私自身の政治的地平をテクストの政治的地平と融合させることである〔訳注：地平融合は次章に登場するガダマーの考え方〕。すなわち、テクストが私の読書経験にとって地平を提供することは確かだが、それは、私がテクストの意味を同化（appropriate）しようと試みて持ち込む自分の経験の地平（その地平への批判的自覚を含め）と、融合することを通じてのみである〔訳注：appropriation には各種の訳があるが、本書ではテクストの地平と読者の地平を融合する意味を強調して同化とした〕。この立場については、次章で、ガダマーとリクールの著作と、現象学における解釈学的転回とテクストの意味の同化について論じるに当たって、より明確になるであろう。

　ハイデガーは後期の著作では、もっぱら「存在の家」としての言語に関心を向けている。つまり、**現存在**（以下を参照）との関わりにおける存在から、存在一般へと関心を向け変え、とりわけ存在理解の鍵としての詩へと関心を向けている。彼は詩こそが、現代に支配的になりつつある種類の技術的話術様式を超克し、存在の真理をひらき示すもうひとつの道であると考えた。ハイデガーはまた、メダルト・ボスと専門的な盟約関係を結んでツォリコーン・ゼミナールをチューリッヒで 1949 年に開催したが、このセミナーは、精神分析への実存主義的アプローチである**現存在分析**の発展に貢献するものだった〔訳注：邦訳『ツォリコーン・ゼミナール』を参照〕。この精神分析の方法は現在まで主としてスイスとオーストリアで続いており、部分的には、英国とヨーロッパ大陸においてしだいに普及しつつある心理療法へのアプローチである**実存的心理療法**の発展をも導くこととなった（Cohn, 1997; Spinelli, 2005; van Deurzen-Smith, 1997）。ハイデガーは 1976 年にこの世を去った。哲学的、心理学的、そして個人的な彼の遺産は、今日まで論争の的であり続けている。

　ハイデガーは、自分の哲学に完全に新しい語彙を導入したことで知られてい

る。新規の語彙を開発した理由は、**志向性**のようなすでに広く流通している言葉を再使用することで生じる誤解を避けるためであり、新規の語彙のなかのいくつかは、重要な用語の意味をその古典ギリシャ語の原意にまで遡ってたどろうとする彼の意図に由来している。これらの新しい語彙は、とりわけ最初のうち、ハイデガーの思考は耐えがたいほど困惑させるものだという印象を読者に与える。けれども、もし彼の著作に現象学的に接近するならば、つまり、あたかもそこに初めて現れ、真理を明らかにするものであるかのように読むならば、そうした印象も弱められるだろう。これには相当程度、「信仰の跳躍」〔訳注：キルケゴールに由来する言葉で、崖から跳躍する決意で神を信じること〕にも等しい態度が必要となる。だが、ひとたびうまくここを乗り越えれば、ハイデガーの著作はそれほど難しくは思えなくなるし、それどころか、あなたが今まで世界について考えていたようなしかたで考えることが今度は難しく思えてくる。

　手始めに重要なのは、ハイデガーが**存在的**（ontic）と**存在論的**（ontological）とを区別している点だ。というのもこの区別は、現象学的心理学を遂行した成果としてなされる主張にも直接に関係してくるからである。一部の心理学者にはなじみのある用語だろうが、存在論的とは、端的に言えば存在（Being）もしくは実存（existence）に関係するという意味であり、**存在論**は存在（または実存）の哲学的研究ということになる。これに対して存在的とは、存在する実体に関する特定の事実に言及するものである。ハイデガーによると、存在に関心を持つ生き物は人間のみ、より正確には**現存在**のみである。肝要なのは、存在的なものが経験的研究を通じて明らかにされるものであるのに対して、存在論的なものはただ哲学を通じてのみ明らかにされうる、ということである。私たちが**現存在**についてどんなに多くを経験的に研究したとしても、**現存在**の存在論的な位置づけに関しては何も言うことができない。後者は哲学を通じてのみ到達できる知なのである。これがハイデガー哲学の核心である。けれども、実存の諸事実、言い換えれば現存在の存在的諸性質についてなら、経験的研究を通じて学ぶことができる。これが現象学的心理学の企図するところであって、本書の核心である。

　現存在（Dasein）は、ハイデガーが発展させた最も重要な概念のひとつである（しばしば世界内存在（being-in-the-world）と訳される）〔訳注：現存在と世界内存在は日本語では訳し分けられているが、英語では現存在にも being-in-the-world の訳語が当てられる場合がある〕。ドイツ語では「存在」を意味するときに日ごろ使われるもので、文字通り、語源的な意味では「そこに存在する」という意味で、ハイデガーの哲学的企画においては、人間または人（もしくは主体）を表

現するようになった。ハイデガーは**現存在**（Dasein）という用語を、人間（または人や主体）の代わりに使うが、それは、もっぱら人間的問題である「現実に存在するとは何を意味するか」を、真新しい目で眺めることを可能にするためであった。また、「人間」「人」「主体」といった語を使っている限り曖昧にされかねない実存の数多くの特徴を強調するためでもあった。以下、ハイデガーが人間的実存にとって根源的であると論じている現存在の重要な諸特徴について、主としてカーニー（1994）にもとづいて手短かに概観しよう。

3.2.1　時間性

ハイデガーの主著のタイトル（『存在と時間』）からも予期できるように、実存するということの意味の核心には、時間性——すなわち私たちの時間経験——がある。なぜなら「現在」の理解は、私たち自身の「過去」と、そして「未来」への投企（projection）をつねに巻き込むからである。**現存在**は未来の諸可能性に向けて、いつも自己を投企する〔訳注：生き方にまつわる選択を行い、将来に向かって自分自身を投げ入れること〕。つまり、私たちは石ころのような対象としてではなく、私たちが成るところのものである、という存在のしかたをしている。ここでは実存とは（男や女といった）名詞ではなく、「現に存在する」という動詞なのであり〔訳注："Dasein"（現存在）はもともと"da sein"（そこに存在する）という動詞である〕、単に実存を生きるのではなく実存を創造することが人間的実存の要請だからである。私たちは第一に、ダイナミックに（動詞的に）「自己に成る（selving）」ことに従事していて、その後初めて、自分自身を名詞的存在（知識人だとか労働者だとか心理学者だとか）として定義するのである。私たちはいわば意味を作り出す装置であって、たとえいつも意識的に気づいていなくても、自己自身と他者とを絶えず有意味なものとして理解しているのである（図3.3）。

図3.3　あなた自身についてのあなたの（そして他の人々の）概念が、時と共にいかに変化するか、考えてみよう

3.2.2 事実性

　私たちは自己自身を絶えず創造するといっても、そのような選択には限界がある。なぜなら、私たちは前もって存在している世界のなかに投げ込まれており、私たちの可能なあり方が限界づけられているからである。これを実存の**事実性**（facticity）という。物理的・心理的・社会的な諸要因、歴史的な状況性、こういったことすべてが、私たちの諸可能性を限界づける条件となる。けれども、たとえそうであっても、これらの諸要素は現存在の可能性と不可能性とを決定するわけではない。なぜなら現存在は、これらの事実性を材料にして、自らの選択を創り出すからである。

3.2.3 気　分

　気分（mood）はハイデガーにとって、世界を経験する前反省的な様式を指す。たとえば苦悩や恐れや罪悪感において世界を経験するとき、それらはまずもって心理学的現象ではなく、非存在の恐れの自覚に由来するといった存在論的現象である。たとえば苦悩はしばしば抑うつとして経験されるが、それは単に、良くない人生の出来事の結果として私たちの生き方を彩る何かではなく、むしろ実存が虚無であることに気づいた結果なのである。ここで重要なことは、世界についての経験とはまず、気分を通じて生きられる前反省的な経験であって、後になってようやく、反省的に理解されるということである。

3.2.4 死へ臨む存在

　実存の究極の限界は言うまでもなく死であって、これがすべての人間的諸可能性の終わりを特徴づけるのである。私たちは自分の人生の始まりも終わりも決定することができない。誕生とともに実存へと投げ入れられ、終わりは死とともにあるのである。それゆえ人生の避けがたい有限性と、私たちの諸可能性の終結とを、経験のなかで絶えず自覚しないわけにいかない。ほとんどの時間、このことを私たちは自分自身の目から隠蔽して過ごしている。けれども、たとえば親しい者との死別や離婚、失業といった日常生活の裂け目の経験をきっかけとして、自分自身の「**死へ臨む存在**（Being-towards-death）」を自覚することで、私たちは苦悩または不安（Angst）という、最も根源的な気分を経験する。私たちは、自分自身の誕生と死の状況を選ぶことはできない。けれども、これら存在論的に与えられたものにどう直面するか選択することはできる。不安の源となるのは、実存に課せられた存在論的限界への自覚と、選択を課せられているという重荷なのである。読者自身、人生を振り返ってみれば、たとえば離

職すること、子どもを持つこと、パートナーとの別離といった、大きな不安をともなった困難な選択が、あったに違いない。不安はまた、ニーチェが神の死という宣言を通じて論じたように、人生には何の根拠もないということを悟ることで、いっそう強くなる。人生には固有の意味が備わっているわけではない。実存の限界を知って生じる目が眩むような不安に直面して人生を意味あるものとするのは、私たち自身に課せられた責任なのである。

3.2.5　気遣い

すべての世界内存在は自分を中心にして動くが、世界に巻き込まれながら、そして他の事物や人々に積極的に関わりながらである。これを**気遣い**（care）と言い、世界の事物に向けられた現存在の関心に発するのであるが、事物存在のあり方とは好対照をなしている。後者は単に**客体存在性**（present-at-hand）であって、空間を単に占めるだけであり、空間のなかで生きる（実存する）という存在のしかたをしていない〔訳注：客体存在性とは、実践的な関心から離れただの物体として存在する様〕。すべての人々にとって、その実存の事実性が、関心、または気遣いを必要とする。もちろん、このような気遣いという様態でもって生きていない時間も、たとえば退屈したり白昼夢に耽ったりする場合のように、あることはあるが、ハイデガーによればそれは関心の欠如態というべきであって、世界内における意味ある物事への関わりが減じた状態にほかならない。

3.2.6　本来性

本来性（authenticity）とは、現存在が世界をもはや自明視せず、その代わり、死へ臨む存在という根源的な存在の現実を認識し、実存の諸可能性へと参与する必要性を理解することである。ほとんどの時間、現存在は、死へ臨む存在という現実に背を向け、「ひと（Das Man）」の一部であることで安心感を得て、非本来的に実存している〔訳注：「ひと」とは群衆にまぎれて誰でもいいような匿名の誰かとして生きる状態の人間のこと〕。群衆の一部になることで得られる処方箋どおりに振る舞うことで、**現存在**は、もはやその諸可能性を生きることなく固定化されてしまう。この固定化によって死という現実が覆い隠され、その結果、実存の苦悩は和らげられる。けれども、この非本来性は、存在の諸可能性があらかじめ封殺されてしまい、自己の実存自体にも無関心になってしまうという結果をもたらすことになる。

図3.4 たとえこの少年が一人ぼっちでいても、彼は社会的世界の中にいる。彼が着ている服は誰かがデザインしたのだし、誰かが干し草の束を作ったのだから。そして最も重要なことだが、彼のこれまでの経験も他の人々との脈絡(コンテクスト)の中に位置づけられている

3.2.7 共同存在

今までのところは、一見、単独のあり方と思われる現存在の諸様相へと、強調点が置かれて来たことは明らかである。けれども、『存在と時間』の後半でハイデガーは、**現存在**に固有の社会的本性を鋭く強調している。なぜなら、すべての**世界内存在**(being-in-the-world)は、実際は**世界内共同存在**(being-in-the-world-with-others)であり、あらゆる経験は他の人々との関係における経験だからである。私がシャツを買ったとすると誰か他の人から買ったのである。たとえ代わりに電子取引を使ったとしても、やはりコミュニケーションを通じてなのだし、そもそも誰か他の人がデザインしたシャツを着るのである。同様に、ピアノを演奏するのも単独の行為ではない。なぜなら私は演奏のしかたを習わねばならなかったのだし、また誰か他の人が作曲した曲を演奏するのだから。たとえ周囲に他の誰もいない状況で何かに没頭していても、何かをしたり何かを使用するときには他者との関係性を認めざるをえない(図3.4)。ハイデガーにとっては、私たちは避けようもなく社会的存在であり、つねに他者との関係のなかにあり、それゆえつねに**共同存在**(Mitsein)なのである。

3.2.8 語り

語り(discourse)はハイデガーにとって、世界の意味が現存在に対して示される様式である〔訳注:英語の discourse は日本語では言説と訳すが、ハイデガーが使用した元のドイツ語 Rede は「語り」とする場合が多い〕。世界、そしてもちろん私たち世界内存在は、実際に語りを通じて理解可能になるのだし、後期ハ

イデガー (1978, p.217) の述べるところによると「言語は存在の家である」。会話という行為への（つまりは言語の機能的側面への）関心は、多くの分析哲学者に（そしてディスコース分析家のような多くの現代心理学者にも）共通している。しかしそれはハイデガーにとって、語りが存在を開示するに至るより根源的な様式のほんの一部にすぎない。後期の著作のなかでは、単に効果的に情報を伝達するために散文的な媒体として設計された言語と、私たち世界内存在を開示する可能性を提供する詩的言語との区別が、とりわけ重要になる。科学的言語は言語から曖昧さを取り去り、世界（すなわち表象の完全な体系）についての事実のみを単純に効果的に伝達できるよう、設計されている。けれども、ハイデガーにとってはここに問題がある。言語は、それが固定され（つまりそれが言語を創造的に意味あるものにしている話者や筆者から切り離され）、狭くこわばったものになれば死んでしまい、歴史を越えて意味を持つことさえできなくなってしまうからである。最も単純な意味でさえも、たとえ科学的言説のなかでコード化されていたとしても、歴史を通じて変化してゆく。彼は、詩作を、世界を開示し存在を変化させる方法であると論じる。詩はきわめて根源的である。それは、創造的で隠喩的で斬新で、科学的もしくは人工的言語を通じて世界について示されうるより多くがそれによって示され、秘密が明かされうるという意味で、本来的なのである。

3.3 後期実存主義者たち
—— サルトル、ボーヴォワール、メルロ＝ポンティ

　実存主義的現象学的運動 —— あるいは後には単に実存主義運動 —— は、20世紀の半ばには、ジャン・ポール・サルトル、シモーヌ・ド・ボーヴォワール（図3.5）、モーリス・メルロ＝ポンティらと共に最高潮に達した。これらの哲学者たちはハイデガーの著作を土台として焦点をさらに実存の理解に絞り込んだがゆえに、「実存主義的」と称するのがふさわしい。彼らの仕事はフッサールの伝統を引き継いで現象学的ではあったが、もっぱら実存それ自体を理論化することに努力を傾けたのだった。3人とも、実存の異なる側面を強調している。もっとも、ボーヴォワールの仕事、たとえば『第二の性』（1949, 邦2001）は（一般には）実存哲学と直接に結びついているとは見なされていないので、ここでは彼女の著作は検討しない。ボーヴォワールは生涯にわたってサルトルと共に仕事をしたので、サルトル哲学に彼女がどれくらい関わり合ったかにはいくらか論争がある。けれどもやはり、ボーヴォワールは、女性であることが

図3.5 実存主義運動の2人の中心人物、ジャン・ポール・サルトルとシモーヌ・ド・ボーヴォワール

何を意味するかについての著作、特に、**他者**とは誰のことかについての素晴らしい哲学的人間学である『第二の性』によって彼女独自の光の下に認識されるべきだろう〔訳注：ボーヴォワールがこの著作で論じたのは、女性は「自分にとっての自己」であるよりも「男性にとっての他者」という存在のしかたをしているということだった〕。ここで私はサルトルとメルロ＝ポンティを少しばかり詳しく紹介するが、さらに関心のある読者には、章末に載せた読書案内リストからいくつかを読んでみることを勧めたい。このリストは短いが、心理学のなかで現象学的研究を行っている私たちにとって、これらの哲学者が言わんとしたことを理解するうえで十分な洞察を提供してくれるだろう。

3.4 サルトル、選択することと実存の虚無性

その最高傑作『存在と無』（Sartre, 1943, 邦 2007）のなかでサルトルは、意識の虚無的な性質を強調している。それによれば、意識にはどんな本質的性質も存在せず、だからこそ人間的実存は自由そのものなのである。『存在と無』における「無（nothingness）」とは、人間的実存の虚無性を表すと同時に、「事物ではないこと（no-thing-ness）」をも表している。私たちは、自然科学において研究されたり測定されたりするような客体でもなく事物でもない。ハイデガー

の現存在にも似て、意識（自己）とは、私たちがそうであったり所有していたりする1つの事物ではなく、生きられる経験を通じて私たちが絶えず創造しつつある何ものかである。だから、私たちは自由を所有するのではなく、私たち自身が体現された自由なのだ。私たちは自己の実存の**事実性**の限界内で、誰かであること何ものかであることを、欲するままに選ぶ自由がある。サルトルはこの自由が持つ身体的な性質を強調する。なぜなら、ただ身体を通じてのみ、私たちは世界に対して働きかけることができるのだから。とはいえ、意識と世界との関係は因果的ではない。サルトルはこの点について力説し、多くの伝統的心理学とは対照的に、意識は過去によって因果的に決定されはしないと指摘している。サルトルが信じるところでは、この因果連鎖における断絶は、私たちの現在の自己が過去から、無によって隔てられていることに由来している。私たちは、比較的変化せずに時を越えて持続する中核的自己と共に生きているわけではなく、自己感覚を作り出すべく絶えず努力している虚無なのである。結果として、たとえ同一の状況であっても、人はまったく違った行動をとることができる。サルトル（1943, 邦2007）によれば、選択しないと決心することもひとつの選択であり、どんな状況も他者の自由意志を支配することができない。だから人間は「自由の刑に処せられている」のである。

　もちろん、人間実存の事実性が、私たちの自由に限界を課している。身体的限界によるか過去や現在の社会的関係によるかを問わず、人間実存の事実性によって自由はつねに制約される。けれども、たとえそうであっても、これらの限界が何を意味するかを選ぶことは可能であるため、過去も現在も決して、私たちが誰であって何ものであるかを、決定することはできない。人間は自由であるがゆえに、また、自己の行動に対する責任を負わなければならない。貧困のなかに生まれ合わせたことは、その人が成し遂げられることに限界を課すかもしれないが、貧困と共に生きるかそれから脱しようと闘うかを決めるのは当人しだいだ。サルトルはこれがたやすいなどとは決して言わないし、挫折するかもしれないのだが、選択することはつねに可能であり、そうすることで、少なくとも異なった生き方をしようと努力することも可能である。

　サルトルによると、私たちは自分の自由を意識していて、このことにともなう苦悩に絶えず直面する。そのため私たちは、自由と責任に必然的にともなう苦悩から目を背けようと試みて、**自己欺瞞**（mauvaise foi）に訴える。自己欺瞞とは、自由の刑に処せられた人間存在であるよりは、自分が何ものであるかを選択したり正当化したりする必要のない非意識的事物のように自己を見なしたいという欲望のため、自己自身を欺くことである。自己欺瞞の過程で、私たち

は、たとえば妻であるとか犠牲者であるとかボスであるとかといった特定の役割を装いつつ、自分には他の選択肢がないという口実で、実存の心臓部にある苦悩から自らの目を背けようとする。サルトル自身（1943, 邦 2007）、このような自己を欺瞞する行為の生き生きした実例を、この古典的著作のなかで描き出してくれている。

　　たとえば、ここにはじめての逢いびきにやってきた或る女がいるとしよう。彼女は、自分に話しかけているこの男が自分に関してどんな意図をいだいているかを十分に知っている。彼女はまた、早晩、決断しなければならないときが来ることも知っている。けれども彼女は、それをさし迫ったことだと感じたくない。彼女はただ相手の態度が示す鄭重で慎しみぶかい点だけに執着する。……いまここで、相手の男が彼女の手をにぎったとしよう。相手のこの行為は、即座の決断をうながすことによって、状況を一変させるかもしれない。この手をにぎられたままにしておくと、自分から浮気に同意することになるし、抜きさしならぬはめになる。さりとて、手を引っこめることは、このひとときの魅惑をなしているこのおぼろげで不安定な調和を破ることである。決断の瞬間を、できるだけ遠く後退させることが肝心である。そういう場合、どんなことになるか、おわかりであろう。娘は手をそのままにしておく。けれども、彼女は自分が手をそのままにしていることには気づかない。彼女がそれに気づかないのは、たまたま、彼女はこの瞬間には精神そのものであるからである。彼女は相手をセンチメンタルな瞑想の最高の境地にまで引き入れる。彼女は人生について語り、彼女自身の人生について語る。彼女は、その本質的様相のもとに自己を示す。彼女はひとつの人格として、ひとつの意識として自己を示す。そうしているうちに、身体と霊魂との分離がなしとげられる。手は生気なく相手の熱した両手の間に休息する。同意もせず、抵抗もしない ── それは一つの事物である。

　　この女は自己欺瞞的である、とわれわれは言うであろう。（Sartre, 1943, 邦 2007, 松浪信三郎訳, 第 1 巻, pp.189-191）

　またサルトルは、人にはみんな、独自のテーマ、すなわち**投企**（project）があって、それがその人の人生を導いていると考える。この投企は、変えようと選択することはできるかもしれないが、ありふれた日々の選択とは異なって、変更はたやすいことではない。なぜならその投企は、私たちの自分自身への根本的な見方を表現しているからである。サルトルの信じるところでは、私たちの根源的な投企は、早くも子ども時代に、自己実現への漠然たる投企として形

成される。子どもは芸術家とか学者とか、犠牲者とかヒーローとかになろうと欲し、その投企を追求することで人生を形作り始める。けれどもこの根源的投企は、何かしら**自己欺瞞**からこしらえたものである。というのも私たちの子ども時代の投企では、その何かをすることを選択するというより、自分がその何かという存在に成らねばならないからだ〔訳注：子どもは何かに成ろうと自覚的に選択したのではなく、空想上の対象に無理に同一化している〕。おまけにサルトルの信じるところでは、たいていの人々は生涯を費やしてこれらの根源的投企の達成を追求するが、自己の自由の認識が意味する選択と責任は、いつでも巧みに回避するのである。

3.5　メルロ＝ポンティと身体的主体

サルトルとボーヴォワールの名声と哲学的評判がより大きいものであったことは確かだが、現象学的心理学に直接に最大の影響を与えたのはメルロ＝ポンティのほうであった（図3.6）。現代の現象学的心理学の多くの著作の基礎となっているのは、実存主義のメルロ＝ポンティ版なのである。これはおそらく、彼自身が哲学者であっただけでなく、ピアジェが務めたのと同じ児童心理学のポストに就いた心理学者でもあった、という事実に一部は由来する〔訳注：1949-1951年にメルロ＝ポンティはパリ大学で児童心理学の講義を行っているが、

図3.6　最も影響力のある実存哲学者のひとり、モーリス・メルロ＝ポンティ

その講座の後任を務めたのがピアジェだった〕。メルロ＝ポンティは、私たちの先入見をカッコに入れて物事を現れるがままに記述することに注意を傾けるという、フッサールの現象学的還元にこだわり続けた。ただ、だからといって、神の視点を獲得して私たちの現象の経験に関する異論の余地のない真理に到達できるとは考えなかった。その代わり、私たちの生きられる経験、もっと的確に言えば**生活世界**（Lebenswelt）の経験を詳しく明らかにすることに意を注ぎ続けたのである。メルロ＝ポンティの最もよく知られた著書『知覚の現象学』（Merleau-Ponty, 1945, 邦 1967-1974）は、現象学的心理学の多くの現代の著作にとって哲学的基礎を提供し、それゆえ重要な文献になっている。

> 知覚は世界についての科学ではなく、それは一つの行為、一つのきっぱりとした態度決定でさえもなくて、一切の諸行為がそのうえに〔図として〕浮き出してくるための地なのであり、したがって一切の諸行為によってあらかじめ前提されているものである。……真理は単に〈内面的人間〉のなかだけに〈住まう〉のではない。むしろ、内面的人間なぞというものは存在しないのであって、人間はいつも世界内に在り〔世界にぞくしており〕、世界のなかでこそ人間は己れを知るのである。（Merleau-Ponty, 1945, 邦 1967, 竹内・小木訳, 第1巻, p.7）

メルロ＝ポンティはサルトルと異なり、私たちが自由の刑に処せられているとは考えなかった。人間的行為の根拠として自由をとらえるのではなく、自由とはむしろ、世界のなかで私たちの振る舞い方、特定の立場をとるそのしかたから生じる結果だと考えた。私たちは、自分自身の行為を通じて、自己を形成し、棲まっている世界を意味ある重要なものにする。そこで私たちの行為が責任ある関与になるがゆえに、自由を創造することになるのである。「われわれは世界内に存在しているのだから、われわれは**意味の刑**に処せられている」（邦訳第1巻, p.22, 訳文は一部修正）。メルロ＝ポンティはまた、キルケゴールとサルトルの両者がともども採用していたあれかこれかの二分法を退けて、**生活世界の両義性**を強調する。ちょうど人間の知覚が固有の両義性を示しているように〔訳注：ルビンの杯のような図地反転図形を思い出すとよい〕、世界のなかでの私たちの生き方もそうであって、生活世界の両義性のなかでは確実性と因果性も、また現代心理学に一般的な主観・客観の二元論も否定される（実際、サルトルのなかにも二元論が見られ、これが彼の哲学の主要な問題点になってもいる）。メルロ＝ポンティにとって、人間は、身体化された意識とともに、本質的に世界に結びつけられている。この意識は、私たちの内部に（心のなかに）あるの

でもなく世界のなかに（環境のなかに）あるのでもなく、その間にある。世界は、私たちがそれを知覚することによってのみ意味あるものになる。だから、つねにこのことが私たちの探求の焦点でなければならない。

メルロ＝ポンティはとりわけ身体性（embodiment）を強調したことで知られている（メルロ＝ポンティの思想を元にして身体性に焦点を当てた現象学的研究の例として、研究ボックス 3.1 を参照）。人はここでは**身体的主体**（body-subject）として理解されており、単なるその人の意識というより、身体へと埋め込まれた意識と、身体的主体としての志向性を備えるのである。主観性は意識にも物質的世界にも還元できない。代わりに彼は、私たちの両義的で受肉した実存を強調し、それが現象学的還元のなかでも失われてはならないゆえんを説く。身体的主体の力は、身体が主体・客体の二分法の主体の側にあるというあり方から発する。私たちは身体から話をしたり考えたりするのだからである。メルロ＝ポンティはまた、身体的主体が空間領域を占めるというあり方をしていて、身体と世界とがもともと結びついていることを強調する。

> 自己の身体が世界のなかにある在り方は、ちょうど心臓が生体のなかにある在り方と同様である。すなわち、身体は目に見える光景をたえまなく生かし続けており、それを生気づけ、それに内部から栄養をあたえ、それと一体になってひとつのシステムを形作っている。(Merleau-Ponty, 1945, 邦 1974, 竹内・木田・宮本訳, 第 2 巻, p.3, 訳を一部改変)

それゆえ真理とは、状況を意味づける様式としてのこのシステムによって創造されるものであり、私たちはその状況のなかに自分自身を見出す。だから、ある状況で真であるからといって、別の状況でも必ず真であるとは限らないのである。それにもかかわらず、科学的言説が例になるが、私たちはこのような偶然的な「真理」を、まるで時を越えて決定されているかのように扱う。メルロ＝ポンティはこのような過程を、**沈殿作用**と呼ぶ。つまり、知識が固い岩盤のようになってしまう過程である。これはサルトルの言う鉱物結晶化と似た概念である。これは私たちが世界を把握する様式が固定してしまい、世界がまるで石化したかのようになる過程を言うのである。

◀研究ボックス3.1▶

身体、自己、世界の絡み合い ── 最近、多発性硬化症の診断を受けた生の現象学的研究

Finlay, L. (2003). The intertwining of body, self and world: a phenomenological study of living with recently diagnosed multiple sclerosis. *Journal of Phenomenological Psychology*, 34 (2), 157-178.

　この研究で、リンダ・フィンレイは、少し前に多発性硬化症の診断を受けて生きている一人の女性の経験を探究している。著者は、テクストから自ずと立ちあがってくるテーマを取り上げ、この分析が地に足のついたものであることを強調する。2日にわたる2時間のインタビューの後、調査参加者であるアンにとっての、最近多発性硬化症と診断されて生きることの物語をフィンレイは再構成した。アンの話（1年以上の期間にわたる）を時間軸に沿ってまとめ、できるだけ彼女自身の言葉を使って構成したのである。それに続いて、浮上してきた4つの主題が議論された。身体性、アイデンティティと自己投企、他者との関係、不確実性を生きること、である。フィンレイの分析でとりわけ興味深いのは、多発性硬化症がアン自身の身体経験にもたらした衝撃を記述する生彩あふれる筆致である。アンは一種の「身体からの疎外」を経験するが、同時に自分が不可避的に身体化されていることを認識する。分析においてこの区別は、主観的身体（もしくは経験される身体）と客観的身体（客体としての身体）として描かれる。アンにとって身体は、腕が特にそうなのだが、観察し吟味すべき客体となってしまっていて、かつのように、なじみ深く主観的で、反省以前の身体の経験からは切り離されているように感じられる。また、この点は触れる価値があると思うが、最終的にこの研究は、この疾患が身体だけではなく、身体と自己と他者の間の関係性にも深刻な影響を与えていることを明らかにしている。多発性硬化症は、少なくともこの事例では、「家族、関係性、抱負、歴史という文脈のなかで、言い換えれば生活世界の間主観的で社会的な領域のなかで、遭遇された。……アンの多発性硬化症の経験は、彼女の世界と、とりわけ彼女の家族についての経験と切り離すことができない。多発性硬化症は彼女の『中に』あるのと同じく、彼女の身体化された他者との間主観的な関係の『中に』あるのだ」(p.172)。

　メルロ＝ポンティのこのような着想、そして他にもハイデガーやサルトルからの着想が、現代の多くの現象学的心理学にとっての理論的背景を成している。現象学的心理学の諸方法がこれらの哲学的理論（たとえば身体的主体への着

目）によって着想されているだけでなく、得られた成果もまた、これらの諸概念を用いてヒューリスティックに分析することが可能である〔訳注：ヒューリスティック（発見的解法）は認知科学の用語で、正解を導くとは限らないが正解を発見するのに役立つような解法のこと〕。たとえば、記述された経験のなかに時間性や空間性や身体性がどのように実現しているかを知りたいなら、これらの概念を用いて知見を確かめてみればよいのだ。これら諸概念はそこから出発してさらに、データのより進んだ理論的分析を、それゆえ記述から解釈への移行を可能にするだろう。実存主義者は歴史と文化を横断して現れる生きられた経験について記述・描写してきたし、私たちの知る限り、生活世界の構造を生彩あるやり方で明らかにしてきたのである。

要 約

　現象学的哲学における実存主義的転回は、フッサールの生活世界という概念のなかに予描されていた。生活世界とは具体的に生きられる世界であって、フッサールはその晩年の著作で、これこそがすべての哲学の、それゆえまたすべての人間科学的研究の基礎とならなければならないと論じたのだった。ハイデガー、サルトル、メルロ＝ポンティによって先導された実存主義運動は、フッサール哲学における超越論的側面を批判することによって、現象学的哲学の根底的な変革をもたらした。その代わりこれらの哲学者たちは、実存そのものの性質を理解するための実践的な哲学を展開するべく努めたのだった。『存在と時間』のなかでハイデガーは、存在するとは何かを定義すべく試みた。その過程において彼は、**現存在**の多くの特徴を示してみせた（現存在は字義どおりには「そこに在ること」だが、基本的には人間的主観性を意味している）。これら諸特徴には、私たちが皆、時間のなかで自己実現を追求しつつ意味を生成する装置として生きる、その動詞的なあり方（時間性）が含まれている。私たちには人生をいかに生きるかの選択の自由があるにもかかわらず（もっぱらサルトルによって精緻化された実存主義の鍵概念）、それは実存の事実性によって限界づけられている。ヒューマニズムと異なり、ここでは、人間は単に孤立したしかたで表舞台に登場するのでなく、他者との関係のなかで世界に参加することを通して実存へともたらされるのである（共同存在）。ハイデガーの仕事は、さらにサルトルとメルロ＝ポンティによって入念に練り上げられた。サルトルは実存の虚無性（実存は事物ではなく no-thingness、無 nothingness である）を強調した。つまり、人間性にはいかなる本質的性質も存在せず、ただ実存の自由だ

けがある〔訳注：サルトルは「実存は本質に先立つ」という言い方で人間に共通の本質がないことを強調した〕。われわれは「自由の刑に処せられている」のである。メルロ＝ポンティはサルトルとは違い、自由の刑というよりは「意味の刑に処せられている」と考えた。メルロ＝ポンティにとって自由とは実存の根拠ではなく、私たちが世界のなかで行動し立場をとるというそのあり方なのである。最後に、メルロ＝ポンティは身体について明らかにする必要性を強調した。つまり人間を、その意識がつねに身体に埋め込まれてあるような、身体的主体として理解する必要性である。これらの哲学者たちの思想は、あらゆる種類の現象学的心理学に直接の影響を与えてきたし、とりわけ7章で詳しく論じるような、より解釈的なそれへと結実していったのだった。

さらに学びたい人のために

- Kearney, R. (1994). *Modern Movements in European Philosophy*, 2nd ed., Manchester: Manchester University Press.
  実存主義運動における多くの重要人物の思想の、簡潔な見取り図を提供している、大変明快で見事な著作。ハイデガー、サルトル、メルロ＝ポンティについての各章に加え、多くの他のヨーロッパ大陸の哲学者についての章を含む。
- Langer, M. M. (1989). *Merleau-Pontly's Phenomenology of Perception: A Guide and Commentary*. Basingstoke: Macmillan Press.
  メルロ＝ポンティの代表作を各章ごとに分けて明瞭簡潔に解説。
- Merleau-Ponty, M. (1945). *Phénoménologie de la perception*. Paris: Gallimard.〔訳注：原著では英語版が掲載されているが、ここではフランス語版原著に改めた。〕（邦訳：モーリス・メルロ＝ポンティ (1967-1974).『知覚の現象学』(1) 竹内芳郎・小木貞孝（訳），(2) 竹内芳郎・木田元・宮本忠雄（訳）みすず書房.）
  現代における現象学的心理学の多くの著作が哲学的基礎としている、それゆえ最も薦められる読み物。『存在と時間』（ハイデガー）、『存在と無』（サルトル）に比べてより心理学と関係が深く、それゆえより近づきやすい。「序文」だけでも現象学入門として必読の価値がある。
- Polt, R. (1999). *Heidegger: An Introduction*. Lonon: UCL Press.
  ハイデガーというきわめて難解な思想家の思想への素晴らしい入門書。大部分、『存在と時間』に当てられているが、大多数の読者にとってはそれで十分だろう。
- Warnock, M. (1970). *Existentialism*. Oxford: Oxford University Press.
  やや偏っているが、短くて明快な実存主義の入門書。

【訳者補足】日本語で読める文献

- ハイデガー (1997).『「ヒューマニズム」について ── パリのジャン・ボーフレに宛てた書簡』渡邊二郎（訳）筑摩書房．
  本章でも取り上げられている『存在と時間』を読むことを勧めるが、難解であり分量も多い。最も入りやすい一冊として上げるならこの本であろう。書簡の形式で

書かれているため読みやすい。本書の 9 章でもこの書への言及がある。
・サルトル（1963）.『想像力の問題』平井啓之（訳）人文書院.

　フッサール自身が、哲学と並んで心理学としての現象学（現象学的心理学）を構想していたことはあまり知られていない。サルトルのこの本は、フッサールの現象学的心理学を想像力や夢の問題に適用したもので、本書の読者にも薦められるものになっている。

・メルロ＝ポンティ（2001）.『幼児の対人関係』（メルロ＝ポンティ・コレクション 3）滝浦静雄（訳）みすず書房.

　パリ大学での児童心理学の講義録にもとづいている。現代の発達や臨床研究における関係論的アプローチの源流となった重要論文であり、他の著作に比べても経験科学的でわかりやすく、メルロ＝ポンティ入門としても良い。

4章　解釈学的転回[1]

【この章の目的】
- 現象学における解釈学的転回について述べる
- ガダマーとリクール、2人の最も重要な解釈学的哲学者について概観する
- 解釈の必要性について、そして意味・追想の解釈学と懐疑の解釈学の違いについて論じる。
- リクールの解釈学的哲学がいかにしてナラティヴへの転回という結果をもたらしたか説明する。

　現象学の、そして現象学的心理学の内部には、「単に事象をそれが現れるままに記述することの必要性」対「解釈すること、解釈のための特別な方法を用いることの必要性」という、無視できない論争がある（これについての議論は9章を参照）。それゆえ、たとえば、記述的現象学的心理学のまさに記述的性質（6章参照）に不満を抱き、より解釈的（お望みならより心理学的と言ってもよい）でなければならないと論じている人々がいる。このような議論と共にまた、私たちの経験の多くは、すべてではないにせよ、私たちがその経験を語る物語を通じて最もよく理解される、という自覚もしだいに高まってきている。すなわち、経験されるものとしての人生は、ナラティヴによって構造化され、創造され、再創造されるというのである。それゆえ、もし生活世界の経験を理解することに関心があるのなら、人々が自分の経験を語る物語について研究しなければならない。それも、何らかの特定の解釈学、もしくは解釈方法の助けを借りて。

　ハイデガーが解釈学的現象学を指向したのに続いた哲学者としては、ハンス＝ゲオルク・ガダマー（Hans-Georg Gadamer: 1900-2002）とポール・リクール（Paul Ricoeur: 1913-2005）がとりわけ重要である。2人の著作の間には著し

---

[1] 本章の一部は、最初 *History and Philosophy of Psychology* (2003), 5 (1), pp.30-45 に、解釈学的現象学 ── 新しい社会心理学のための議論（Hermeneutic phenomenology: arguments for a new social psychology）として発表された。

い類似点があり、特に解釈学界の外側から見る場合、相違があるとしても些細なことにしか映らないだろう。私自身の仕事は、批判的ナラティヴ分析という方法を発展させつつあるのだが（8章参照）、直接にリクールの中期と後期の哲学にもとづいて組み立てられている。本章では、ガダマーとリクールの思想のいくつかを、もっぱら後者に焦点を置いて紹介したい。後者に焦点を置く理由は、ガダマーが多くの点で先輩であるとはいえ、リクールはガダマーの仕事のある重要な限界を指摘していて、そのためリクール哲学は、批判的現象学的分析〔訳注：8章で述べられる批判的ナラティヴ分析のこと〕にとってより完全でより適切なものになっていると、私は思うからである。

4.1　ハンス＝ゲオルク・ガダマー

ガダマーは哲学を、能動的に自分の人生を賭ける営みであって、学術研究の範囲にとどまるものではないと考える。彼はフッサールとハイデガーに深く影響を受けているが、また、ディルタイの著作には**解釈学**—— 解釈の術 ——の歴史への関心をかき立てられるなど、大いに影響を受けた〔訳注：ディルタイは説明に基礎を置く自然科学に対して、理解を方法とする精神科学を主張し、今日の人間科学に影響を与えた〕。ハイデガーと彼の**事実性**〔訳注：3.2.2を参照〕という概念に沿って、ガダマーは、物事の理解（了解）というものはすべて歴史的文化的状況で生じると論じている〔訳注：もともと「了解」と訳されたが近年は文脈によって「理解」と訳されることも多いため、本書ではこう表記する〕。理解（了解）は、世界に関する非・歴史的で非・文化的な真理を生み出すもの —— これが科学の企てであるが —— ではなく、歴史的にも文化的にも偶然で、特定の時間と空間に位置づけられる何かを生み出すものである。とはいえ、あらゆる理解（了解）に内在する文化的かつ歴史的な隔たりにもかかわらず、それは人間的実存を解き明かす鍵なのである。先行するハイデガーと同様に、ガダマー（1975, 邦1986-2012）も理解（了解）こそ人間的実存の中核であることを論じる。しかも、ガダマーにとっても、後期ハイデガーにとっても、言語は私たちが棲みついている世界についての理解（了解）を得るための手段である。さらに、すべての理解（了解）の核心をなすのは話すこと、とりわけ会話であるとガダマーは信じたのだった。彼にとっては、哲学それ自体 —— それゆえすべての意味ある実存 —— が、相互理解へと導かれてゆく会話なのである。世界がそれ自体を開示するのは会話を通じてであり、これは現象学的に言うと、共有された理解（了解）が「事象そのもの」を開示する、ということになる。それゆえ、

少なくともガダマーにとっては、言語と、そして、それまで隠されていた何かを開き示すために会話を通じて言語が用いられるしかたとが、つねに焦点でなければならなかった。会話によって理解を共有する試みを通じて何ごとかが開示されるさい、私たちは、理解しようとしている相手の意図を純粋に受け入れるが、同時に、私たち自身の置かれた立場が特殊なものでしかないということを、認識せざるを得ないのである。

　理解（了解）の中心に来るのは自己理解である。なぜなら私たちはつねに、どこかから、すなわち私たち自身の歴史と文化に依拠した立場から、物を言っているからである。それゆえ理解（了解）はつねに、私たち自身の**作用史**の結果としての**先行‐判断**〔訳注：過去の歴史的作用の影響を受けて、現在の判断以前にすでになされてしまっている判断〕によって左右される。すべての理解（了解）は、問題になっている対象についての知識が積み重なった結果である。このようなしかたで理解（了解）された対象は、単に私たちによって把握されるべき意味を内在させているというのでなく、むしろ、それ自体の作用史とそれが私たちに与える影響を通じて、私たちと共同体にとっての存在へと展開すると言ってよい。だから、ガダマーにとって理解（了解）は、私たちの**先行‐理解**によって可能になるとともに、制約されていることになる。それだけではない。すべての理解（了解）は、特定の地平において起こるため、私たちの理解（了解）はまた、私たち自身の**地平**によっても制約されている。ただし、私たちは、自分自身からの眺めの地平によって制約されているにもかかわらず、この限界は固定したものではなく、絶えず重なり合い、発展する。なぜなら、ガダマーの信じるところによると、私たちはお互いに理解し合うことができるが、それは複数の地平の**地平融合**（fusion of horizons）を通してであって、それによって私たちは、各自が特定の世界観のなかにあっても意見の一致に達することができるのである〔訳注：フッサールでは主に知覚的世界の説明に地平が用いられるが、ガダマーでは歴史・文化的世界に地平の概念の強調点が移る〕。

　ガダマーの最も偉大な著作は『真理と方法』（1975, 邦 1986-2012）である。そのなかで彼は、自然科学と人間科学において、どの程度まで方法が真の理解（了解）を保証できるかという問題を提起している。科学は、厳密な方法が科学者の追求する真理を保証する、という構想にのっとって構築されてきた。この構想は強い力を発揮したので、社会科学、特に心理学にも影響を及ぼし、かくして心理学では方法への同様の構想の関心が見出されることになる。ガダマーは、方法の価値、特に世界というものを避けがたく客体化してしまう科学的方法の価値には懐疑的ではあっても、反科学というわけではない。むしろ、

科学的方法はそれだけで真理全体というわけではなく、真理は科学的方法を通じて知られることだけに限定されえない、ということを論じる。ガダマーは、すべての真理を一手に引き受ける御用達としての科学的方法というものへの否定的主張を単純に推し進めるのではなく、人間的実存の他の側面、とりわけ芸術と歴史もまた真理へ至る道であるという、積極的主張をも推し進めた。

ガダマーにとって言語とは、そのなかから理解（了解）が現れ出る本質的な様式であった。全実存が言語に還元できるわけではないと述べているとはいえ、リクールと同様、実存のすべての解釈的理解は言語を通じてなされると主張した。なぜかと言うと、ハイデガーにならって彼は次のように信じているからだ。私たちは、すべての可能性がすでに解釈の経験であるような世界に投げ入れられた「意味を創る存在」であり、この解釈の経験は、すべて言語を通じて伝達される。だから、完全な理解（了解）はただ、言語を通じてのみなされる。ただし、言語は、人々が何を考えたり感じたりしているかを伝えるだけという、経験の単なる反映ではない。言語は、否応なく私たちが投げ入れられている文化にすでにひたされているとはいえ、実際に人間性を、そしてまた自己と文化に関するすべての観念をも、実存へと高めるものである。

かくしてガダマーは、私たちの理解（了解）というものは、私たちの**伝統**から、それに特有の一組の**先入見**とともに発現すると、論じる。だから理解（了解）には、'伝統のなかで作用し、会話を通じて伝えられ、理解し理解されたいという欲求に駆動された、意味・追想の解釈学（次の4.2参照）が必要となると言う。

4.2 ポール・リクール

リクールの著作は第一にテクスト解釈に関わるものであり、後続の節で私は、リクールの精緻な解釈理論にとっての鍵概念の多くを紹介するつもりである（伝記ボックス4.1も参照）。リクールの理論的立場は、ガダマーと同様、人間存在という受肉した世界内存在が言語より先に言語を超えて存在していることを認識しつつ、**それと同時に**、言語を通じての人間性の解釈的理解をも承認するところにある。この2つの要素のどれも、独自というわけではない。実存主義的現象学は（3章参照）、人間存在が言語を超えて身体化された存在であることを認識する。一方、ディスコース志向の心理学のある潮流では、解釈的理解を人々の言語の使用を通じて実際に示そうとしている（たとえば Edwards, 1997; Edwards & Potter, 1992; Harré & Gillett, 1994; Henriques et al., 1984; Parker, 1992;

Potter & Wetherell, 1987; Wetherell, Taylor & Yates, 2001a,b)。この2つの立場は伝統的に対立し合うか、少なくとも両立しがたいと見なされてきた。この点、現象学的心理学がすでに、実存主義と解釈学の双方を重要だと認めていることは特筆に値する（van Manen, 1990, 邦 2011）。解釈学的現象学は、ハイデガー（1927, 邦 2013）に依拠しつつ、研究参加者にとっての理解（了解）を把握するように意図された解釈を目指している（たとえば、7章で取り上げるヴァン＝マーネン（van Manen, 1990, 邦 2011）の解釈学的現象学を参照）。リクール（Ricoeur, 1970, 邦 2005）はこれを、**共感の解釈学**

図 4.1　現象学における解釈学的転回の立役者、ポール・リクール

もしくは**意味・追想の解釈学**と呼んでいる。けれども、リクールが名づけるところの**懐疑の解釈学**は、実存主義的な解釈学には含まれていない。懐疑の解釈学とは、たとえば精神分析で用いられた解釈の様式であって、意味の諸層をはぎ取り、表層の下に隠れているものを求めて掘り下げ、最初の意味の共感的報告に対する懐疑を生じさせるというものである。

◀ **伝記ボックス 4.1** ▶

ポール・リクール（Paul Ricoeur: 1913-2005）

　ポール・リクール（図 4.1）は、1913 年にフランスのヴァランスに生まれた。国際的に高名な哲学者になったにもかかわらず、自分の著述を通じてのみ知られることを好み、私的な生活については沈黙を守った。けれども 1998 年、『批判と確信』が出版され、この本のなかでリクールは、フランソワ・アズヴィおよびマルク・ド・ローネーとの座談で、自身の瞠目すべき生涯について率直に語っている。リクールの父は英語教師であったが、子ども時代の最も重大な出来事は、第一次大戦中に両親とも喪ったことだった。両親の死を、とりわけ、戦闘中行方不明者として推定死亡の取り扱いを受けていた父の死を悲しんでいたので、戦争の終結は彼にとって悦ばしい季節の到来とはならなかった。父の死にともない、リクールと妹は祖父母に引き取られ、若い未婚の叔母の世話になることになった。いくらもしないうちに、妹が結核でこの世を去り、リクールに償えない負い目という感覚——これが彼の著作のなかでの重要なテー

マにもなっている —— を残すことになった。なぜならば彼は、自分が特別に恵まれた子どもだと感じていたからである。こういった境遇のなかで彼は、読書にほとんどの時間を当て、遊びにはめったに時間が割けなかったと言う。「学校が私には勉学というより一種の気晴らしになっていたものでした」と、リクール（1998, p.5）は回顧している。彼が哲学に出会ったのはレンヌの中学校のときのことで、そこでロラン・ダルビエ（Roland Dalbiez）に教わって触発されたのだった。ダルビエの教えは彼に永続的な影響を与えた、「障害が行く手に立ちふさがろうとも、君はよけて通るのではなく、正面から立ち向かわなければならない。恐れることなく直視せよ前進せよ」（1998, p.7）というその助言によって、哲学の道を歩むことを決心したのだった。親がいないので、彼は学業を早々に切り上げて、最初の学士号をとってすぐに教職につかねばならなかった。

　第二次世界大戦ではリクールは、将校として兵役についたが、1940年にはドイツ軍の捕虜になり、ポメラニアの将校用捕虜収容所に入れられた。収容所の生活は信じがたいものだった。捕虜たちは芝居や物資市場（紙巻きタバコが標準通貨だった）、図書館、そして大学（カリキュラムとコースと登録者名簿と試験を備えていた）を創って知的生活を工夫したのだった。リクールが実存主義哲学者カール・ヤスパースの著作を読み、また、フッサールの『イデーン』の仏訳を開始したのもこの間のことだった（紙がないので原本の余白に訳を書き込んだという）。戦争が終わり、パリに帰還してリクールは、戦争前に教わったことのあるもう一人の重要な実存主義哲学者ガブリエル・マルセルを訪ねている。『イデーン』の仏訳が終わると共に、彼の本格的な哲学者としての経歴が始まる。

　リクールの実績は、ヤスパースに関する2冊の本から始まるが、共に英訳では紹介されていない〔訳注：邦訳もされていない〕。その後、人間の意志への実存主義的問いをめぐる省察という、彼の本格的な哲学的経歴のなかでの第一の時期が続く。この時期は『自由と自然』〔邦訳なし〕、『意志的なものと非意志的なもの』〔邦訳全3巻、滝浦静雄他訳、紀伊国屋書店、1993-1995〕の2冊によって始まるが、これらの著書のなかでリクールは、人間の意志への限界について考察し、それは『有限性と有責性』〔邦訳は以下の各書に抄録。『人間・この過ちやすきもの』九重忠夫訳、以文社、1978。『悪のシンボリズム』植島啓司他訳、渓声社、1977。『悪の神話』一戸とおる他訳、渓声社、1980〕で結実を見た。後者はリクールの解釈学的転回、つまり第二の時期の著述群への出発点を画している。この時期はリクールの著述活動のうちおよそ30年を

占め、『フロイトを読む』〔章末「さらに学びたい人のために」参照〕、『生きた隠喩』〔邦訳は抄訳で岩波現代選書に収録、1984〕のような著作となって結実する。けれども、彼がもう一度哲学アカデミズムの認めるところとなったのは、賞賛をもって迎えられた『時間と物語』（第1巻原著，1983）によってであり、それと共にリクールの思惟は第三の時期、ナラティヴをめぐる思索の時期に入る。リクールは、2005年のその死の年まで著述を続け、『他者のような自己自身』〔8章末「さらに学びたい人のために」参照〕はやはり賞賛をもって迎えられたが、これは、『時間と物語』で始まるナラティヴのテーマを追求して「自己の解釈学」を構築するまでその思索を広げ、またその倫理学への意義を探求したものであった。

4.2.1　言説、テクスト、行為

　リクールは、言説（discourse）と言語（language）の間に重要な区別を設ける。彼にとって言説は言葉で語られた話（speech）であり、それを構成する単語には還元できない、人間による総合的な構築物である。一方、言語は言説を作り上げている記号体系である。言語の基本的な単位は記号（音韻論的または辞書的な）であるのに対し、言説の基本的単位は文（sentence）である。構造主義者が推奨するように文をその構成部分に分解することは〔訳注：ソシュールを始めとする構造主義者にとって、分析の出発点は記号と言語であった〕、その文がどのように構成されているかについて多くの洞察を与えてくれるが、同時に、人間主体による総合的構築物である文に固有の意味をぼやけさせる。言語（古典的構造主義者の分析の焦点）と、言説（人間主体の創造的行為の例証）のこの区別は、解釈学的現象学にとって決定的である。リクールはこの区別を、言説の4つの本質的特徴を特定することでさらに際立たせる。第一に、言語の働きは時間の外にあるのに対し、言説はつねに時間的に実現する。第二に、言説はいつでも主体が現前していることを暗黙裡に含んでいる。すべての言説の背後には、それを話す「私」が存在している。言い換えれば、「誰が話しているのか」という問いは、言語に関してではなく言説に関してのみ、意味をなす問いとなる。第三に、言説はつねに何かについての言説である。私たちはここで、言語の象徴的機能が駆動するのを見ることになる。言語の能動的性質が言説のなかで例示されるのである。というのも、言説のなかで、言語は、それが記述したり表現したりするところの世界を指し示すからである。第四に、言説はつねに他の人に向けられている。言語は対話のための規範を準備するものの、その言語が

差し向けられるところの相手に出会うことができるのは、言説においてのみである。この対話的要素は言説にとって決定的である。言説における言語の創造的使用を目にすることができるのは、私たちがコミュニケーションに携わるときだけに限られる。

リクールはまた、話される言説と書かれる言説の間にも区別を設ける。ここで私たちは、書かれて固定されたすべての言説を指す**テクスト**という語に出会う。この区別は重要である。なぜなら、書き物のなかでは、テクストが話し言葉の条件から離脱するからである。すなわち、テクストは「……著者の志向的地平の有限性を免れる」(Muldoon, 2002, p.51) のである。私たちはもはや、対話的に関わることのできる人間的主体と関わってはいない。私たちはもはやコミュニカティヴな理解（了解）の水準に達するために質問したり論じたり挑んだりすることができない。その代わり、テクストは他のテクストが織りなす世界へと入り込み、それ自身の出自にあった心理的・社会的・歴史的条件を超越する。対話に関わっている2人の話者という契機は永久に廃棄され、**直示的指示**〔訳注：会話者がするように、実物を示して理解を促すこと〕は失われる。つまり、言語を超えた世界への、対話のなかで一時的に合意された指示、というものは失われる。テクストは他のテクストとの関係に参入し、この関係が生きた発話によって指示されている状況的な現実に取って代わる。テクストにもいまだ「現実」への指示が残っているが、もはや二次的な指示と言うべきもので、象徴的世界への非状況的な指示となっている。筆記された面接記録は多くの質的分析の材料になっているが、中間的な場所を占めるのは明らかだ。なぜならそれらは、対話のなかで直示的指示と共に生み出されたとはいえ、書かれた記録に固定されれば自己の出自の諸条件を超越してしまうからである。

すでに略述された言説の4つの構成要素を参照しつつ、発話とテクストとの違いについて、リクール (1971) がより詳しく述べているところに耳を傾けよう。第一に、言語と異なり、言説は時間のなかにある。この点は話し言葉と書き言葉では異なる。発話においては、談話という出来事が作られては消えてゆくのであり、言説には束の間という性質が見られる。リクールはこれを、**固定** (fixation) の問題としてとらえる。というのも、非時間的な言語が（アルファベットの記入、統語法、等を通じて）固定されることで、私たちにとって言説もまた固定可能になるからだ。そもそも、言説を記録するのは、それが発話のなかでは消えてしまうからである。けれども、書くことは発話という出来事それ自体を固定するのに役立つわけではない。それはただ、発話のなかで話されたことだけを、いやむしろ、話されたことの意味だけを固定するにすぎな

い。リクールはまた、発話と筆記の区別をさらに解明するために、言語行為理論（Austin, 1962, 邦 1978; Searle, 1969, 邦 1986）から、発語的（locutionary: 言う**という**行為）、発語内的（illocutionary: 言うこと**のなかでの**行為）、発語媒介的（perlocutionary: 言うこと**による**行為）の間の区別を引き合いに出す。手短かに言うと、発語的、発語内的、発語媒介的行為は、文として記録されるさいの効果という観点で理解することができる。発語的、発語内的、発語媒介的とテクストのなかで移行するにつれて、言語行為はテクストに記録されづらくなってゆくからだ〔訳注：たとえば「そこにペンがある」という発語的行為は、暗に「ペンを取ってくれ」と依頼する発語内的行為になっていたり、そばにいた秘書がメモを取ってくれるという発語媒介的行為を引き起こしたりする。詳細はオースティンの言語行為論に譲るが、後者になるほどテクストとして記録されにくいことに留意〕。この区別は重要である。リクールの議論によると、テクストに記録された意味を真に識別しようとするなら、文を単なる命題的行為として理解するにとどまらず、発語的、発語内的、さらには発語媒介的な行為としてさえ理解する必要があるからだ〔訳注：たとえば「机の上にペンがある」という一文は、実際に真偽を確かめうる命題であるだけでなく、発語内的行為や発語媒介的でさえありうる〕。だから私たちは、テクストのなかの意味を、命題的、発語的、発語内的、発語媒介的、あらゆる水準で回復するよう試みなければならない。

　言説の第二の特徴は、いかにして文がその話者を指定するかに関わっている。発話は発話者自身に直接的に自己言及していることになるため、話者の主観的意図と言説の意味はある程度重なり合う。だから、言説が意味するところを理解するのと、話者が意味するところを理解するのとでは、実際には同じことになる。けれども、言説が書かれるや、この重なり合いはもはや存在しなくなり、作者の意図とテクストの意味との乖離に直面させられてしまう。これは必ずしも「作者の死」を意味するわけではない（Barthes, 1977, 邦 1979）〔訳注：バルトはテクストの意味を確定するのが読者であることを強調し、作者の死を主張した〕。テクストが「作者によって生きられる有限な地平」（Ricoeur, 1981, p.201）を逃れるがゆえに、話者と言説の関係性が疎遠になるということである。言説が話されるのではなく書かれる場合は、テクストに書き入れられた意味のほうが、作者によって意図された意味よりも重要になる。なぜならば、書かれることでテクストは「その作者の心理とのつながりから解き放たれる」（同書, p.201）からだ。

　言説の第三の特徴は、それが世界に向けられるしかたにある。話される言説においては、世界は会話の相手と共通の世界である。この世界の諸側面は対話

のなかでは、ジェスチャーや時間と場所を示す副詞によっても明示しうる。ここでは指示は**直示的**なのだ。直示的指示は書かれた言説のなかでは消滅するが、それでもテクストには指示関係がある。ただし、私たちの現実世界（Umwelt：環世界）への指示関係から、かつて出会ったことのあるすべてのテクストへの指示によって生み出される象徴世界（Welt：世界）への指示関係へと移行するのである。言説はつねに何かについての言説でなければならず、世界についての指示関係をつねに備えているが、それは対話において直接経験される直示的世界（環世界）ではなく、テクストの「世界」なのである。

　第四の特徴は、言説が誰かに向けられているということである。ここで、発話と筆記の区別が明確になる。なぜなら発話においては、私たちは特定の人もしくは人々とコミュニケーションを行っていることが明らかなのに、書くことにおいては、それを読むことのできる誰しもとコミュニケーションを行う可能性があるからだ。それだから、書くことにおいてテクストは、著者の生きられた経験を、直示的指示関係の限界を、他者とお互いに「対面し合う」必要性を、免れてしまう。もはや言説行為の可視的な受け手は存在せず、代わりに不可視の読者に宛てて言説が向けられることになる。

　これらの言説の諸特徴、および、話される言説と書かれる言説の相違は、社会心理学にとって多くの理由で重要である。第一に、インタビューとそのトランスクリプト（書き起こし）では、「作者」〔＝話し手〕の位置づけは曖昧になる。インタビューは対話であって、私たちを取り巻く現実への直示的指示がそのなかでは見分けられる。また、作者にとっての意味とテクストの意味にも、重なり合いがある。これによって作者の世界を開示する作業が可能になるが、書かれたテクストではますます不可能になる。実際、言説の意味を同化〔訳注：次節を参照〕する機会が生じるのは、対話のときだけである。なぜなら、ひとたび対話がトランスクリプトになってしまうと、作者であることは対話者であることから分離してしまうからだ。この時点でもまだ私たちは、作者の世界（いわば作者の心理）を識別できる近さに位置してはいる。けれども、私たち自身が対話相手から読者へと移行した以上、それも近似値にとどまる。話す主体の優位性を強調し、意味・追想を最重要とするリクールにとって、言説の起源は決定的に重要である。しかし、話がひとたび書き取られると、作者の意図を把握できる可能性は減じ、どれだけ意味を同化しても近似値にとどまる。ここで浮上するもうひとつの問題は、いかにして諸々のテクストが、世界と私たちの関係についての妥当かつ価値あるデータの源であると認められるかである。質的社会心理学はインタビューに依存する傾向がある[2]。依存しすぎていると

言ってよいほどである。これは部分的には、インタビュー資料を分析すれば他者の世界へ妨げなくアクセスできるという隠れた信念に由来するものと思われる。けれどもこの素朴な見解は、共感と懐疑（4.2.3 参照）の双方の必要性を認識できていないだけでなく、話された言説がひとたびテクストになると避けがたく生じる、疎隔化（distanciation）の過程も認識できていない〔訳注：疎隔化は、字義どおりには距離が生じること。テクストでは作者と意味の間の隔たりが大きくなる〕。

この節の最後に、リクール（1971）が、すべての人間的行為をテクストと考えるという、ラディカルな転向を行ったことに触れておきたい。リクールは、(1) 人間の行為はテクストと同様の属性を多く備えている、(2) 人間科学の方法論はテクスト解釈と同種の手続きに携わる、という2点にもとづいて、すべての人間的行為はテクストとして理解されねばならないと論じたのだった。ここではこの考えを詳しく追求する余裕はないが、リクールがこの大胆な主張をするにあたって行った論証の核心は次の点にある。すなわち、人間的行為とテクストの双方とも、その意味には「独特の多義性」があること、そして意味を再構成的に解釈しようとしても限界があること、である。人間的行為とテクストの内在的な類似、そして人間科学がこの種の素材を理解し解釈しようとしてきたこれまでの試みにもとづいて、リクールは、人間的行為をテクストと見なすことは、解釈学的現象学由来の技法を用いることができる分だけ、その理解と解釈を促進すると論じている。

4.2.2　同化

同化（appropriation）は、私たちが意味の解明を試みるさいの手段である（Ricoeur, 1981）。けれどもこれは単純な作業ではない。なぜなら私たちは不可避的に、文化的距離と、またしばしば歴史上の疎外と、格闘することになるからである。つまり、テクストが意味するところを理解しようと試みるとき、人はたいていの場合、異文化からのテクスト、および歴史上過去のテクストを理

---

[2] もちろん例外はある。会話分析（conversation analysis）は自然に観察される会話を優先し、インタビューを極力避ける。ただし、会話分析ではトランスクリプトより録音テープが分析の焦点になると言っても、言葉が記録される過程（インスクリプション）がある以上、話者の意図は抹消されるのである。プラスチック製磁気テープへの記録か、ペンによる紙への記録か、記録形態の違いがあるにすぎない。対話する2人にとっての「ここ」と「いま」がどこかに行ってしまうことには変わりがないのである。

図 4.2　解釈学的分析の鍵となる特徴は、意味の同化、すなわち、テクストの意味を理解（了解）することである

解するという 2 つの困難に遭遇する。同化の目的は、テクストを通じて描き出された世界についての理解（了解）を達成することである。それも、テクストの背後からではなく、テクストの正面から、分析者自身の世界を見る見方を拡大することを通じてである。同化は、テクストに表現された意味を把握する行為であるが、作者の意図に同一化することは（近似的になされることはあっても）必ずしも必要ではない。それは、ガダマーの言う「地平融合」、すなわち、他者に関わり自己の知識を拡大することを通じてなされる。ただし、ガダマーとは違って、リクールは、「額面どおり」に意味を把握すれば済むとは考えず、共感（empathy）と懐疑（suspicion）の両方が、意味の同化のために必要な手段であると考えた。どんな現象学的体験でも期待されるように、まずテクストを「額面どおりに」理解することは言うまでもなく必要であるが、解釈学または解釈技法を用いて表層を超えて隠れた意味を見て取ることも必要である。

　同化プロセスの鍵となる要素は**遊び**であって、リクールはこの概念をガダマー（1975, 邦 1986-2012）の著作に見出している。リクール（1981）は遊びを、テクスト分析に携わっているときの最も適切な「存在様式」と見なす。リクールによると、遊びは、遊びのさいの意識によって決定されない、独自の存在様式を備えている。遊びにおける本質的要素は遊びの「行きつ戻りつ（to and fro）」であって、ダンスのように別世界へと連れ去られては戻ってくるのである。それだから、遊ぶ人は誰でも遊ばれるのであって、この活動のなかでは遊んでいるということ自体、忘れられてしまう。読者がテクストとの「地平融

合」を真に達成するのは、遊びを通じてである。日々の現実や深刻さを宙づりにすることで、未来の諸地平を、もしくは諸可能性を見ることが可能になるのだ。このような遊びの概念は、映画館でスクリーンに見入って我を忘れるときのことを思えば理解できるだろう。映画に魅了されているとき、私たちは、別の存在様式を、別の可能な未来の地平を見ている。私たちは、自分自身の地平の文脈の内部で、ある映画の意味に魅了される。作者（脚本家や監督や製作者）がその映画を悲劇として作ったのなら、私たちは〔映画という〕テクストのそのような側面を現実化することになるだろう。けれども、遊戯的な心構えで関わることで現実化する意味の諸層とは、〔映画の〕テクストという象徴的世界へと入り込んださいの私たち自身の意味地平の産物にほかならない。その映画の本質を感得することは、これまた重要なことである。なぜなら、私たちが作り話的な表層からその下に埋もれた本質へと達する場合にのみ、言説の作用が世界としての諸可能性を現前させるからだ。

4.2.3 共感と懐疑

　すぐ前の項で述べたように、リクールは意味理解にとって本質的な2つの接近法を識別する。1つは**脱神話化**（demythologizing）または共感の要素、もうひとつは**脱神秘化**（demystifying）または懐疑の要素である。脱神話化とは、私たちの地平の融合を通じて意味を特定しようとする共感的関与の過程である。私たちがテクストを理解（了解）しようとするさいには、私たち自身の**先行理解**、つまり世界を見るしかたを、テクストに内在する先行理解と一緒に作用させるのである〔訳注：この作業によって神話めいて疎遠だった物語であっても親しみ深く理解できるものになる〕。対照的に、脱神秘化の契機とは一種の懐疑であり言うなれば革命的行為であり、私たちは表層の下に隠された意味を識別すべく探求するのである。というのも、本当の意味は決して直接的でも透明でもないからだ。リクール（1970, 邦2005）は、フロイト、マルクス、ニーチェの3人を「懐疑の巨匠」として認定している。3人にとって意味は決して顕在的でなく、表層の下にあって仮面を剥ぐ必要があるのだった。彼らの懐疑の解釈学は、それぞれ、無意識の動機づけ、経済的な生産様式、権力への意志を暴くところまで拡張されている。リクールの考えでは、これら「巨匠」が示したのは、直接的な意識のみを通じて理解（了解）に到達しようとすることの（これを意味・追想もしくは共感と称するが）不適当さだった。まさにこの、直接的な意識のみを通じての理解（了解）ということこそが、超越論的現象学の、それゆえ記述的現象学的心理学の企図だったのである。

4.2.4　主体の幻想を批判する

　私がここで論じたいもうひとつの考え方は、意味を同化するさいに生じる**主体の幻想**とリクールが名づけたものであって、これを批判することの必要性である。リクールは、同化という解釈に起こりうる誤謬を注意深く認識し、その著作のなかで明確な修正を準備している。起こりうる主要な誤謬は、同化が主観主義の一形態になってしまい、分析者の主観性がテクストへと投射されてしまうところにある。これは、分析者の世界観がテクストのそれを支配し、彼ら自身の**世界内存在**の存在様式をテクストへ能動的に投射することによって生じる。これはあってはならないことだが、私たちはつねに特定の場所からしかものが言えない。この誤謬を正すメカニズムとしては、主体それ自身を解釈学的批判にさらすことだろう。つまり、解釈学（解釈の技法）を分析者へといちばん最初に向けることである。私たち皆が生活している（広い意味での）政治的世界の外側に立つこと、どこでもない場所からものを言うことは決して可能ではない。最も中立的な調査研究と言えど、調査対象者に何を質問するか、そして何を質問しないか、ということにおいて、すでに私たち自身を遂行中の研究との関係における特定の（政治的）立場へと置いてしまっている。どんな研究にも研究計画があって、それは明確に政治的なこともあれば（たとえば人種差別を低減させるための研究）、明確でない場合もあるが（たとえば攻撃性一般に関する研究）、明確でない場合でもやはり、より微妙な意味で政治的なのである（たとえば男性における攻撃性を弱めたいという願望が根底にある研究）。ハイデガーとリクールは共に、たとえ自分の先入見をカッコに入れようとしても、その試み自体もまたどこかの場所から語られているのだし、自分で自覚していなくとも、あるイデオロギー的な立場をとってしまっていると論じている。私たちは自身の研究でこのことを再認識しなければならないし、テクストをよりよく理解しその分析をより良いものにするためには、研究それ自体も批判を受けねばならないのである。

4.2.5　ガダマーとリクール

　リクール最晩年のナラティヴについての著作に入る前に、ガダマーとリクールの関係について具体的に述べておくのがよいだろう〔訳注：解釈学ではnarrative は「物語」と訳されるが人間科学ではナラティヴの訳語が定着しているので本書でもそれに準じる〕。両者の間には多くの類似があるが、ある決定的な相違もあるからだ。ガダマーの著作は（1975, 邦 1986-2012）、共感もしくは意味・追想の解釈学の、例解として見ることができよう。彼の仕事は、私たちの「作

用史」を通じての理解（了解）ということに関わっていた。その目標は、たとえ理解（了解）が別々の地平によって切り離されていても、「地平融合」を通じて相互理解を達成しうるという点にあった。ガダマーは、伝統の内部で働く理性を強調したが、その理性を理解するには、私たち自身が伝統のなかへと引き入れられる必要がある。もし私たちが相互理解すべきであるのなら、二つの伝統、すなわち、私たちが読んでいるテクストの伝統と私たち自身の伝統とが溶け合わねばならない。リクールと同様にガダマーも「理解され得るものは〔すべて〕言語である」(1975, 邦 2012, 第 3 巻, p.813) と強調する〔訳注：リクールにとって人間の行為すべてがテクストとして理解可能であったように、ガダマーにとって有意味に理解可能な物事はすべて言語である〕。それは、言語を超えては何も存在しないからではなく、物事はただ言語を通じてのみ到来するからである。

　ガダマーの解釈学の諸側面を自分自身の解釈学的現象学に取り入れているにもかかわらず（たとえば、地平融合の概念、遊びとしての意味・追想）、リクールがその著作でガダマーを直接間接に参照する場合、多くの限定を付けている。第一に、ガダマーはその著作において、共感の解釈学を認めているが懐疑の解釈学は認めていないこと。ハーバーマスを始めとする批判者たちは、ガダマーは伝統に寛大すぎるし、イデオロギーを流布することにもっと批判的であるべきだと論じている (Moran, 2000)〔訳注：ハーバーマスは現代ドイツの社会哲学者で、マルクスに影響を受けた左派の立場からガダマーを批判している〕。第二に、最も重要なことだが、ガダマーが強調する、理解（了解）のための意見一致（コンセンサス）と相互承認には根本的な欠陥があると思われることだ。モラン (Moran, 2000) も述べるように、「……地球は平らだと確信している社会は、ことごとく意見が一致する統制のとれた調和的な社会かもしれないが、あいにくそのような社会は端的に言って知識を欠いている。ハーバーマスがガダマーを烈しく批判したのはこの点である」(p.286)。リクールは、ハーバーマスによる批判を自分自身の伝統理解へ取り込むことによって、理解（了解）における伝統および意見一致の価値を失うことなく、ガダマーの単純な伝統と意見一致の強調を乗り越えることに成功している。伝統（ガダマーの立場）とイデオロギー批判（ハーバーマスの立場）を対立的にとらえるのではなく、あらゆる理解（了解）において、伝統に参加することと伝統から批判的に距離を置くこととの間に、弁証法的な関係性があると主張するのである。リクールは、ガダマー対ハーバーマス論争に自分が理論的解決を提示してはいないと自認している（特に、〔伝統のなかで〕発見される物事の価値と、自ら取捨選択する物事の価値の対立について）。しかし、この困難なジレンマからの実践的な脱出方法を提供して

いるのである。私の考えでは、この点は、実践的かつ批判的な、ナラティヴの現象学的分析にとって特に有益である（8章参照）。

4.2.6　ナラティヴの理論とナラティヴ・アイデンティティ

リクールは、後期の著作『時間と物語』（全3巻，1983-1985，邦 2004）と『他者のような自己自身』（1990，邦 2010）で、古典的な解釈学からナラティヴ論へと関心を転じた。彼の考えでは、隠喩（メタファー）についての自身の仕事とナラティヴについての仕事は、互いに密接に結びついている。というのも、これら2種類の言説形態を通じて、新しい意味の創造という人間的企図にとってきわめて重要な何かを私たちは目撃するからだ。ナラティヴにおいて新しい意味は複数の要素を首尾一貫した全体へと総合することで生じるし、隠喩において新しい意味は新たな述語を付与することで現れる。リクールは、人間性に内在する意味の創造は隠喩とナラティヴの分析を通じて初めて理解可能になると論じている。分析的に言って、この2つだけが、意味が産まれる生きた過程に接近できるポイントなのである。

リクールによると、ストーリーが構成されるのは、ばらばらな諸要素を意味ある全体へと組織化することで、私たちの生きられる経験を有意味なものにするためである。このことを明らかにするために、『時間と物語』では時間の3つの形態が区別される。**宇宙論的時間、現象学的時間、歴史的時間**である。宇宙論的時間は、宇宙空間と惑星と自然界の時間であり、時間は事実上無限であり、私たちの理解力も私たち自身も壮大なスケールの前でちっぽけに思えてしまう。現象学的時間は直接的な時間経験であって、私たちの有限で、比較するならきわめて短い実存を通じて生きられる。私たちは自身の死の知識によって限界づけられているので、ハイデガーも言うように死へ臨む存在であって、地上における自己の有限な時間を痛切に自覚している。これら隔たった2つの時間概念を架橋するのが歴史的時間である。それは、融和しがたいものを融和するため、また、私たちの有限な時間経験と無限なる宇宙時間の間の裂け目に蓋をするため、人間によって創造されたものである。歴史的時間は、カレンダーや記録資料や資料保管庫や年代記のような**痕跡**（trace）を作り出すことによって実存を宇宙に刻み込み、隔たりの架橋を成し遂げる。これらの痕跡が**筋立て**（emplotment）を、言い換えればナラティヴ行為を介してのストーリーの創作を要求する。なぜなら、痕跡が世代から世代へと継承されるためには、物語を自ら語り直す巧みな語りべが必要となるからである。ただし、リクールは歴史物語にとどまることなく、虚構物語もまた、主体が存在するうえで役立つと強

調している。

　人間的水準では、ナラティヴは私たちの経験を（現象学的）時間のなかに位置づけるのに役立つ。これは、エピソードの**再形象化**、または、時間のなかで諸々のエピソードが直線的に表象される場所である**エピソード次元**を通じて達成される。この再形象化は**統合形象化の次元**（configurational dimension）へと通じているが、ここでは諸エピソードが1個の意味ある全体へと創造的に変形される。実際問題として、解釈学的反省と分析の焦点となるのは、歴史的現在である。私たちは、自ら構築したストーリーを通じて、自分が誰であるか（そして他者が誰であるか）についての感覚を、つまり**ナラティヴ・アイデンティティ**を形成する。これらのアイデンティティは、それ以上分解できないコギト〔訳注：cogito＝「われ思う」。デカルトがすべての認識の出発点とした、思惟を本質とする自己〕、つまり本質的自己、といったものに依拠しているのではなく、語られたストーリーの生き生きした織物に依拠している。ナラティヴ・セルフは、複数的かつ偶然的であり、特定の歴史や文化に特有であったりするだろうし、それゆえ変化をこうむりやすいだろう。けれどもリクールは、テクスト還元主義に陥ったわけではない。制度や実践を変化させるのは（テクストではなく）人間主体であるとも論じているからだ。人間主体はテクストを書けばその下に消え去るのでなく、テクストの前に立ち止まり、読者のテクスト分析によってヴェールを剥がされるのを待っているのだ。それゆえ、物語的様式〔訳注：心理学者ブルーナーが「論理－科学的様式」と対比させた説明の様式。8章8.1参照〕は、人間存在が伝統に出会ってそれを変化させる諸段階の分析をも、可能にするのである。

要　約

　ハイデガーは、あらゆる理解（了解）に解釈がともなうと強調することで、現象学的哲学における解釈学的転回を開始した。彼に続く者として2人の哲学者、ガダマーとリクールが特に重要である。ガダマーはどんな理解（了解）であれ歴史的・文化的な状況に位置づけられていることを熱心に強調した。つまり現象学的理解とは、世界についての非歴史的で非文化的な真理を生み出したり知覚したりすることではなく、歴史や文化に応じて蓋然的な知識が生み出されるのを理解することなのである。彼の信じるところでは、哲学とは相互理解に至るための会話的な営みにほかならない。ガダマーもリクールも、私たちはつねに特定の場所から発言しているのであって、歴史的・文化的立場を超越す

ることはできないと強調する。リクールの仕事は主としてテクスト解釈に関わるもので、解釈についての精巧な理論を発展させた。ガダマーと同様リクールの著作もまた、人間存在という身体化された世界内存在が言語に先立ち言語を超えて存在するのを認めると同時に、言語を通じての人間性の解釈的理解をも認める、理論的立場を提供している。リクールは、意味を理解（了解）するうえで２つの異なるアプローチがあることを認めている。脱神話化（または共感的）要素と、脱神秘化（または懐疑的）要素である。前者は、共感の解釈学または意味・追想の解釈学とも呼ばれるが、これは、（読者の地平やテクストの地平との）地平融合を介した意味理解に焦点を当てるもので、現象学的心理学全体の基礎を形作っている。このアプローチでは、読者に現れるがままにテクストの意味を理解（了解）しようとする。対照的に、懐疑の解釈学では、精神分析でなされているように、表層の下の隠れた意味を掘りあてようと試みる。リクールは、その後期の著作では、関心の対象を解釈学からナラティヴへと移している。ナラティヴは、経験のばらばらな諸要素を有意味な全体へと組織化（再形象化）しようとする人間的な営みの結果として生成する。また、このことを通じてナラティヴ・アイデンティティ、すなわち、生き生きしたストーリーの織物で縫いあげられたアイデンティティがもたらされるのである。

さらに学びたい人のために

- Clark, S. H. (1990). *Paul Ricoeur*. London: Routledge.
  リクールの著作への包括的な案内。時にやや難解になるとはいえ、大変徹底した本である。
- Muldoon, M. (2002). *On Ricoeur*. Belmont: CA: Wadsworth/Thomson Learning.
  この非常に難解な思想家への優れた、明晰で読みやすい案内書。
- Ricoeur, P. (1981). *Hermeneutics and the Human Sciences* [ed. and trans. J. B. Thompson]. Cambridge: Cambridge University Press.
  おそらく最も読みやすいリクール作品のコレクション〔訳注：本書は選集で、フランス語版の原著はない〕。心理学と社会科学一般には最も関連が深い一冊である。

【訳者補足】日本語で読める文献

- ガダマーほか（2000）.『哲学の変貌』竹市明弘（編）岩波書店.
  主著『真理と方法』は膨大なので、とにかくガダマーの文章に触れたいという人には、この本のなかの「理解の循環について――哲学的解釈学」という短い文章を一読してみることを勧める。またこの本の先頭の「現代哲学の問題構制」（O. ヘッフェ）は、ハイデガー以後の現代哲学の動向を知るのに役立つ。
- リクール, P.（1982）.『フロイトを読む』久米博（訳）新曜社.
  フロイトが題材になっているだけあって、リクールの主要著書のなかでは最もわ

かりやすい。原著は1965年に出版されているが、その20年後のスペンスらによるフロイトのナラティヴ論的復権を準備したとも言える重要文献である。
・リクール , P.（1985）.『解釈の革新』久米博・清水誠・九重忠夫（編訳）白水社.
　リクールの膨大な論文のなかから12篇を精選した、日本版リクール入門書。

5章　現象学的心理学のさまざまな領域を区分けし概観する

【この章の目的】
- 現象学的心理学へのさまざまなアプローチを案内する
- 現象学的な質的研究の基礎を概観する。以下の項目を含む。研究計画、標本抽出、反射性、研究倫理、インタビューによるデータ収集、筆記による記述、文書ソースとインターネット、トランスクリプション、妥当性、論文執筆、コンピュータの利用。

　この章は本書のなかでは最初の「実践的な」章だ。だから、現象学的な質的研究の基礎を読者が十分に学べるよう組み立ててある。読者は、ここからスムーズに、続く3つの章へと進んでいけるし、本章で説明される諸アプローチのうちのどれかを使って、実際に研究計画を遂行してみることもできる。そもそも本書は、現象学的研究の理論と方法の両方の入門として書かれているので、この章でも両方を扱うことになる。また、本章末の読書案内は、読者の関心に応じ、本書が扱っていない論点を学んでいくための手がかりとなってくれるはずである。

　研究計画やデータ収集法などの実践的話題に入る前に、まず、現在のところ一般に用いられている現象学的心理学の、さまざまなアプローチのあらましを述べることにする。この概観によって、本章に続く3つの章の構成がわかりやすくなるに違いないし、現象学的心理学のさまざまな学派の間の類似点と相違点を、明瞭に浮かび上がらせることにも役立つだろう。実際、これはいくつかの理由でぜひ必要なことだ。第一に、あなたは、現象学的心理学の諸アプローチのうちの特定の1つについて知りたいのかもしれない。そんな場合には、以下の簡略な案内が役に立ってくれるだろう。第二に、この概観は、あるアプローチよりも他のアプローチのほうがあなたの関心には役に立ちそうだといった実際的情報を、提供するだろう。だから必要な情報がどこにあるかわかるよう努めたつもりだ。第三に、(序論でも述べたことだが) 本書では、最初の3つの章で概観した現象学的哲学の諸学派に対応するように、後続の3つの章で現

象学的心理学の諸学派を描写している。次節の概観は、この対応関係をさらに明確にする良い機会となってくれるだろう。

5.1 現象学的心理学へのさまざまなアプローチ

5.1.1 記述的現象学

現象学的心理学への最も伝統的なアプローチである。これは、1970年代に、アメリカのデュケイン大学で、アメデオ・ジオルジとその同僚たちの手で生まれた（ジオルジはその後、アメリカのセイブルック大学院に移った）。だから、デュケイン学派の経験的構造的現象学（もしくはフッサール現象学的心理学）と呼ばれることもある。最も古典的なフッサールの方法（2章参照）を受け継いでいて、エポケー（判断停止）と心理学的現象学的還元を通じて、現象の本質を識別することに力点を置く。ただしまた、実存哲学（3章を参照）をも基盤としている。最初にジオルジと共同研究者たちによって唱えられたアプローチは現在でも支配的であるが、記述的現象学的心理学を行う唯一の方法というわけではない。この領域には他に多くの重要人物がいて（イギリスのレス・トードレス、アメリカのスティーン・ホーリングの2名だけを挙げておく）、このアプローチを理論的に発展させ続けている。そのなかでも比較的最近の改訂版として、**シェフィールド学派**がある。これはもっぱら、イギリス、シェフィールド・ハーラム大学のピーター・アッシュワース（Peter Ashworth）と共同研究者たちの仕事から生まれたものである。まだあまり広く知られていないが、ジオルジの仕事にもとづきつつ、生活世界の実存的諸側面をより明確に強調するものである。それは、（記述的現象学の方法にもとづいた作業の後に）段階を1つ付け加えて、実存主義の多くの概念を分析過程へと取り込もうとする。この段階で分析者は、生活世界における多くの実存的諸条件（たとえば、自己性、身体性、時間性、空間性）を参照して、産出された記述について検討をしなおすというわけである。

5.1.2 解釈的現象学的分析、解釈学的現象学、鋳型（テンプレート）分析

これらのアプローチはすべて、解釈学と解釈への強い関心によって、記述的現象学から区別される。**解釈的現象学的分析**（interpretative phenomenological analysis: IPA）は、今日のイギリスで心理学者によって用いられている現象学的心理学の諸アプローチのなかでも、最も広く知られるものだろう。これは1990年代に、現在ロンドン大学バークベック・カレッジにいるジョナサン・スミスによって開発された。現象学の哲学にもとづくものだが、スミスとオズ

ボーン（Smith & Osborn, 2003）によると、この方法の源泉には解釈学的現象学があるという。だから記述的現象学に比べると、記述をあまり強調しない代わりに解釈を強調するし、加えて、主流派の（主に社会認知的な）心理学によって得られた知見にも、より大きな関心を払う。これは、健康心理学を始めとする応用心理学で特に人気のあるアプローチである。ただし、質的記述を強調する割には、今日までのところ、この特定の方法を現象学的哲学のなかに基礎づけるための理論的研究は、十分とは言えない。**解釈学的現象学**（Hermeneutic phenomenology）（時に解釈派現象学 interpretive phenomenology とも呼ばれる）は、また別の解釈派の方法であって、データのテーマ分析を行うが、フッサールの生活世界の哲学、および実存哲学（3章参照）と解釈学（4章参照）に基礎を置いている。このアプローチは、とりわけ応用研究をする者（看護学と教育学に多い）に人気を得てきている。カナダの教育学教授であるマックス・ヴァン゠マーネンがこのアプローチの発展の立役者の一人であるが、他にもナンシー・ディーケルマンなど多くが積極的に関わっている。最後に、**鋳型分析**（template analysis：TA）は、より知名度の低いアプローチであるが、IPAとよく似ている。これは、イギリス、ハダースフィールド大学のナイジェル・キング（Nigel King）によって開発された。経験のテーマ分析に焦点を当てること等、IPAと多くの類似点があるが、重要な違いが1つある。理論的にアプリオリに（つまりデータを収集する事前に）考案されたコード化枠組み（鋳型）を使用できる、という点だ。これによって研究者は、経験のなかの理論的に重要な側面に焦点を当てて特に探究ができるようになる。このやり方は、――現象学的研究では普通に生じることだが――これら特定の領域における意味が、分析の過程で浮き彫りになることを可能にする。応用研究ではこれは大いに助けになることが多い。なぜなら応用研究では、時間と費用の制約のため、データのより一般化された分析ができないとか、経験の限定された側面を探究するために強力な理論的基盤が要請されるといったことが生じるからである。

5.1.3 批判的ナラティヴ分析

現象学における解釈学的転回（4章参照）に関心が強まったことに促され、データ分析の現象学的ナラティヴの方法が発展してきた。この方法は、主としてガダマーとリクールの哲学にもとづいている。私自身の仕事がこのようなアプローチの一例であって、**批判的ナラティヴ分析**（critical narrative analysis：CNA）は、もっぱらリクールの著作にもとづき、経験の探究を、当人が物語る説明（ナラティヴアカウント）の批判的分析を介して推し進めるよう、組み立

てられている。このアプローチにはナラティヴ分析の他の形態（たとえばダン・マカダムス、マイケル・マレイ、ドナルド・ポーキングホーン）と多くの共通点があるが、いくつか重要な違いがある。主題となる内容に焦点を絞るだけでなく、諸ナラティヴを識別してその機能とトーンを検討することにも注意を向けるのである。決定的な違いは、CNAには、その主題への、そして研究参加者によって用いられたナラティヴへの研究者自身の見方を、懐疑の想像的解釈学を用いて問い直すという、重要な機会があることだ。

次章以下では、現象学的心理学へのこれらさまざまなアプローチをより詳しく見ていくことにする。次の章（6章）は記述的心理学に、シェフィールド学派による改訂版を含めて、焦点を当てる。7章では現象学的心理学への解釈派のアプローチを概説するが、これにはIPA、解釈学的現象学、TAが含まれる。8章は、CNAを実施するさいに関わってくる手続きへの入門として書かれている。

5.2 研究の設計

現象学的研究は、すべてではないがたいていの場合質的研究を企画するものであって、ある現象についての経験の理解を深めるために計画される。それゆえ、そこで適切な研究設問は、諸現象の原因を説明したり識別したりする試みであるよりもむしろ、特定の話題について理解を深めることを目指す自由解答式の設問の形をとる。たとえば、次のようなことについて研究がなされている。

- 社会不安という経験（Fischer, 1974）
- 犯罪被害に遭うという経験（Wertz, 1985）
- 安全なセックスとセクシュアリティについてのゲイ男性の理解（Flowers et al., 1997）
- 母親になることへの移行にともなうアイデンティティ変容（Smith, 1999）
- 糖尿病性腎疾患への適応（King et al., 2002）
- 心理療法における洞察の役割（Todres, 2002）
- 多発性硬化症と共に生きること（Finlay, 2003）
- 出産における身体化と脱身体化（Akrich & Pasveer, 2004）
- サドマゾヒズム的アイデンティティの形成（Langdridge & Butt, 2004）

研究の出発点から説明を探し求めたり特定の設問をしたり（とりわけ仮説を作ったり）するのは、現象学的研究としてはまったく尋常でないやり方であって、特定の予断を招く結果になってしまう。2章から4章にかけて現象学的心理学の哲学的基盤を概説したが、そのさい、個別的な変数へと現象を還元して説明と予測を目指すという伝統的に「科学的」とされてきたアプローチとは、根底的に異なる選択肢を提供してくれる、そのやり方の概要も述べた。現象学的心理学では、研究者は既存の文献の読解をもとにして、ある経験（たとえば急性感染症の経験）、もしくは経験のある特定の側面（たとえば急性感染症にかかってどうやって病院や医療専門家を見つけるか）を探究すべく、問題を設定する。と言っても、研究計画もなしに研究現場に赴くわけではない。そんなことは不可能だし、好ましいわけでもないことに私も同意する。研究者は、研究課題を明確な形にするのに研究参加者と協同するにせよそうでないにせよ、研究計画をあらかじめ持っているものである。けれども、多くの伝統的アプローチとは違い、ここでの研究計画は、研究されている現象の諸性質を発見するために設計される自由回答式の研究設問という形になってゆくのであって、その途上で設問は修正され洗練される必要が出てくるかもしれない。

5.3　標本抽出法

　記述的現象学において基礎となる標本抽出の方法は、**多様性最大化標本抽出法**（maximum variation sampling）である。これは、共通の経験を持ちつつも、人口統計上の属性ができるだけ多様な研究参加者を、研究者が探し出すというものである（Polkinghorne, 1989）。それゆえ研究者は、ある経験を（たとえば社会不安を）共有しつつも、研究中のトピックにとって重要と思われる人口統計上の属性（たとえば年齢、性別、エスニシティ、等）が多様となるよう、参加者を募集すべく努めるのである。もちろん、どのような人口統計上の属性がトピックに関連するかを決めるのはいつも可能というわけではなく、募集される特定の参加者群ごとに変わるというのが、実際のところだろう。さらに言えば、多様性を最大化するために十分な参加者を募集するのは実際には不可能なことがある。どんな研究でも典型的に生じてしまうのは、多様性最大化の原理に募集手続きがのっとっていてもこの原理は完璧には実現困難で、それゆえ妥協は避けがたいということである。
　多様性最大化という標本抽出法の根底にある原理とは、このような多様性があって初めて、いろいろな知覚に共通な不変項（すなわち現象の**本質**）であ

るところの経験の側面を（分析の段階で）確かめることが可能になる、ということにある。ただし、このアプローチの本性上、分析過程に時間がかかるため、どうしても収集データのサイズは非常に小さなものになってしまう。

　IPA、解釈学的現象学、TA、そしてナラティヴ・アプローチでは、多様性最大化標本抽出法はそれほど使われるわけではない。その代わり、標本抽出は**目的適合的**かつ**同質的**になされることが多い。つまり、当の調査において核心的であるような経験を共有していて、かつ、可能ならば人口統計上の属性が著しく違わない研究参加者が募集される。その目的は、研究者が、これらの人々とその特定の共有経験について、何ごとかを主張することを可能にすることにある。それゆえ、研究は**個性記述的**となり、この特定の標本集団を越えて一般化を目指すような試みは少ない〔訳注：個性記述的 ideographic は法則定立的 nomothetic に対立する概念で、一般性より経験の個別性を重視する〕。記述的アプローチのように現象の不変な構造的属性を発見するという期待から標本の多様性を最大化するのでなく、全員が共有するような少数の人々の経験について、詳細な記述を発展させることが目的となる。研究者はかなり同質的な標本を見つけ出そうとする。ランダムな標本はもとより代表的な標本の収集でさえ、実際には不可能だからである。言うまでもなく、標本の性質はどんな研究にあっても、研究中のトピックと研究者の関心と研究上の制約によって決められる。もしトピックが、たとえば男性から女性への移行〔訳注：性転換にともなう性別身分の移行のこと〕のようにきわめて特殊なものならば、他の人口統計上の背景がどうであれ、そのような特定の経験を共有する研究参加者によって標本が構成されることになるだろう。母親状態への移行のような、よりありふれた経験の場合でも、たとえば独身女性とか若い女性といった特定の女性の集団に焦点を絞らなければ、この特定の経験を詳細理解することは可能にならない。

　学生の研究課題としては〔訳注：本書は心理学コースのテキストとして書かれている〕、どんな現象学的方法を使用するにしても、研究参加者の数は6人を越えない小規模なものになる傾向がある。けれども、研究参加者はたった1人であっても10人であっても、意義ある研究計画にすることは可能である。研究が、いろいろな理論的・方法論的要請といろいろな実際上の制約との組み合わせとして進んでゆくのは毎度のことである。この双方を考慮に入れることで正当に決定を下したとあなたが信じるのであれば、そこであなたの研究は公共的な吟味にさらされることになる。そこでもデータの品質は最重要な要素となる。と言ってもこれは判断の問題であって、この判断自体は専門領域の諸基準に依拠してなされるものであり、判断者が単独になさねばならない必然性や必要が

あるわけではない。

5.4 反射性

反射性（reflexivity）は質的研究において決定的に重要だとしてしばしば言及されるが、それにしては真剣に受け取られることがあまりない。ごく単純に言えば、反射性とは、研究者が、自分の設問と方法と自分自身の立場が、当の研究のなかで生み出される心理学的知識にどのように影響を与えるかということに、意識的で反省的となるプロセスを意味する用語である（自分自身の立場とはたとえば、白人か黒人か、中産階級か労働者階級か、異性愛か同性愛か、集団内部の人間か部外者か、といったことである）〔訳注：reflexivity には再帰性や相互反映性などの訳語もあるが、研究者が研究内容に反射的に映り込む点を重視し、本書では反射性と訳した〕。このプロセスは、心理学的知識を共同で産出する行為における研究者の役割を自覚し認識する点で、「客観的真理の探求における隔絶した観察者としての研究者」という伝統と、あざやかな対照をなしている。研究への質的アプローチのほとんどでは（現象学的アプローチを含め）、知識がつねに共同構成されるその道筋を認識すべく、努力がなされている。なぜなら知識というものは、報告される研究参加者の経験と同じくらい、研究者がなした選択と設定した問いを反映するからである。方法ボックス 5.1 では、すべての研究者がどんな研究に携わる場合でも自問すべき、まったく基本的な一連の問いを提示しておいた。実際、これらの問いを、研究者なら誰でも、少なくとも 3 回は問うべきである——研究を開始する前と、研究の最中と、研究は完成したがまだ論文に書かれる前と。これら各段階で研究者は、反射性の課題へ反省の光を当て、その結果、研究を中止したり問題や方法を修正したりすることも起こりえる。

◀方法ボックス 5.1▶

研究への反射性アプローチを促進する問い

　以下の一連の問いは、反射性の課題を誠実に受け止める研究プロジェクトの文脈において、研究者に反省することが期待されるものである。

1. なぜ私はこの研究をしようとするのか？

2. この研究によって何を達成したいと私は望んでいるのか？
3. 調査研究されるトピックと私との関係性はどのようなものか？
   ー私は内部の人間か部外者か？
   ー私は研究参加者とその経験に対して共感するか？
4. 私は誰か。そして私の年齢、性別、階級、エスニシティ、セクシュアリティ、心身の障害、その他の関連する文化的・政治的・社会的な要因が、研究にどのように影響を与えると思われるか？
5. 研究という自分の仕事について、どのように感じているか？
   ー仕事に影響する外的な圧力があるか否か？
6. 私の専門的立場が分析にどのような影響を与えるだろうか？
7. 外部の世界は、研究結果の発表にどのような影響を与えるだろうか。
8. 研究の成果は、どのような影響を研究参加者に与えるだろうか？
   ー研究参加者が傷つけられるに至ることがありうるか。もしありうる場合、いかにして私はそれを正当化できるだろうか。
9. 研究の成果は、どのような影響を専門分野とそこでの私の経歴に与えるだろうか。
   ーそれらが個人的な問題を引き起こすことはありうるか。もし問題が起こらざるを得ない場合、どのようにそれに対処する準備があるか？
10. 研究の成果はその話題のより広い理解にどのくらい影響を与えるか。
    ーあなたの同僚はどのようにこの研究に反応するか？
    ー新聞雑誌類はこの研究にどのように反応するか？
    ーこの研究は（似た研究や関連する組織の）将来の研究費獲得につながる何らかの意味を持っているか？
    ーこの研究の結果として、どのような政治影響が生じる可能性があるか？

　反射性は、とりわけ研究者が〔偏見の対象となりやすい等の〕脆弱性を持つ個人や共同体を研究しようとするさいに、重要となる。研究者自身がその問題を自ら経験していない場合や、研究対象となる共同体の一員でない場合は、なおさらである。そのような場合、研究されている人々や共同体に対して誤ったイメージを持ったり、あなた自身の（部外者としての）立場を反映するような主題やトピックをこしらえたりする危険がある。すると研究対象者はもはや自分自身や自分が所属する共同体を、このようなイメージやトピックのなかに認めることができなくなってしまいかねない。この危険はとりわけ、懐疑の解釈学（4章、8章、9章）を用いるさいに直接関係してくる。ほとんど保護されていな

い人々や共同体に向けて使用された場合は、なおさらのことである（Langdridge & Flowers, 2005 と Flowers & Langdridge, 印刷中 には、ゲイ男性たちに適用された精神分析的な懐疑の解釈学が、まさにぞっとするような結果 —— と私は思うのだが —— をもたらしてしまっている公刊された実例が挙げられているので、参照されたい）。こういった場合、研究者はこのような調査研究をしようとする自身の動機を自ら問いただし、このような研究の実行によって生じる恐れのある結果と真摯に向き合うことが不可欠だと私は思う。

　本書でのここまでの反射性の議論は、反射性における**個人的**（個人の影響）なものと**機能的**（研究者としての個人の役割の影響）なものに焦点を絞ってきた（反射性の類型論とその考察については、Wilkinson, 1988 参照）。反射性の第三のタイプが、ウィルキンソンによって考察されている。彼女が**専門分野的反射性**と名づけるのは、理論と方法に関する議論の文脈において、研究に対して批判的姿勢をとることを意味する。個人的反射性と機能的反射性には、実在論的認識論に傾きがちだという危険がある。そこでは研究者は、研究の諸結果を（客観的に）裏づけるための分析へと、導かれてしまうのだ（Gough, 2003）。この問題に取り組むための反射性の改訂版は特に**認識的反射性**（epistemic reflexivity）と呼ばれ、アカデミックな言説それ自体への批判的姿勢を含むものである（White, 1997）。ここに見られるのは、アカデミックな言説が —— ここでのように反射性についての議論であってさえも —— 著者を専門家として、提供される情報を真理として仕立て上げてしまう道筋を、批判的に自覚しようという試みである。このようなアカデミックな言説は、科学の言説を用い、著者が距離を置いて客観的姿勢をとることによって（ここでは私自身もまたそのような姿勢なのであるが）、往々にして作り上げられてしまうものである。多声性〔訳注：バフチン由来の技法で、同じ出来事に対して異なる研究参加者の見方を交差させること〕や個人的注釈〔訳注：著者がドキュメントに個人的観点からの注釈を入れてゆく方法〕や創造的作文〔訳注：教育学から導入された語で、ここではアカデミックな文章作法に囚われずに書くこと〕やその他の方法を導入することで、アカデミックな言説に固有な書き方から離脱しようと試みる著者たちもいる（要約としては、Gough, 2003 を参照）。ハイデガー（1947, 邦 1997）が、その後期哲学において、専門的言説よりも詩のほうがより啓発的な言説形態であるとする分析に至ったことは（9章を参照）、この特別な反射性の過程を明快に先取りし、かつ支持するものであった。しかしながら、このような種類の反射性には批判もある（たとえば Gough, 2003）。なぜなら、自分に耽溺したり、内容より文体を気にすることになりかねないからだ。私としては、知識の構成過程それ自体を

吟味する必要性は認めるにしても（Ashmore, 1989 参照）、そこには自己反省の無限遡行への危険性、テーマそのものへの関心からアカデミックな言説を説明する過程への過度の関心へという、関心の逸脱があると思う。私たちが用いる言説がそれ固有の影響を及ぼすしかたを自覚することはもちろん重要ではあるのだが。ゴフ（Gough, 2003）は次のように述べる。

> 求められているのはバランスだ。始まりと締めくくりの間の、脱構築と再構築の間の、われわれの質的分析を構築されたものとして（分析を脱構築するため芸術や文学のなにがしかの装置を利用して）認識することと、妥当な理論的・政治的論点を指摘したと考えて満足できる程度の分析でさしあたり事を収めることとの間の。……

この節で反省しておくべき最後の議題は、反射性を私たちの研究の読者に提示するそのやり方である。たいていの場合研究者は、自分が反射性の問題を自覚しているということを、公刊物のなかで述べるだろう。そしてそれでおしまいになる。実際、多くの記述的現象学的研究では、トピックについての私たちの先入見をカッコ入れできるという誤った信念ゆえに（もちろんこれには論争の余地はあるので、より理論的な背景については 2 ～ 4 章を参照のこと）、かえってこの程度の認識さえ欠けているかもしれない。これは間違った態度だと思うし、もし私たちが反射性を本当に真摯に受け止めるならば、読者を反射性の過程のなかに巻き込むのにいっそう努力せねばならないと、論じたくなる。もちろんそれは、専門誌に論文を載せねばならないという制約条件がある以上、簡単なことではない。そうであっても私は、反射性という問題をより真摯に受け止める必要性と可能性とを信じている。まず第一に、研究されている特定のトピックに対する研究者の立場を読者に知らせるのは重要なことである。この情報は読者にとって、研究者の特定の立場と、この立場が研究結果に影響するしかたに波長を合わせて検討するのに十分なものでなければならない。さらにこの情報は、研究結果を提示するより前に提供する必要がある。第二に、反射性という課題は、あたかも懺悔者が責任を司祭に委ねるように読者に委ねてただちに忘れてしまう、というわけにはいかない。分析を通じて、研究者は、自分自身を必須の要素として当の分析過程にかけることが重要なのだ。最後に、プロジェクトのまさに終わりに、結果とその含むところの意味について反省すること、いかに自身の立場がその研究に影響したかを反省することが、研究者にとってはつねに有意義である。以上、私はこれが実現性に乏しい助言であるこ

とは承知しているつもりだ。だから例によって妥協が、反射性の問題だけでなく他のどんな研究過程でも生じがちな妥協が、必要になってくるには違いないのだが。

5.5 倫　理

　社会科学において近年、倫理が重要性を増している。こうした傾向は、社会科学、とりわけ心理学の歴史に身の毛のよだつような倫理の冒涜が散見される以上、大いに歓迎すべきところである。けれども、あまり歓迎できない部分もある。なぜなら私たちが目にしているのは、一部は合衆国から継承した訴訟文化と、人間性の傷つきやすさにますます固執するパラノイアの急成長であって、それが研究そのものを犠牲にしかねない、不必要で不適当な倫理への関心の増大を招いたからである。以下ではこの大いに議論の余地ある問題についてさらに述べて、倫理一般についてと（必要最小限の短縮版にとどめるが）、特に現象学的心理学研究に特有の倫理について、より踏み込んだ情報を提供したい。

　イギリスにおいて、心理学的研究にどんな種類であれ従事するほとんどの人々にとっての基準は、英国心理学会（BPS）発行の倫理指針である。実際、もしあなたが（私もそうだが）BPSの会員であるなら、これらの指針をきわめて真摯に受け止めるのは職業的要請である。ありがたいことに、このガイドラインは心理学者たちの手で、知識データベースの積み重ねにもとづいて作成された、よく配慮されたものである。方法ボックス5.2で、この指針の重要な論点を抜き出して手短かに概要を述べよう。

◀方法ボックス5.2▶

英国心理学会倫理指針

　下記は、英国心理学会（BRS）倫理指針で論じられている主要な倫理的問題点の一部である（www.bps.org.uk からダウンロードできる）。

同意

　同意はおそらく、あらゆる倫理的原則のなかでも最も基本的なものである。幸いなことに、現象学的研究に関しては、問題が生じるようなことはない。なぜなら、協力への合意を取りつける手続きとして、研究の性質について完全な

知識を研究参加者に提供することは、すでに現象学的研究の規範になっているからである。協力へのインフォームド・コンセント（説明にもとづく同意）が準備できるよう、参加者に研究について、そして研究へいかに関わるかについて、十分な情報を提供することは不可欠である。参加者が 16 歳未満の場合でも同意が得られるよう努めねばならないし、またその場合保護者の同意も得られるよう努めねばならない。同じように、成人の研究参加者にインフォームド・コンセントの能力がない場合でも（たとえば重篤な学習困難があるケースなど）、なお同意が得られるよう最善を尽くさねばならない。研究が彼らに与える影響を評価できる保護者やその他の人々の同意については言うまでもない。

いったん研究参加者が同意したからと言って、恒久的な承認を意味しているわけではない。というのも、研究過程のどんな段階にあっても（たとえデータ収集が終わって分析結果を記述しつつある段階にあってさえも）、参加者はいつでも同意を撤回する権利を持っているからだ。このことが研究参加者に明らかにされていることは重要だ。つまり、最初から同意しないこともできるだけでなく、後になってからでも、研究にもはや協力できないと思うならば同意を撤回することができる、と研究参加者によって感じられていることである。これはもちろん、参加者を募集することが往々にして試練となってしまうような研究者にとっては、困難なことだ。けれども、研究参加者という、自分の時間と努力とを無償奉仕する人々によって、私たちは計り知れない恩恵を与えられているということを、研究を進める努力をするさいに忘れないことが大切である。

守秘と匿名性

一般原則として、研究参加者に関するすべての情報は、この原則をどうしても破らざるを得ない場合以外は、守秘の対象となる。この原則は、研究計画への参加に同意したすべての人々を対象としなければならない。また、参加者が一貫して研究者に対して匿名のままでいられるような研究計画もある。現象学的研究においては、参加者との関係が密接でしばしば継続的でもあるのが常なので、これはまずありえないかもしれない。けれども、現象学的研究においても（どんな形であれ）見出されたことを公刊するさいには、参加者の身元が判明するようなことにならないのが重要である。研究チームの内部での守秘の徹底と、公刊に際して参加者が提供した情報を匿名化することに、全力をあげるべきである。

不快感と危害

　BPS ガイドラインは、研究参加者に身体的精神的危害を与えないよう保護するのが研究者の至上の責任であることを、きわめて明確にしている。現象学的研究で身体的危害が問題になることはありそうもないが、精神的危害のほうは考慮すべきことがらだ。ガイドラインは、通常、危害の危険性はその人が日常生活で経験するよりも大きくてはいけない、と述べている。これはややずるい言い回しであって程度を測るのに困ってしまうが、ともあれ、一般にはどんな研究においても、研究協力上の危険性を最小限に抑えるのに全力をあげねばならない。これは現象学的研究では一般に問題にはならないだろう。にもかかわらず、「微妙」(sensitive) な問題を研究することを選んだ場合、精神的危害という問題が生じるかもしれない。何が「微妙」な問題かには異論が多く、当該のトピックに不快を感じる人々がその分野への正当な研究を妨げるために用いる概念に、往々にしてなってしまっている。ただ、それにもかかわらず、どんな不快感や精神的危害をも防止するのが研究者の最優先の責任であって、それゆえ人々が当惑したり話すのをいやがったりするような研究トピックには、慎重な配慮をしなければならない。現象学的研究で通常使われている方法のひとつは、研究参加者に答えてもらう質問項目を送付することだ。だから参加者は、研究の性格を完全に説明された後から、そのトピックが自分にとって微妙かどうかを判断し、協力するか否かを選択することができる。

欺き

　心理学研究においては、いまだに欺きが普通になされている。ただし、現象学的研究のなかでは通例ではない。研究者と研究参加者が共通の目標に向かって率直かつ正直に協働するのが、現象学的研究では普通のことだからである。けれども、研究の本当の性質について参加者を欺くことが必要であるのなら、そのような欺きには強い理由がなければならず、欺きの後でそれについて可能な限りの説明をしなければならない。

　方法ボックス 5.2 に述べられている諸項目に加えて、プライバシー侵害は一部の現象学的研究にとっては検討に値する倫理的問題である。ことに、参与観察の方法を使用する研究者には関係が深い（非参与の観察でも関係がある）。プライバシーの権利は一般にきわめて重要なので、プライバシー侵害が起こる可能性のある研究については熟慮する必要がある。もちろんプライバシー侵害は観察法だけに生じるわけではない。インタビュー法でも、インタビュアーが特

定の話題について話したくないという研究参加者の希望に鈍感だった場合には、起こる可能性がある。同意を取りつけ済みであっても、このような場合何の言い訳にもならない。ましてインタビューに先んじてインタビュー項目をあらかじめ参加者に教えることは通例ないことを考えれば、なおさらである（もっとも他の研究に比して現象学的研究では、先に教えるというのはありがちではある）。だから、インタビュアーは研究参加者の、質問項目に答えたくない気持ちと自分の人生の特定の側面についてプライバシーを守りたい気持ちに、敏感に気づかなければならない。しかしながら観察法、ことに秘密参与観察法〔訳注：参与観察する研究者が、自身の立場や目的を隠匿したまま参与観察をする方法〕は、とりわけプライバシー侵害の懸念を起こしやすい方法である。実際、一部では、この種の研究がしばしば巻き起こす倫理的懸念に関係して、参与観察を使った研究が減少している。倫理的懸念についてはつねにそうだが、肝要なのは、研究開始前にあらかじめ、自分の研究行動に予想される可能な結果と意味とを考え抜いておくことである。ただし、自身のリスク理解のしかたに安住しないことが大切だ。なぜなら、あなたの研究参加者は、あなたとはきわめて異なったしかたで問題を見ているかもしれないからだ。こんなことはわかりきったことに聞こえるかもしれない。だが、他の人々が世界を経験するしかたを理解する枠組みを作るのに、私たちは驚くほど、往々にして自分自身の世界の理解とそこでの立場に依存してしまうものだ。よき現象学的心理学者にとっては、このような他者理解はもちろんまったく間違いだ。なぜなら、現象学的プロジェクトの核心では、世界が他者にどのように現れるかを探究する能力が必須だからである。このことは、プライバシー侵害その他の倫理的問題に関わる場合と同様に、分析過程それ自体に従事するさいにも、重要なことになる。

　研究者には**倫理委員会**との接触がまず避けられないが、正直に言って、私たちの大多数にとって、接触するのに気が進まない代物である。今日では、研究計画書が最初に倫理委員会によって詳しい審査を受けないような学術的・医学的研究は、きわめて例外的になっている。だから、研究者なら皆、自分が働いている機関の各種手続きに精通し、倫理委員会との関わりを最善のしかたで切り抜けるための方法を学ぶ必要がある。この種の委員会につつがなく通過するうえで最善の提示のしかたを知ることも、同様に重要である。ほとんどの現象学的研究は、まず倫理的懸念を起こさないだろう。けれども、私がしたようにあなたが「微妙」な問題を選ぶならば、あなたはその研究を正当化すること、そして特に守秘と同意とプライバシー侵害の問題に関して参加者と研究者にとっての適切な防護手段があることを、委員会に保証するという必要性に直

面するだろう。カッコをつけて「微妙」としている理由もここで関係してくる。困惑の感情を喚起するため正当にも「微妙」と認識されているトピックがある一方で、単に倫理委員会のある委員が、見慣れないもの、脅威や反発さえ覚えるものと思ったという理由だけで、多くのトピックが「微妙」に分類されている。不幸なことに、いまだに倫理委員会の人々の多くが、素朴さゆえか悪意ゆえか、ある種の「微妙」な問題や集団に関わる研究をするという案にしりごみし、結果として安全性の閾値を上昇させてしまう。かくして研究者は、世間並みのトピックには求められないような、より多くの正当化や安全保証の準備を余儀なくされる。私がよく知っている例では、セクシュアリティに関する研究、ことに性的マイノリティの人々に関する研究が、その典型である。私自身、若いゲイ男性の親になりたいという希望について調査しようとしたときには、研究詳細の提示と安全保証とを、とんでもなく高い水準で要求された。私はそもそも、若いゲイ男性の親になろうという選択が、見慣れないものだとも脅威だとも反発させるものとも思わないし、それがことさらに微妙な話題だとも思わない。けれども、マイノリティの人々の利害に関わるテーマだというだけで、そのような研究を正当化するためとんでもなく長い時間を費やさねばならなかった。サドマゾヒズムに関する私の研究ときたら、さらに強い抵抗に遭ったのだった。もちろん、いろいろな水準で生じる抵抗も、当の話題に対するより広範な個人や組織や機関や社会における安心感と非安心感〔訳注：原文はdis-easeで、病気diseaseとかけている。こうした抵抗が一種の病気だという著者の皮肉〕が倫理的判断に反映されるしかたの結果である以上、たやすい解決策は存在しない。ここで私にできることは、研究者が、そしてこのような「微妙」なトピックに関心を持つ誰もが、偽りの倫理的懸念によって研究が妨げられることのないよう、この問題に対する関心を喚起することぐらいである。

5.6 データ収集1──インタビュー

5.6.1 インタビューと現象学的研究

インタビュー（図5.1）は、一般的に構造化、半構造化、非構造化の3つのタイプのいずれかに分類される。構造化インタビューは、現象学的心理学研究のデータ収集としては不適切な形式なので、ここでは詳しく述べない。構造化インタビューは事実上あらかじめ決められた質問項目にもとづく調査であり、現象学的心理学の中核である意味の解明を目指したものではない。回答の選択肢が閉ざされていると、探求の可能性を締め出してしまう。アイデアと事象の

図5.1　インタビューは、現象学的研究でデータを収集するきわめて重要な方法である

探求を通じてでなければ、意味の了解が生じてくることもない。

　現象学的研究で最もよく用いられるのは半構造化インタビューであり、実はあらゆる質的研究でも同様である。このインタビュー法は心理学において長い歴史を持ち、一貫性と柔軟性がトレードオフの関係にあるので、たいていの質的研究者の要求を最も良く満たすのである。一貫性はインタビュー計画を用いることによって維持される。計画は、可能な情報を最大限に引き出すよう設計された、一連の質問とセリフから成る（方法ボックス5.3参照）。方法ボックス5.3の例を見ればわかるように、質問項目は探求している経験のさまざまな面に触れているが、あまり厳密に扱うべきではない。半構造化インタビューで重要なのは、インタビュアー（聞き手）がインタビュイー（語り手）との間で交わされる会話に合わせて質問を行っていくことだからだ。もし質問に対する答えが予定より先に出てしまったとしても、インタビュアーはそれに合わせるべきで、きっちり計画に合わせようとする必要はない。インタビューの計画を作成したときには研究者に思いつかなかったトピックが現れることもあるが、もしそれが研究テーマを明らかにすると考えられるなら取り上げるべきだろう。目標はつねに、そのトピックに関する研究参加者の世界観を共に探究できるようラポールを発展させることに置かれる。つまり、計画は、研究者に（そして研究参加者にも）必ずつきまとう時間と費用の制約のなかで、研究者ができるだけ効果的にインタビューを行うための指針にすぎないのである。

◀方法ボックス5.3▶

インタビュー計画の例（簡略版）
――親になることについて若いゲイ男性が抱く期待

　では、親になることについて、あなたの経験や期待をもう少し聞かせてください。まず……

1. 将来いつか父親になるということを、あなたは想像できますか？
　－もし想像できるなら、それについて話していただけますか。
　－このトピックに関して、あなたの考えや話を具体的に教えてください。
　－もし想像できないなら、それはどうしてでしょうか？（大部分の異性愛男性がその役割を予期しているので）
　－子どものいるゲイ男性を知っていますか？　そのことについて詳しく話してください。

2. あなたは、将来いつかは父親になりたいと望んでいますか？
　望んでいる場合：
　－あなたがそれを考えたときのことについて、具体的に教えてください。（父親になりたいと思ったときについて、いくつか例を詳しく話すよう促す）
　－なぜあなたはそのような気持ちになったと思いますか？
　－あなたは社会的な圧力がそれに関係していると思いますか？（家族からは？）
　－ほとんどの他の男性（異性愛者）が子どもを持っているという事実がその理由でしょうか？　もしそうなら、どうしてそのように考えるのでしょうか？
　－あなたは父親として通常とは異なる扱いを受けるだろうと思いますか？（どのように？　より尊敬される？　より人々から受け入れられる？）
　あなたはこれまでに、どうやってこの目的〔父親になること〕を達成するか考えたことはありますか？
　望んでいない場合：
　－なぜあなたはそういう考えを持っているのですか？
　－（以下の項目を確認：もし「はい」なら、さらに詳しく聞く）
　－同調したくないからですか（あるいは異性愛男性と同じようになりたくない）？

―自分の自由や自立を失いたくないのですか？
　　　―あなたのライフスタイルを大きく壊しそうだと思いますか？
　　　―親になることを妨げる数多くの問題（たとえば偏見など）が心に浮かびますか？
　　　―子どもを持つこと以外に、生活を満足させる方法を持っていますか？
　　　―それとも、単にその可能性について考えたことがないだけでしょうか？
　3.〔親になるという〕決心に、あなたのセクシュアリティはどのような役割を果たすと思いますか？
　　　―子どもが欲しいという願望を追求することに反対されると思いますか？　誰からですか？　なぜですか？　例を挙げられますか？
　　　―ゲイ男性は子どもを持つことから排除されていると感じますか？　なぜですか？　例を挙げられますか？
　　　―あなたが子どもを持つ決心をしたら、知り合いはそのことを喜ぶでしょうか？　誰が喜びますか？　なぜですか？　例を挙げられますか？
　4.あなたにとって「家族」とは何を意味しますか？
　　　―血がつながっているだけでしょうか？　友だちでもあるでしょうか？
　　　―家族について考えると、父親になりたい気持ちに変化は生じますか？

　インタビュー計画の作成は〔研究〕プロセスの重要部分であり、熟慮すること、仲間や同僚と議論することが求められるし、理想的には、**予備調査**（反応を確認するため初期バージョンで実際に試してみること）が必要である。重要なのは、研究しているトピックがもつ幅広い論点のうち、どの範囲を課題として探求するか考慮することである。ある程度考えれば（多くは先行文献を検討した後となるが）、インタビュー全体の骨組みとなるような、いくつかの重要な（概念的もしくは理論的）論点を特定することができるはずだ。方法ボックス 5.3 に示した簡略版インタビュー計画では、インタビューはいくつかの鍵となる項目（父親になることをめぐる考え、父親になりたいという願望、セクシュアリティが与える影響など）とともに概念的に構造化されている（もちろんここには、父親になることがアイデンティティ感覚に与える影響といった、理論的関心も多くともなっている）。一連のトピックがいったん確定されれば、インタビュー計画を的確に構造化していくことが重要となる。たいていの場合、ひとつひとつの質問が自然に流れていくように、できるだけ論理的な方法で組み立てていくだろう。インタビュイーに最初から無理をさせないよう、難しい質問への回答を後に回すという調整も必要かもしれない。大切なのはラポールを形成することであり、

インタビューの進行に慣れるだけの時間がとれないうちにインタビュイーに難しい質問を投げかけても逆効果だと判明するだろう。ひとたびトピックが決定し、適切に構造化されれば、それぞれのトピックに対して具体的な質問を作成することが求められる。つねに、質問項目は最も一般的なものから最も具体的なものへと**絞り込み**（funnelled）をかける。これは、少なくとも開始当初のうち、インタビュイーがインタビュアーよりも自分の関心に焦点を合わせられるようにするためである。話好きなインタビュイーにはよくあることだが、具体的な質問を追加する必要はないかもしれない。というのも、最初の質問に応じているうちに、インタビュイーが質問すべてに答えてくれるからである。このような場合、具体的な質問は飛ばして、よく使われる促しや励まし（「そうですね」「どうぞ、話を続けて」「興味深いですね」「もっと詳しく教えてください」など）を用いて、参加者が話し続けるよう支援するのがよい。質問項目を作成するさいには、明快で簡潔にするのが重要である。インタビュー中にも説明する余地があるとはいえ、インタビュイーを混乱させたり萎縮させたりしないのが最善だからである。質問は、特定の価値を持たせるのではなく、中立的なものにするよう努める。また、インタビュイーになじみがあるとわかっているのでない限り、専門用語の使用も避けたいところだ。当然ながら、閉じた質問より開いた質問をつねに用いること。すなわち、単純に「はい」か「いいえ」で答えられるものより、広がりのある回答を促すような質問、ということである。熟慮して予備調査を行えば、効果的かつ問題の起こらないインタビュー計画を作り上げられるだろう。さらにインタビュー計画を作成する練習を重ねていけば、造作なくできるようになるだろう。

　半構造化インタビューだけが現象学的研究者に利用できる唯一の選択肢ではない。非構造化インタビューでも人々の経験を探求できる可能性があるし、場合によっては半構造化インタビューよりその可能性は大きいかもしれない。とはいえ、非構造化インタビューは手の込んだものであって、上手に扱うのは難しい。半構造化インタビューでは、インタビュー計画の作成とその一貫した使用が重要で、これが研究者を支え、良質なデータ収集を支える構造になっている。このような仕組みがなければ、研究目的が達成できない可能性が大きくなるだろう。では、非構造化インタビューに必要なものは何だろうか？　本質的には、研究者がインタビューを進める手助けとなるものはほとんどない。研究者が議論しようとしているトピックに関する自分自身の研究計画と、覚え書きとして役立つ多少のノートといったところだろう。よく行われるのは、インタビュアーが議論の道筋をつける質問を行って関心のあるトピックに注意を集

させ、その後、インタビュイーの理解を本人とともに探求するというものである。この場合、インタビュアーが相手の回答を取り上げて、詳細を尋ねたり明確化を求めたり、適切な時と場合にさらなる質問を行うこともあるだろう。インタビューはたいてい会話の形式で行われるし、この点はまず間違いなく、半構造化インタビューに対する非構造化インタビューの最大の利点である。もし研究参加者がごく自然に会話に入ることができているなら、ラポールが現実に形成できている可能性が高く、それによって、オープンで正直な応答がよりいっそう豊かな語りとともに得られるだろう。しかし、十分な練習がなされていないと、このような理想は決して実現できないだろう。研究計画が背後にあると、ごく自然なしかたで会話に入っていくのは驚くほど難しいのである。ラポールの可能性を高め、トピックの全域を包括する豊かな回答を得るひとつの方法は、非構造化インタビューを連続で実施することである。その場合、理想的には、研究者が前回のインタビューを聴取できるよう（おそらく文字起こしもできるよう）十分間隔をとって、それを次のインタビューの出発点に用いるのがよい。繰り返しインタビュアーに会うことそれ自体でラポールが高まりやすいし、より深くトピックを探求することも可能になる。とはいえ、重ねてのインタビューに関わることは研究者にとっても参加者にとっても時間と金銭の負担が大きいため、こうした入念なデータ収集は最初から不可能だろう。おそらくはもっぱらこの理由のため、半構造化インタビューが社会科学の質的研究では優位を占めるようになったのであろう。

5.6.2 インタビューの過程

　インタビューすることは練習を要する技術であり、練習以外に方法はない。もちろん友人や同僚と練習することも可能であり、そうすれば少なくとも、準備せずに本番のインタビューで嫌な思いをすることを（そして努力を無駄にすることを）少しは避けられるだろう。もしこれまでにインタビューを経験したことがないのなら、練習する時間をとることを強く勧める。理想的には、より技術がある人で、あなた自身のインタビューを実施する前の段階で、取り組むべき弱点を指摘してくれるような友人や同僚と練習するのがよい。私は自分の学生たちと多くの時間を費やしてインタビューの練習を行ってきたが、結果的には、これがより良質なインタビューにつながってきたと思う。

　インタビューを実施するさいには、入手可能で適切な道具を持っておくことも重要だ。最もよく使われるのはテープレコーダーである。録音機器はつねに改良され安価になりつつあり、十分なレベルの音質でインタビューを録音する

機材のために、もはや多額の出費をする必要はない。データの書き起こしを容易にしてくれる機器を用いるのが鍵である（下記参照）。性能の低い録音機器では、書き起こしが誤りがちで不正確という、困難を極めるプロセスになってしまう。今ではより多くの研究者がデジタル録音機器を使うようになりつつある。これらはより高価だが高音質の録音が可能である。しかし問題は、足踏み式の書き起こし機がテープレコーダーのデータではすぐに使えるが、デジタル媒体ではそうはいかない場合があることだ。もしあなたがデジタル機器を使おうと考えているなら、使用する機器の書き起こしに関する利点と難点を調べるとよい。機器を考えるうえで重要となる他の側面は、信頼性と操作性である。インタビューの途中で機器が壊れないこと（この危険性に備えてインタビュアーのなかにはテープレコーダーを2つ使用する人もいる）、機器の操作で困らないこと、これらはきわめて重大である。複数回のインタビューを実施するときに重要なのは、まず録音機器をくまなくチェックすること、予備のテープや電池を持参することだ。できれば予備のマイクやテープレコーダーもあるとよい。

インタビューは、理想としては、インタビュアーとインタビュイーが共に楽しめるなごやかなものであるべきだ。これを最も好ましく実現させるには、インタビュイーを安心させるための時間をとり、インタビューを通して相手の状態を観察し続けていくことである。インタビュイーのペースに合わせ、必要に応じてスピードを緩めたり速めたりする。雑談したり、主題から横道に逸れたりする時間があってもいい。必ずしも手続きを厳格に守り続ける必要はない。それはただ緊張状態をもたらすだけだろう。もしインタビュイーが、あなたの計画では後に予定していた項目について話し始めたら、そのまま続けてもらい、必要に応じて、元いた地点に後で戻るとよい。全般的に、話の途中でインタビュイーを遮らないことがつねに最善である。しかし、完全にインタビュイーが主題から逸れて一向に戻らないようなら、その質問に戻らねばならないことをやんわり思い出させることも必要だろう。質問するさいには、一度に1つだけ尋ねること。つねに物事を単純明快にしておき、相手がはっきりとわかっているかどうか、定期的に確認する。もしインタビュイーが困惑したり悩んだりしているようならただちに対応し、大丈夫かどうかを確認する。事態をそのまま放置せず、最善を望んで対処しよう。最後に、沈黙を恐れてはならない。沈黙が建設的なものである限り問題はない。〔ただし〕居心地を悪くする沈黙もあるので、この点は注意深い判断を要する。しかし、人には考えるための時間が必要だし、それは初めての質問や困難な質問を受ければ特にそうである。インタビュー参加者に考える時間を与え、沈黙を許容しよう。その一方で、単に

言うべきことを参加者が持ち合わせておらず、気詰まりな沈黙になっていないか用心すること。

5.6.3　現象学的インタビューにおける身体

フィンレイ（Finlay, 2006）は、インタビュー過程での身体性という課題を扱う必要性を強調している。現象学的心理学の観点の核心には実存主義の基盤があるにもかかわらず（3章参照）、多くの現象学的研究では身体が欠如していると彼女は正しくも指摘したのである。フィンレイ（2006）は主にメルロ゠ポンティの仕事（3章参照）を引用しつつ、研究者は自分自身と研究参加者の身体の双方に反省的に注意を向けるべきだと説得的に主張する。この目標のため、インタビューの過程で注意を向けうる身体性の3つの異なる側面を彼女は特定する —— **身体的共感、身体化された自己意識、身体化された間主観性**、である。身体的共感には、研究者が参加者の動作や全般的な態度に特別な注意を向けることがともなう。しかしはっきりさせておくべきは、これは単にジェスチャーという行動を読み取ることではなく、研究者と参加者の間で身体的に表現された関係を吟味することである。身体化された自己意識には、研究者自身の身体的応答を吟味することがともない、私たちはそこで、研究過程全体を通じて自分自身の身体的経験を確かめてゆく。身体化された間主観性は、研究する側とされる側の「あいだ」に注意を向けることを求める。フィンレイ（2006）は、これら身体性の3つの側面すべてについて生き生きとした事例を提供しており、メルロ゠ポンティを用いつつ、現象学的心理学研究において身体と取り組む必要性を強調している。3つの区分が必要かどうかは議論の余地があるが、研究過程において身体性の異なった側面に注意を向けることは有効であることが明らかになるだろう。現象学系のすべての研究者にとって、研究過程における身体性の課題をいかに扱うか（または扱わないか）は、今やひとつの課題となっている。

5.6.4　オンライン・インタビュー

インタビューは、対面して実施する以外にも、電話、Eメール、インターネットリレーチャット（IRC）により行うことも可能である。これらのインタビュー方法は、地理的に離れたインタビュイーや、より匿名性の高い形でコミュニケーションをとることが心地よく感じる人々を対象とするときに特に有効だろう。オンライン・インタビューには、今のところ大きく分けて2つの方法がある。1つはEメールによる最も簡単な方法で、インタビュアーと参加者

の間で合意ができた時点でメッセージを送信するものである（非同時性コミュニケーション）。2つ目はIRCで、インタビュアーと参加者が同時にオンラインとなり、チャットソフトで即時にやりとりをする方法である（同時性コミュニケーション）。この方法はEメールによるインタビューよりも対面インタビューに近い反面、個人的にも技術的にも骨が折れる。

　相手を明確に知っていくさいに果たす身体の中心的役割に関する先の議論は、オンライン・インタビューの実践にとって深刻な挑戦となる。オンライン・インタビューでは、特に身体という点から見て自己と他者が断絶している。ここでは全感覚を使って相手の存在を知覚する機会が失われてしまう。もちろん、研究参加者とインタビュアーの想像には互いの姿が思い浮かべられているかもしれないが、想像力にとらえられた身体性は想像上のものでしかない。もし身体が現象学的心理学にとって中心的であるなら、オンライン・インタビューは、リソースが限られた世界で研究するための実践的制約としてのみ正当化されるのであって、一種の妥協した研究実践に他ならない。しかしながら、この論点についてさらに探究してみよう。そのさいに参照するのは、(i) ハイデガー (Heidegger, 1987, 邦1997) による身体 (bodies) と物体 (corporeal things) の区別、(ii) 自己と他者の間のオンライン上の関係に身体を取り戻そうとしている仮想空間でのコミュニケーション・システムの発展である。この研究は3章の議論を土台にしているので、この節を読み進める前に3章を読んでおくことが

図5.2　インターネットは、質的研究にとってデータ収集の重要な方法となってきている

重要である。

　ハイデガー（1927, 邦 2013）は『存在と時間』では身体の議論に驚くほどわずかしか割いていない。この理由は『ツォリコーン・ゼミナール』に明らかで、ここでハイデガー（2001, p.231 邦 1991, p.320）は、それがすべての世界内存在にとっての基礎であるという事実にもかかわらず、「身体性（the bodily, das Leibliche）は最も（理解が）困難である」と認めているのである。ただし指摘すべき重要な点は、ハイデガーが「身体（body）」ではなく「身体的なもの（bodily）」について述べているということで、肉体（corporeality）（ドイツ語 Körper または物体）と身体（ドイツ語 Leib または身体的なもの）との区別こそ、ここで私が論じたいことである。というのも、これによって、オンラインでの研究実践における身体の役割の理解が根本的に進む可能性があると考えているからだ。

　ハイデガー（1987, 邦 1997）は『ツォリコーン・ゼミナール』において、「ここにいることは何を意味しているのか？」という問いに答えつつ、肉体（物体）と身体を区別している。すなわち、特定の空間において身体化されたしかたでここにいるということの意味を、私たちはどのように理解しているのか、ということである。ハイデガーは、私たち誰もが有する身体化された自己性の感覚が、物体としての身体の限界と一致する必要があるかどうかを問うている。肉体的なものは皮膚で境界づけられていて終わりがあるのに対し、私たちの身体化された自己性の感覚は「肉体の限界」を超えて拡がりうる。ハイデガーは指さしを例にとる。そこでの私たちの**身体性**（bodiliness）の感覚は指先で止まるのではなく、その皮膚を超えて、視線がとらえた対象物にまで伸び広がっている。義肢とともに生きる経験に関するマレイ（Murray, 2004）の研究は——Eメールによるインタビューを用いて実施されたが——この区別をさらに支持するものである。人々がどのように義肢を体の延長として体験しているのか、また、義肢を外した状態を、どのように身体性のその部位のまったき不在として経験しているのか、彼は記述している。ハイデガーは、この区別をさらに明確にし、またこの区別に対する異議に応えるため、今日の（フランス語とドイツ語の）言葉づかいを、古代ギリシア語における生体と死体の違いにまで遡り、そこに西洋思想の起源を見ている。こうして、ハイデガーは再び私たちの日常的な理解に挑戦する。今度は身体性についてである。というのも、この後期近代の西洋における身体の現象学は、身体性の意味するところをきわめて個人主義的かつ生物学的に理解することにもとづいているからだ。

　肉体と身体の区別は、オンライン調査での身体に着目するさいの考え方を複

雑にもするが、(物体としての)身体の不在に対するひとつの可能な答えを与えるものだ。というのも、ハイデガー(1987, 邦 1997)の言う、皮膚に境界づけられたものと「身体性」との区別が正しければ、オンライン・インタビューの最中においてさえ、身体性が働いているのを見ることができそうだからである。これは実のところ、主にテクストを通じてである。肉体から身体性へと概念を切り替えると同時に、テクストにおける身体化された主観性を想像する力が生じてくるのである。当然ながら、偉大な文学者たちはかねてからこのことを知っており、空間と場所の感覚をテクストにおいて伝えることが可能だったのである。それゆえ、テクストを媒介としつつ研究参加者と取り組むことで、相互的な身体性の感覚または「身体的な地平融合」(Langdridge, 2005) を共創することが可能なはずである。これには偉大な文学ほどの豊かさはないかもしれないが、代わりにコミュニケーションの直接性や、力を合わせて完成したという感覚がともなう。というのも、オンライン調査という制約のある状況下ではあるが、研究者と参加者が一緒になって身体化された意味の感覚を創出するからである。

　仮想空間において身体性が研究され始めているもうひとつの方法がある。それは**アバター**を用いることである。アバターはコンピュータが生成した自己の表現であり、そのイメージは一から創られたり、単に仮想の人物を流用したりして、特定の場所と時間に登場させる。イメージの多くは静止画だが、技術の進歩とともに、動画の出現、仮想現実や三次元表象の拡大を私たちは目にしている。アバターは、アイデンティティ表象における、きわめてポストモダン的(Lyotard, 1979, 邦 1989)な転回を表している。というのも、人々が他人のイメージを流用し、あるいは自分のイメージを作り、空想的イメージを用いて人間であることの意味の境界を取り払い溶け合わせ、異なった時代そして／または異なった場所における、異なったイメージとアイデンティティを描き出しているからである。そこでは、オリジナルとコピーの区別は余分なものになり、「コード」(Baudrillard, 1976, 邦 1992)を理解することがこの逆説的世界では中心となる。仮想の人物は、元のオリジナルのコピーとしてではなく、むしろ公式やバイナリー・コードとしてアイデンティティを流用するのであり、ここでは生産することよりも**繰り返し**-生産すること(re-production)がむしろ鍵である。

　したがってアバターには、仮想空間において、よりいっそうの身体性の感覚を促進する可能性がある。というのも、これは今や、ひとの身体性や気分、あるいはアイデンティティの感覚を伝えることのできる、テクスト以上のものだ

からである。アバターのユーザーたちは邪魔されたり押し合ったりし、身体的な力や侵入のリアルな感覚を感じるかもしれない。自分のイメージを他人のイメージと同期して踊らせるユーザーや、アバターの動きを通して自分の感情を表現するユーザーもいるかもしれない。スーラー（Suler, 1999）は、アバターの利用を通して伝えられる身体性のさらなる諸相について述べている。

　この身体意識の重要な要素は、対面の人間関係とあまり違わないパーソナルスペースの力学である。ユーザーは、自身のアバターから直接に連続しているエリアは、自分の個人的区域であると本能的に感じている。招待されていないのに踏み込むと、あなたは質問を受け、出て行くよう求められる。踏みとどまるなら、あなたを罰するようウィザード〔訳注：操作の手順を対話形式で誘導するソフトウェア〕に向かって叫ぶ者もいるだろう。もしメンバーがあなたの行動を侵入と受け取っていなければ、親密さから近寄ってきたと経験しているだろう。単に誰かのもとへ向かい、隣に立つだけで、友情かそれ以上の行為とみなされる。すり寄って誰かのアイコンの上に登るなら（おんぶ）、温かい、性的な、あるいはロマンティックな感情を伝えるだろう。アバターはとても微妙な形で感情の絆を生み出すことができる。もし誰かがあまり長時間すり寄ってきて、それをあなたがまったく望んでいない場合は、拘束されて息がつまるように感じるが、相手を傷つけないか気がかりで立ち去りにくいかもしれない。実際そうかどうかは別にして、他の人々はあなたたち2人を「カップル」と考えるだろう。こうした非言語行動の感情の深さは素晴らしいものでもありうる。対面の相互行為と同じように、言葉では表現されない潜在的な感情と態度をアバターが垣間見させるのである。

　将来の可能性を制限するのはテクノロジーだけで、グラフィック加工の急速な進歩は驚異的だ。メンタルヘルスの領域では、すでにアバターを用いることが試みられている（たとえば、Anthony & Lawson, 2002）。少なくとも当面のあいだはテキストがコミュニケーションの主要な媒体としてとどまるだろうが、今やイメージによって補足できるようになり、対面とオンラインのインタビューで感じられる落差はさらに小さくなるだろう。その上、こうした技術革新が広範な社会的変化と合わさるなら、今度はそれが私たち自身の身体についての日常的な理解と経験に影響を及ぼすだろう。まさに、ハイデガーの身体性の概念が、身体的なしかたでの世界内存在にとって現象学的基盤であることが一挙に知られたように。

5.6.5　トランスクリプション（音声記録の文字化）

トランスクリプションは、データがインタビューを通じて収集される現象学的研究の場合には不可欠である。ただし、ディスコース分析とは異なり、現象学的心理学の研究では比較的簡潔な水準でのトランスクリプションが行われる傾向にある。たいていの場合、インタビューにおける逐語的な明細を分析者に提供するトランスクリプションを行うことが中心だ。ここには「うーん」や「えーっと」も含まれるだろうが、通常、より細かな水準の詳細は含まれない。一方、ディスコースと会話の分析者は、ジェファーソン〔訳注：会話分析を展開した主要な社会学者の一人〕が作成したある版のトランスクリプションを用いるが、これには、間の詳細（時間を正確に計測する）、発話の重複、イントネーション、その他さらに多くのことが含まれる（会話分析の方法について、詳しくは Hutchby & Wooffitt, 1998 を参照）。この水準でのトランスクリプトを作成するには時間が長くかかりすぎるし、たいていの現象学的アプローチで中心となるのは発話内容に焦点を当てることであるから、不必要である。方法ボックス5.4 に、現象学的分析の水準で作成されたトランスクリプトの例を示した。

◀**方法ボックス 5.4**▶

簡略版トランスクリプトの例

研究参加者 1 ― 18 歳, 男性, 2001 年 12 月 18 日

（インタビュー前半は省略した）
インタビュアー：わかりました。次は、父親になることにどんな期待があるのか、話を進めましょう。親になることに関する、あなたの体験と期待について探究したいと思います。最初に伺いますが、未来のいつか、自分が父親になるということをあなたは想像できるでしょうか？
参加者：もちろんです！　はい、えっと、現状としては、私は初めて自宅を購入したのですが、仕事を失ってしまいました。ええ、なので、経済的な観点だけから言うなら、今すぐ子どもを持つことは考えていません。家についてしなくちゃいけないこともたくさんありますし。うん、そうですよね……。子どもを持つことについて、気持ちのうえでは確かに準備ができていても、経済的にはできていないということです。どう見ても未来が不確かなので、現時点で子どもに生まれてきて欲しくはないのです。えーと、もう一度職を確保してか

ら、そう、もう少し生きてから、たとえばクルマを手に入れて移動できるようになったり、自分の望むような家にして一人であれカップルであれしたいことが何でもできると感じられるようにしたり、休日を持てるようになったり……今はどれも思い通りになっていないのですけれど。もしも、たまたま一回だけ女性と寝ることになって彼女が妊娠するとしたら、職を得て、そのお金で子育てを助けることが自分にとっては最優先になるでしょう。そこで生じることになる感情的なサポートにはまったく問題ありません。子どもへの愛情、愛着、一緒に過ごす時間が面倒だと思うことは決してありません。そういう気持ちはいつも存在することでしょう。

　インタビュアー：わかりました。あなたがこのトピックについて実際に考えたり話し合ったりしたときのことを教えてもらえますか。考えたことはありますよね……

　参加者：そうですね、最近だと……うーん……多分……ええ、去年の今ごろ知り合いのゲイ・カップルが……2人ともよく知っていますが……2人で協力して、と言えばいいのか、父親になろうとしていました。そう……彼らはゲイ女性のカップルと知り合ったんです。彼女たちは付き合いも長くて、一緒に育てる子どもがどうしても欲しいと思っていて何年も体外受精に取り組んでいましたが、うまくいってなかったんです。

（8章のデータボックス8.1へ続く）

　現象学的研究に求められるのは簡潔な水準でのトランスクリプションであるが、これにも重要な問いが持ち上がる。第一に、どこまでの細かさが必要だろうか。すべての「えーっと」を含めるのか、それとも、主として発話内容に関心があるのだから、これらの部分は削除するのか。第二に、語られたことをわかりやすくするために修正するのか——自分の希望に応じてデータを整理し、口語特有の表現や文法上の誤り、言い間違いをなくすのか。一般的に言って、参加者の発話にできるだけ近いままにしておくのが賢明だと私は思う。トランスクリプト自体が対話の直接性から離れることであり、結果として情報が損なわれる。それゆえ、文法上の正しさのために、意味を持っているかもしれない情報をさらに失うことはやや馬鹿げていると思われる。また、言葉づかいを「きれいにする」ことは、（ほぼ間違いなく）参加者に対して失礼なことでもある。この点は当然ながら次の議論を喚起する。すなわち、話し言葉をテクストに変換するうえで最大限可能な情報量を取り込む欲望を持つディスコース分析者や会話分析者にしたがって、ジェファーソン・システムのような体系を用いてト

ランスクリプションを行うべきか、ということである。真剣な議論がなされてきたものの、ディスコース分析や会話分析のミクロな水準で機能する分析法は現象学的方法では採用されていないという事実が、その水準での詳細な書き起こしは実践的にも不要であることを意味していると思われる（詳しくは9章を参照）。現象学の焦点は、経験と、それが参加者にとって持つ意味にある。言葉の複雑さは、生み出される説明に何らかの関係を持っているかもしれないが、現象学的心理学の研究にとって焦点にはならない。

5.7 データ収集2——書かれたもの

5.7.1 経験の具体的記述

　現象学的研究に適した分析の方法は、決してインタビューのみというわけではない。実際、相当量の記述的現象学的研究において、自ら書いた記述的説明がその主要部分をなしてきた。これは基本的に、研究者が参加者にある程度の指示を与えて、研究者が関心を持つ経験についてできるだけ詳しく記述した文書を作成するよう求めるものである（方法ボックス5.5参照）。

　このデータ分析法の鍵は、十分な情報を参加者に与えて励ますことで、自らの経験について詳細な記録を作成してもらうことにある。良質な現象学的分析に必要となる詳細なものを生み出すには相当の努力が求められるし、適した参加者を選んで頑張るよう励ますことも必要になる。参加者はもちろん、文字が書けるかタイプが打てなければならないが、それを妨げるような身体的障害がある場合は、テープレコーダーを提供して語ってもらってもよい。ただしその場合、参加者が資料を編集することは不可能になる。

　この種の筆記データとインタビューを研究者が組み合わせることも非常に多い。この方法を用いて経験を記述する最初のデータを導き出し、しばらく経ってから（1週間か2週間）、提出された筆記資料をより詳しく明らかにするよう参加者を促すべく計画した半構造化インタビューを実施することもできる。これは特に魅力的な方法である。というのも、筆記録の作成とインタビューの合間に、調査中のトピックについて積極的な反省を促すからである。筆記部分は自分の物語を語る機会を参加者に与えるし、他方で、研究者はインタビューを通じて、特定の関心にもとづくトピックを調査することもできる。

◀方法ボックス 5.5▶

筆記による具体的記述の例（案内文を含む）

急性感染症の経験（A 型肝炎）

　急性感染症の経験に関する研究への参加に同意いただきありがとうございます。あなたが提供するすべての情報は内密に取り扱い、研究者（オープン大学，ダレン・ラングドリッジ博士）以外の者が読んだり、研究として公表したりする前に匿名化します。あなたが以下に書く内容は、この文書を提出してから 1 週間後に行われる非公式のインタビューの基礎資料となります。

　以下に、あなたが A 型肝炎に感染したときの経験を言葉にしてくだされば幸いです。できる限り詳しくその経験について書いてください。その病気について、診断を受ける前後の経験も含みます。病気そのものから生じる症状や影響の具体的詳細だけでなく、この特別な病気を経験したことにまつわるあなたの考えや気持ちもぜひ含めてください。

――――――――――

　重苦しい夜が明けると猛烈な二日酔いのような状態で、頭痛、体の痛み、のどの渇き、吐き気で目が覚めた。土曜の朝のことだった。どう対処すればいいかわかっていたので、飲み物と食べ物を少し口にしてみたが、うまくいかなかった。二日酔いはその日で消えていったが、それでもまだ具合が悪かった――吐き気、発熱、発汗、めまい、ぞくぞくする寒気、下痢があった。

　私たちは週末の休暇をプラハで過ごしていた。私はパートナーとその町を観光したいと思っていた。彼に同伴してもらいたかったし、私も一緒にいて楽しい人でありたかった。

　私たちはようやく、ただの二日酔いの延長ではないと気がついた。何かのウイルスか、インフルエンザか何かで体調が悪くなっていくのを感じた。まったく悪いタイミングだった。

　観光や外食は少し骨の折れることだった。私は疲れていて飲食したいわけでもなかった。少しだけ飲んだり食べたりするにも無理をせねばならなかった。夕食はなんとか少し食べられたが、その後はほとんど同席できなかった。その夜はとても寒かった。私は十分に厚着をしていたけれど、時折とても激しい悪寒がして辛かった。ホテルへの帰り道は本当に疲れて寒くて、ただ眠りたかったのに、すぐさま汗だくになって目が覚めた。

　翌日はさらに調子が悪くて、嘔吐、頭痛、発汗、寒気とめまい、そして下痢と、あらゆる組み合わせにひどく苦しみ、ホテルから敢えて出かけようという

気にはならなかった。信じられないほど憔悴していた。

その翌日は帰国のフライトだった。私はとてつもない努力をしてタクシーで空港に向かい、機内ではスモークサーモンのサンドイッチをただ見て匂うだけで、空港からはクルマを運転して帰った。家に帰り着いた瞬間、私はただただ眠りたかった。

翌朝（火曜日）、目覚めて一番に医者を予約した。その2、3時間後、私は医者に症状を説明していた。ずっと食べられないでいること、茶色の不快な臭いの尿が出ることを、代診の内科医に説明した。私はあまり頻繁に医者にかからないし、健康問題についてはかなり意識しているので、もう少し深刻に扱われるだろうと思っていた。そう、熱もあったし、これは何らかのウイルスのせいだろうと。しかし結果は「帰って水分をよく摂りなさい、もし良くならなければもう一度来なさい」、というものであった。

その日の診察の後も、次の日も、私の症状は悪化していくようだった。家にいることで少しは楽だったが、それでももう何日も食べていなかった。私はこの病気を切り抜けられないのではないかととても不安になり、衰弱しつつあると感じていた。

（6章のデータボックス6.1へ続く）

5.7.2　伝記的（自伝的）文章と日記

批判的ナラティヴ分析のように（8章を参照）、より強くナラティヴを指向する形態の現象学では、参加者の人生の物語を調査するのが適切だろう。これは、予期しなかった洞察や、決して予見できなかったような結びつきを生み出す、研究へのきわめて豊かな道筋になりうる。もちろんインタビューは、個人史が全部または一部語られるようなしかたで実施すればよい。必要なのは、人生の物語を語るのを励ますようなしかたで、スケジュールを組み立てることだけである。参加者には、彼らの物語を（研究上のトピックに関係する範囲で）時系列に沿って語るか、人生の異なった時期に応じて章立てした一冊の本の形式で組み立てるよう求める。さらに詳しい手引きは、8章と、本章末尾の読書案内に見ることができる。

人生物語のデータは、現存する文書、特に日記からも収集できる。出版されることはほとんどないものの、多くの人々が自分の人生を記録している。この資料は豊かなデータの源泉である（図5.3）。あなたの管理外の源泉に由来する文書である場合、心に留めておくべき重要な検討事項がいくつもある。第一に重要なのは、なぜその人物が日記をつけたのかを問うことである。それは出版

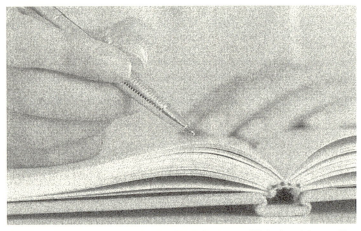

図5.3　日記や他の伝記的文章は、現象学的研究における重要なデータ源として長らく用いられてきた

のためなのか、それとも個人的な目的のためなのか。言い換えると、その人物は自分自身のために書いたのか、それとも他者のために書いたのか、またはその両方なのか。次に重要なのは、どの程度の編集が行われたか確かめることである。まったく削除なしで日記が印刷されることはきわめて稀である。もし編集されているなら、誰がどのような目的でそうしたのか、また最も重要なのは、何が削除されたのかを問うことである。交渉して未刊行の資料を入手することが可能な場合もあるかもしれない（Butt & Langdridge, 2003 を参照。理論的になされたケネス・ウィリアムズ〔訳注：イギリスのコメディアン〕の日記の分析例が掲載されている）。

　一人の参加者、あるいはごく稀には複数の参加者と、一緒に研究に取り組むこともできるだろう。参加者は、自分の人生物語について自分自身でまたはあなたと一緒に書く意欲がある者、そして／または、重要だと思われる人生の諸側面を記録する日記をつける意欲のある者である。当然ながらこれは複雑な手続きであり、参加者の側のきわめて強い関与と、参加者と研究者の間のきわめて良好な関係とが求められる。最後に、もちろん、自伝的に執筆することもできる。それにより、この形式のデータ収集に特有の問題をもたらしはするが、参加者と共同研究することに内在するいくつかの問題点（辞退、やる気のなさなど）を回避できる。もしあなたが、この形式でのデータ分析をしようと考えているなら、以下の8つの問いについて考え、批判的かつ率直に自身の回答を評価しておくのが賢明である。

1. 私の人生について語るべきことのうち、心理学研究に関係しそうなことは何だろうか？
2. 社会科学の知に対し、（分析された後で）本当に何かを付け足すような物語を私は語ることになるだろうか？　それとも、単なる道楽にすぎないだろうか？
3. 自分の人生の（研究目的に照らして）必要とされる側面を公の視線に開示することについて、私はどの程度意欲的だろうか？
4. 私が自分の人生の諸側面を開示したとすると、親しい人々にどのようなインパクトを与えるだろうか？
5. 私が開示したいと思う人生の諸側面と、そう思わない諸側面との間に、批判的な距離を保つことはできるだろうか？
6. データを分析するさい、体系的なしかたで取り組むことはできるだろうか？
7. 研究を価値あるものにするために必要な関与を私はしているだろうか？
8. 研究上の問いに関連するデータ収集法のうち、自伝的研究を実行するのが容易である（または楽しい）と思われたために度外視してしまったものがあるだろうか？

5.8　データ収集3 ── 他のテクスト源および観察法

5.8.1　文書

　文書については、先に、日記や自伝を現象学的分析のテクスト資料の源泉として用いる可能性に言及したさい、すでに触れた。ただし、現象学的調査の基礎となりうるテクスト源は他にも多くある。おそらく、最も明白なテクスト源はマスメディア ── 書籍、新聞、雑誌、テレビ番組、映画（図5.4） ── である。現代社会では大量の情報が行き交っているため、その種の情報を検討する機会もあるというわけである。もちろん、主として人々の経験に関心を持つ現象系の研究者にとって、こうしたテクスト源は、より伝統的なデータ収集法の代わりというより、その補足に利用される。注目すべきは、よりナラティヴ指向の分析法（たとえば批判的ナラティヴ分析）がマスメディアの分析に適している可能性があることである。研究者は、大量の情報に向き合い、標本抽出を適切に行って、インタビュー・トランスクリプトを分析するのと同じしかたで資料を分析しつつ、体系的に取り組まねばならない。どのようなトピックであれそれに光を当てるよう努力するなかで、たいていの場合、これらのテクスト源の

図5.4 マスメディア、報告書、書籍には、尽きることのないデータ源がある

なかのテーマと物語を特定するよう試みることになるだろう。

現象学的研究において有益でありうる別のテクスト源は、国家のものも私人のものも含めた公文書である。たとえば、法律の制定過程ではしばしば、私たちの社会・政治的生活の現代的論点についてユニークな洞察をもたらすような大量のテクストが生み出される。公的な質疑や審議などでは、最終報告書の作成につながる情報の集積が必要とされる。往々にして最終報告書はむしろ活気のないものだが、報告書を作成する過程で集積された資料は豊富かつ詳細で、さまざまな話題について価値ある洞察を提供してくれる。ただし、情報への通路を獲得しなければならない。これは非常に困難でありうるが、その資料を利用する明確な研究プログラムが確定されており、あなたが利用を望むアーカイブに関心を寄せる人々を利する一定の成果が期待できるなら、不可能ではない。

5.8.2 インターネット

インターネットが価値あるデータ源となりうるしかたについては、述べておくに値する。サドマゾヒズムに関する私自身の研究（Langdridge & Butt, 2004, 2005）は、人々が自分自身の物語を語っている「熱狂的」なインターネット・サイトの分析を通じて始まった。これはおそらく、データ生成のためにインターネットを利用する方法のうち、最も簡易なものだろう。誰にでも接続できるサイトであることがこの情報メディアの特色であり、それゆえ、十分利用されていない大量のデータ源に取り組むうえで倫理上や実践上の困難もほとんど

ない。もちろん、データ生成のためにインターネットを活用することだけが唯一の方法ではない。簡単にここで触れておきたいのは、チャット・ルームにおける観察法の利用である。そこでは、研究者はコミュニケーションの観察のみを行い、多くの場合それを記録するか、あるいは、自らオンラインでのチャットに参加することになるかもしれない。これは、手の届きにくいマイノリティの人々に接近し、実人生についてきわめて豊かな会話的データを蓄積する特別に実り豊かな方法になりうる。ただし、この種の研究は、倫理上および実践上の数多くの困難をもたらすし、その困難は軽視されるべきではない。マンとスチュアート（Mann & Stewart, 2000）は、質的研究とインターネットに関する幅広い話題について、価値ある助言を提供している。

5.8.3 観察法

観察法は、現象学的データを収集するのに利用できるもうひとつの方法である。筆記された記述についてのインタビューほど一般には用いられないが、インタビューや筆記による記述が不適切であったり、その実施が難しかったりするような状況においては、有効な方法である。観察法は十分利用されていないデータ収集法だが、適切に実行されれば、研究参加者の生活世界に価値ある洞察を付け加えうる方法だと思う。現象学的なデータ収集に用いられる観察法は大半の場合、**親密な観察**（van Manen, 1990, 邦 2011）であり、より一般的には**参与観察**として知られているやり方である。その目的は、経験についての反省を可能にするため批判的な（解釈学的な）距離を一方で保ちながらも、参加者の生活世界をよりよく理解し記述するため、その中へと入ってゆくことにある。ヴァン＝マーネン（1990, 邦 2011）はこのプロセスを、新たな物語を求める著者にたとえている。観察する研究者は、具体的記述の形式で自らの経験について記録を取り、個人的な反省を研究日誌と逸話にして記録すべきである（現象学的心理学における逸話の利用について、詳しくは 9 章を参照）。参与観察は簡単なデータ収集の方法ではないし、研究者には、良質なデータを収集できるようになる訓練と、必須の倫理基準を厳守することが求められる。

5.9 品質 —— 研究への体系的なアプローチをとること

5.9.1 分析的な厳密性

多くの研究者が適切な研究の遂行方法を知らないか、もしくは、質的研究においては量的研究ほど厳密である必要がないと感じている。しかし反対に、質

的研究は体系的かつ厳密なしかたで遂行することが絶対に必要である。研究者自身の主観を研究に投影するという悪しき行き過ぎを防ぐため、また、他のやり方ではデータのなかに埋もれてしまうものを発見する可能性を最大化するためにも、これは必要なのである。厳格であること、鍵になる方法論的原理を体系的に適用して結果を出すことは、質的な（現象学的な）研究過程の本質的部分であることが、続く各章で明らかになるだろう。9章で品質と現象学的心理学についてより詳しく述べるが、鍵になる論点のいくつかについて以下で手短かに述べる。

5.9.2 説得力のある説明をすること

品質保証のプロセスにおいておそらく最も重要な側面がこれである。本質的に、あらゆる研究者は、自らが研究した現象について、一人またはより多くの聴衆にとって説得力のある説明を求める。たいていの場合、聴衆とは研究論文を読む仲間の研究者であろう。ただし、研究の性質によっては、サービスのユーザーや政策立案者なども聴衆でありうる。「事実が存在するのではなく、ある視点からの遠近法的構図だけが存在する」という理論的認識に立つなら（これがニーチェの言う「超人」の目標で、超人は自己自身の視点から世界を見ることができる）、研究の品質を評価する方法は真理の自然科学的モデルから離れねばならない、と認めることになる。客観的に裏付けうる知識はないかもしれないし、特に人間性を探求する場合にはそうかもしれないが、それでも、関連性がより高く、洞察により満ちており、それゆえより説得力のある物の見方は存在するだろう。このプロセスにおいて研究者仲間が重要な役割を果たす。彼らは、対等な議論、学会発表、学術出版における査読過程、そして最終的には出版後の論文への批評を通じて、研究所見を批判的に検討するからだ。それゆえ、研究の説得力を評価し、必要に応じてその過程に調整を加える機会はたくさんある（分析的過程において手を加えるのであれ、解釈の方法において変更を加えるのであれ）。

5.9.3 共同作業

仲間との議論に言及したさいにも触れたが、品質保証の慎重な戦略として、共同作業に従事する余地が明らかにある。あるプロジェクトのもとで研究者仲間と共同作業を行うことで得られる通常の恩恵に加えて、学術的な厳密性を最大化しかつ保証するようなしかたで、研究班の各メンバーと批判的に作業する機会も得られる。このような研究方法をとったからといって、あなたが一定

真理に到達するわけではない。プロセスと内容の双方について積極的な反省をより十分に加え、それにより、研究所見が頑強で説得的なものになる可能性を最大化することになるのである。

5.9.4 研究参加者からのフィードバック

研究について参加者にフィードバックを求める可能性について最後に述べておきたい。現実には多くの研究者がフィードバックよりも承認を求めることが多いが、それは一部の者にとって特定の理論的な関心を呼ぶ点である（以下を参照）。これ〔参加者のフィードバックを求めること〕はいくぶん議論の分かれる戦略だが、実施された研究の質を批判的に評価する別の方法を提供してくれることがある。人々の経験を真剣に受け止めるなら、研究参加者のもとへ立ち返って、彼らの経験を適切に描写しているかどうか、また、期待どおり、さらなる解明がなされているかどうか、参加者のフィードバックを得ながら一緒に所見を検討したくなることもあるだろう。ただし、この点についてはいくつか懸念もある。第一に、実施するうえで、研究参加者のフィードバックを受けたいと思うなら、参加者にもわかりやすい資料を作成せねばならない。学術的な文書はしばしば研究者仲間に向けて書かれているため、日常的な言葉づかいで報告書を書き改めなくてはならなくなる（そうすること自体は悪いことではない）。そして、研究プロジェクトと研究プロセスの全容について語るべく、研究参加者と一緒に相当な時間を費やさねばならない。不運なことに、研究者のわれわれが仕事をするうえでの実質的な制約を考えると、このような可能性はない場合が多い。第二に、研究者と参加者の相対的な力関係や、参加者が正直なフィードバックを行う能力について、念頭に置くべき重要なことがらがある。研究者の感情を害したり、問題を起こすことを恐れるため、参加者にとって研究者を批判することはきわめて難しく感じられるかもしれない（プロジェクトの最終段階で研究者が参加者のもとに戻ってきてフィードバックを求める場合はなおさらである）。研究プロセス全体を通じて参加者が積極的に関与することでこの点はある程度克服できるが、これはこれで新たな固有の困難を生じさせる。第三に、参加者のフィードバックを求める、より理論的な問題がある。1つには、きわめて単純なレベルのことだが、人々は、身体を持つ世界内存在として自らの経験から切り離されていないため、自分の経験についてより上位の観点をとること（自然的態度の外に出ること）ができないかもしれない。自分の経験に距離を置いて神の目のような観点をとることは、それが可能であるとするフッサール的な信念を採用しない限り、ほとんど不可能な要求である。多くの

場合、人々は部分的な観点を持っていて、特定の経験については距離をとることもあるが、批判的な距離をまったくとれない場合も多いのである。いま一つはさらに議論のあるところだが、懐疑の解釈学（4章と8章を参照）に役割を見出すなら、参加者の発した記述を超えるようなしかたでテクストを解釈することが必要だと考えられる。それゆえ、この種の解釈にさらされた場合、参加者は自己自身をそこに認識できることもあればできないこともあり、そうした状況では、参加者のフィードバックを加味することの効用もまたいくぶん疑わしいものになる〔訳注：例えば、参加者の発言に参加者の無意識を読み取るような場合を考えてみるとよい〕。結局のところ、参加者からのフィードバックを考慮することと考慮しないことの価値をめぐるこうした論点に照らして研究者は判断を下す必要がある。参加者へと立ち戻らないことを選択するのなら、その決定の背後にある動機を検討することがいっそう重要になる。参加者と向き合うのが恥ずかしいという動機だとすると、その研究は最も重大なしかたで疑問視されることになる。

5.10　研究結果を書くことと伝達すること

　質的研究では、量的研究とは異なった〔研究結果の〕提示方法が必要である。大半の心理学研究にとって主力となっている科学的報告の様式は、自然科学で生み出された報告書をそのままモデルとしており、現象学的研究から見出されたことを提示するのに役立たない。その代わり、研究者は各自の理論的観点に応じて、さまざまな提示の様式を用いることになる。その細部については、以下の各章で順次各種の現象学的観点を描写するさいに取り上げる。簡潔に言うと、IPA（解釈的現象学的分析）とTA（鋳型分析）は、方法と研究結果の提示だけを変更して、標準的な科学的報告を修正した形式を用いる傾向がある。よりナラティヴ指向の研究は、修正した形式の報告を用いても提示できるし、個別事例や諸事例を時系列で示しつつ、伝記的ナラティヴの形式で提示することもできる。記述的現象学的研究はしばしば、伝統的な科学研究の報告で期待される内容、たとえば先行研究の概観などを含むが、結果を提示するさいには伝統的な科学の報告から離れる傾向がある。これらのアプローチをとる場合、研究結果は、個人的経験を記述したものと、すべての研究参加者を通じて記述された経験の構造を短く要約したものから成る。これらの研究結果を既存文献と結びつける試みはきわめて少ない（変わりつつはあるが）。それより、研究上の焦点となっている経験の主要な属性をひたすら記述することに重点が置かれる。

ただし、心理学ではよくあるように、提示の方法についてかっちりとした不変のルールはない。もちろん重要なのは、研究結果を明確に提示することと、記述された経験のまとめを優先することである。この点以外は、個別の研究者に委ねられる。自分の研究にとってどのような様式が適しており、また求められるのか、研究の出版を望んでいる場所に応じて最適な判断を下すことになる。選択の幅は狭いことが多い。というのも、学術誌は出版に求められる規程を詳細に定めているからである。

5.11　現象学的研究におけるコンピュータの利用

質的研究を促進するうえで情報技術がますます利用されるようになっている。ただし、統計解析ソフトウェアとは違って、質的データ分析ソフトウェア（QDAS）は、あなたに代わって分析を実行してくれるわけではない。データの操作と研究結果の生成を手伝ってくれるだけである。その意味では、統計ソフトよりワープロ・ソフトに近い。現象学的心理学者にも QDAS を利用する者はいるが、単純な紙と鉛筆の方法にとどまるのを好む者もいる。これは、ソフトウェアの使い方を学習する努力を払うに値するとは思えないとか、より重要なこととして、その種のソフトウェアは可能な分析の方法に制限を設け、また、記述された経験から研究者を遠ざけるといった理由による。

現象学的研究にとって最も一般的なパッケージで使い勝手の良いもののひとつが、NVivo（TM）である。このパッケージは洗練された水準でのデータ操作を可能にし、現象学的研究にとって理想的である。使い方も単純明快だ。そうは言っても、ソフトウェアは学習するのにある程度時間がかかるし、分析者が仕事のできるやり方をある範囲で制限する。この点は、IPA や TA を用いる研究にとっては許容できるかもしれない。というのも、IPA の研究者間でこの種のソフトウェアの利用が増えているという確証はないものの、これらのアプローチではきわめて伝統的な様式でのコード化やデータ操作を採用しているからである。記述的現象学、解釈学的現象学、ならびに批判的ナラティヴ分析ではもっと柔軟であることが求められるため、いずれかの観点に沿って分析を実行するさい QDAS を利用するのは不可能でないにしても、特に役立つわけでも望ましいわけでもない。最終的には、利用可能なパッケージのひとつを努力して学ぶ価値があるかどうか、それが分析過程に悪影響を与えないかどうか、自分自身で見きわめるべきである。QDAS、特に NVivo についてさらに学ぶためのガイドは、本章末の読書案内に示してある。ただし、QDAS を使

うかどうかにかかわらず、現象学的心理学において鍵になるのは、経験を解明するのに用いる方法ではなく、研究に参加した人々の経験に焦点化し続けることであり、それが肝要だということである。

要 約

　心理学への現象学的アプローチは3つのカテゴリーに大別することができる。記述的現象学、解釈派の現象学、ナラティヴ分析である。現象学的研究はつねに質的であり、特定のトピックについて、それが生じる原因を特定したり説明したりするよりも、より良く理解するために設計されている。標本数は概して少なく、そこで企図される現象学的心理学の型によって異なった標本抽出の方法が用いられる。現象学的心理学を含め、あらゆる質的研究においては、広い意味での反射性が重要である。反射性は、創出される知識に対して、研究者の問いかけ、方法、主体的立場が影響するそのしかたに、研究者自身が気づくプロセスを指す言葉である。

　本章ではまた、倫理的研究の必要性を探求し、そのためのイギリス心理学会ガイドラインの鍵となる特徴を示した。インフォームド・コンセント、危害と苦痛の最小化、プライバシー保護の必要性がここに含まれる。データ収集の方法は、半構造化インタビューと筆記による経験の具体的記述が最もよく用いられるものの、幅が広く多様である。最後に指摘すべき重要なことは、現象学的研究が量的研究と違ったしかたで提示されねばならず、採用されている現象学的心理学のタイプに応じて異なった様式が用いられる、ということである。

さらに学びたい人のために

- Finlay, L. & Gough. B. (eds.) (2003). *Reflexivity: A Practical Guide for Researchers in Health and Social Science*. Oxford: Blackwell.
　　この重要な論点〔反射性〕についての秀逸な書。編集者による、よくまとまった概説の章とともに、反射性に関連する幅広いトピックに関する寄稿が収められている。
- Gibbs, G. R. (2002). *Qualitative Data Analysis: Explorations with NVivo*. Buckingham: Open University Press.
　　データの質的分析のための最も一般的なソフトウェア・パッケージのひとつを学習したい研究者向けの包括的な書。
- Kvale, S. (1996). *InterViews: An Introduction to Qualitative Research Interviewing*. London: Sage.
　　インタビューについての古典的教科書であり、現象学的アプローチを採用してい

る。ところどころ淡々としすぎているが包括的。
・Mann, C. & Stewart, F. (2000). *Internet Communication and Qualitative Research: A Handbook for Researching Online*. London: Sage.
 　やや古くなりつつあるが、いまだ類書が少ない。質的研究にインターネットを利用するという話題に関する本で、研究者が自分の研究を実施するうえで実際に役立つであろう情報を提供している。
・Plummer, K. (2001). *Documents of Life 2: An Invitation to a Critical Humanism*. London: Sage.
 　現在第2版になっている。この古典的教科書は心理学的というよりは社会学的であるが、素晴らしく魅力的なしかたでエスノグラフィー的な個人史研究を実施するうえでの貴重な情報と助言を提供している。

【訳者補足】日本語で読める文献
・S・クヴァール (2016).『質的研究のための「インター・ビュー」』能智正博・徳田治子（訳）新曜社.
 　「SAGE質的研究キット」シリーズの第2巻。インタビューの具体的な実施方法を網羅するだけでなく、質的研究におけるインタビューの意義、倫理的問題、分析の妥当性といった諸課題について考察をうながす内容になっている。

6章　事象そのものへの接近 ── 記述的現象学

【この章の目的】
- 記述的現象学的心理学を紹介する。
- 記述的現象学研究を行うさいの実践上の課題を概観する
  ── データ収集、方法、分析、および結果の提示。
- 記述的現象学的分析の包括的な研究事例を提示する。

　6章では、本書が扱う現象学的心理学のなかで最初の主要なアプローチである記述的現象学的心理学（単に記述的現象学とも言う）を紹介する。主として、ジオルジによる記述的現象学の方法に焦点を当てる（Giorgi, 1985；Giorgi & Giorgi, 2003）。このアプローチ（時にデュケイン学派として知られる）は、最も歴史があるとともに最も確立された現象学的心理学の方法である。しかし、イギリスの心理学界では最も普及した現象学的アプローチというわけではない（看護など他の領域ではよく知られている）。私はまた、この記述的現象学の方法のひとつのヴァリエーションについても論じる。シェフィールド学派である。この方法はジオルジらの研究の上に築かれ、生活世界の記述的分析を基本とするが、多くの実存的諸条件を明確かつ系統的に分析プロセスに取り入れている（Ashworth, 2003a,b）。方法のヴァリエーションは長年にわたりいくつも生み出されてきたが、現象学的心理学者は全般的に、この心理学を機械的手順へと還元することには消極的である。この点は9章でさらに論じるが、本章や後続の章を読むさいに心に留めておいてほしい。本書では、読者の学びが明解で易しくなるよう段階を追って現象学的方法を紹介するが、これらの情報は絶対的なものではなく、自身で解法を発見するための便宜的なガイドと理解してほしい。
　現象学的なデータ分析の方法は、まず第一に生きられた経験に関心を寄せる。犯罪の被害に遭う経験、サッカーの試合でプレイする経験、といったように。この独特な焦点の当て方は、フッサールが確立した哲学的基盤から派生し、主観 – 客観の二元論から、*ノエマ*（何を経験しているか） – *ノエシス*（いかに経験しているか）の相関へと移行したものである（2章を参照）。記述的現象学の核心は「事象そのもの」へと立ち返ることにある。この現象学的アプローチは、

本書に示された全方法のなかで最もフッサール的であり、フッサールの哲学に触発された一連の方法をかなり厳格に踏襲している。1970年代のデュケイン大学で、アメデオ・ジオルジとその共同研究者たちの仕事とともに姿を現し、今日も多様な分野の研究者に支持され続けている。記述的現象学を用いる心理学者は、現象を説明するより現象を記述することに関心がある。主流の（認知）社会心理学で共通して行われるように、何らかの心理現象に潜在する原因を発見しようとするものではない。「事象の現れ」をただ記述することで十分なのである（そして実際、哲学的に言えば、それがおそらく可能なことのすべてである）。実践に際しては、(i) 一人称の経験の語りに焦点を当てる、(ii) 経験の基本構造を識別するために分析する、(iii) 経験の普遍的構造（＝**本質**）と個別的な意味を共に記述する所見を作成する、という形になる。

記述的現象学を用いた例として、以下のような研究例がある。

・学習についての見方（Colaizzi, 1971）
・不安の現象学（Fischer, 1974）
・チェスにおける思考の構造（Aanstoos, 1983; 1985）
・犯罪被害に遭う経験（Wertz, 1985）
・自己欺瞞（Fischer, 1985）
・生の退屈（Bargdill, 2000）
・心理療法における洞察（Todres, 2002）

シェフィールド学派は、興味深い新たなヴァリエーションとして登場した。この学派もまた「事象そのもの」を焦点化しようという欲求に根ざし、（後期フッサールの著作の主要課題である）生活世界の記述を基本としているが、多くの実存主義者の哲学でもって体系的に補強されている。それゆえ、焦点は記述的現象学を用いたあらゆる研究と同じく、研究参加者の生活世界の記述にあるが、その分析プロセスでは、生活世界の本質的特徴とされる7つの構造ないし「断面」（自己性、社会性、身体性、時間性、空間性、投企、言説）の吟味も必要とされる。これらの断面は、特定のトピックや研究参加者のグループにまつわる生活世界をより深く理解できるよう、分析を導くヒューリスティックとして用いられる。この分析方法の詳細については6.5で、ジオルジによる記述的現象学の方法の後に述べる。

シェフィールド学派による研究として次のような例がある。

・クラブ文化における女性の身体経験（Hinchliff, 2001）
・剽窃の意味（Ashworth, Freewood & Macdonald, 2003）
・アルツハイマー病の人の生活世界（Ashworth & Ashworth, 2003）

6.1　データ収集

　記述的現象学における理想的なサンプリングの方法は、最大変動サンプリングである。この方法では、ある共通の経験を持つ人々で、かつ人口統計上の特徴ができるだけ幅広く異なるように、研究参加者を募る。その原理は、サンプルの多様性によって、各々の認識を超えて普遍的な経験の様相（その種のあらゆる経験を支える本質的構造）と、各々の認識によって異なる経験の様相（人々によって異なる、つまり個性的な様相）とを、（分析段階において ―― 以下を参照）解明できるようにすることにある。分析過程に多大な時間を要する性質があるため、サンプルの規模は通常かなり小さい（5、6件程度かさらに少ない場合もある。大半の研究で参加者は個別に案内される）。

　5章で述べたように、選択すべきデータ収集法は、経験の回顧的な具体的記述、そして／または綿密なインタビューである。繰り返しになるが（詳細は5章参照）、このデータ収集法では、研究者が参加者に、実際にしたことのある経験、願わくば比較的最近の経験を記述するよう求めることになる。データボックス6.1には、この種のデータ収集で可能な手順の例を、その結果として得られた経験の記述と一緒に示してある。研究者によっては、当の経験についてまったく知らない人に向けて書くよう参加者に指示することもあるだろう。だが、すべての研究者がそれほど多くの導入資料を提示するわけでもない。研究計画の性質を簡潔に伝えた後、「〇〇だった状況について教えてください」とシンプルに尋ねる（例として、データボックス6.1を参照）。

　しかし、具体的に記述してもらうことだけがデータ収集の唯一の方法ではない。アンストゥス（Aanstoos, 1985）は、チェスにおける思考構造に関する研究で「発話法（talking aloud technique）」を考案した。この方法では、調査の焦点となっている課題や経験に関わっている最中に自分の考えを言葉にして語るよう、研究者が参加者に指示を与える。アンストゥス（1985）は5名のチェス選手と研究を行い、チェスの試合を行っている間、考えていることを声にするよう求めた（対戦相手を妨害したり、試合の流れに干渉しないようヘッドホンを使用した）。彼らの発話は録音の後で書き起こし、分析のための記述データとした。

　記述的現象学のデータ収集としては、具体的記述と発話法が最適ではあるが、

半構造化インタビューや非構造化インタビューを用いることもできる。ここでも当然、焦点は生きられた経験の記述にあり、インタビュアーは課題とするトピックについて最大限の情報を引き出すことを目的とする。インタビューを書き起こした後、意味単位（詳しくは後述）を取り出し、語られた経験のナラティヴを時系列に沿って再構成することが分析者には求められる。筆記された記述の場合はたいてい時系列どおりに —— 体験された通りに —— 構造化されているので、研究者がナラティヴを再構成する必要はない。しかし、インタビューの場合は、その対話的性質のため語られたストーリーが断片化しがちであるため、分析手順の一部として時系列に沿って再構成する必要がある。インタビューは、筆記による具体的記述を補足する目的で用いてもよい。その場合は、記述を元にインタビューを組み立て、参加者が記録した一つ一つの内容（または意味単位）について、さらに話を展開するよう求める。インタビューの書き起こしは本人による記述と合わせて、分析に向けてのより詳細な記述となる。

シェフィールド学派も同様に一人称の語りに焦点を当てるが、昨今多くの質的研究で行われているように、半構造化インタビューを好んで採用する傾向にある。これは理論的選択によるものではなく、実践における傾向である。ただし、確固たる指針が定められているわけではなく、また、同じく一人称の語りを焦点とする点で、この学派のデータ収集の方法も記述的現象学と類似してくると言ってよいだろう。

6.2　方　法

記述的現象学の分析には4つの段階がある（Giorgi, 1985; Giorgi & Giorgi, 2003）—— 全体的意味を求めて読み込む、意味単位（meaning-units）を特定する、意味単位の心理学的意義を評価する、意味単位を統合し構造的に記述する。これから4つの段階を1つずつ検討する。6.4ではさらに理解を深めるため、以上の全段階を用いた事例を紹介する。

第一段階は比較的簡単で理解しやすい。多くの質的研究で共通して行われるように、分析開始時に最初にすべきことのひとつは、テクスト全体を読み、その意味するところの全体的な感じをつかむよう努力することである。最初の段階では、分析の焦点となっている経験の記述を読むこと（おそらく数回読み返すこと）が分析者に求められる。この作業は、研究参加者それぞれについて行う必要があるだろう。もし元のデータが書面による記述であれば、この段階には慎重な注意が求められる。インタビューが用いられたのであれば、書き起こ

しのプロセスには（もちろん分析者自身が書き起こすとして）、ここで求められる種類の密着した読み方がともなうことになる。ただし書き起こしの作業だけでは十分ではない。書き起こす者はデータに密着できるとはいえ、それがここで求められる種類の全体的な読み方を後押しするとは限らないからだ。この段階はエポケーという文脈の内部で実施されるべきであり、そのトピックについての先入見をカッコに入れることをともなう。カッコ入れがどの程度有意義な考え方であるかは議論の余地があるが、記述的現象学的心理学の諸方法では、エポケーが真剣に扱われる。この点を念頭に置き、意味を押し付けそうになる誘惑を現象学的還元（2章参照）によって回避し、発見するという感覚でテクストを読んでいくあらゆる努力が重要となる。すなわち、意識への現れを記述すること、（少なくとも最初は）そこで現れてくるものを地平化（水平化）すること〔訳注：意味の階層秩序を作らないよう、平等に扱うこと。2.6参照〕、想像的変更を行うこと、最終的に（テクストそれ自身でテクストの意味を）確定すること。これは最初から最後の段階まで、すべての分析過程を通じて行われる。

　分析の第二段階では、テクストをより小さな意味の単位へと切り分けていく。分析者はテクストと体系的に取り組み、個別の意味単位（meaning-units）を識別するよう試みる。意味単位を決定しようとするさい、自らが解釈する意味について、分析者は2つの地平による制約を超えるべきではない。第一に、少なくとも心理学的研究においては、分析者はテクストに対して**心理学的態度**をとる必要がある。言い換えると、意味単位を識別するためにテクストを読むさい、その経験のどこが心理学研究に則した課題に関連しているのか見定める目をもって行う必要がある。それゆえ、感情、信念、行動に着目するのはよいが、参加者の心理に直接影響を与えていない限り、組織的な力学に過度に関心を寄せる必要はない。当然、社会学や教育学の研究を行っている人であれば、異なった態度をとり、経験の異なる部分に注意を払うだろう。テクストの分析に対する第二の制約は、トピックと、それを例として含む**集合**に関することである。急性疾患の経験について研究しようとするなら、個別の意味単位を決定するさいの焦点は急性疾患に置かれることになるだろう。他のさまざまなトピックについて興味深い情報があるかもしれないが、いかなる研究でも境界の設定は必要だし、研究の焦点となる集合にとって関連性がないトピックなら、分析にとってはほとんど重要性を持たないだろう。この段階は特段簡単ではないが、他の多くの方法と同様、実践を重ねれば容易になる。研究参加者はしばしば、文章での行や段落の区切り、または語りでの間（ポーズ）を通じて、自身の記述（または語り）をまとまった意味へと分割して構造化するものである。この

種の切り替えは分析過程で留意すべきだが、鵜呑みにすべきではない。テクストであれ語りであれ、あらゆる区分が意味の変化を表示するとは限らないからだ。

　ここで指摘すべきもうひとつの論点は、ギュルヴィッチ（1964）に依拠してジオルジ（1985）が論じたこと、すなわち、意味単位は全体の**要素**（element）ではなく**構成素**（constituent）として理解すべきだということである。要素は、その意味が文脈から独立に理解しうるのに対し、構成素は、その意味を文脈においてしか理解しえないような、テクストの諸部分のことである。粗っぽく言うと、単語（word）は、（文がその一部を構成するところの）文脈によって意味が変わるので構成素の例と言える。一方、文字（letter）は、文脈（文字が収まっている単語）によって意味が変わらないので要素の例である。この違いは、分析そのものを進めるうえで（また、意味にとって文脈が持つ重要性を研究者に気づかせるうえでも）重要となる。第二段階ではテクストを非連続の単位に区分ける作業をともなうものの、これらの単位は、それが生じた文脈を通じてのみ意味を得るのである。文脈は、意味単位を構成する文章周辺から段落へ、そして実際にはテクスト全体へと動いていく。それゆえ、部分と全体の関係は、意味の理解にとって不可欠な情報を提供することになり、重要なのである。

　第三段階では、心理学的意義との関連で意味単位を評価する。心理学的に見て特に意味を持たない単位もあるだろうし、それらは除外される。残った単位には心理学的に意味があるだろう。これらの意味単位を多角的に読み込むこと、振り返りつつ想像的変更（2章2.7参照）を行うことが、前段階で特定された個々の単位の心理学的な（あるいは分野によって社会学的、教育学的な）意味を決定する方法のすべてである。この段階で重要なのは、個性のある細部からより一般的な意味へと移行することである。抽象化しすぎてもいけないし、（認知的か精神分析的かを問わず）心理学のグランド・セオリーに頼ってもいけない。特定の理論的観点に関与して意味を狭めるのではなく、データとそこに現れる意味の近くにとどまることが重要である。

　最後の（第四の）段階では、まず研究参加者ごとに個別の構造記述を作成し、その上で1つの（必要ならそれ以上の）一般的構造記述を作成する。ここでは、記述された現象にとって鍵となる要素を特定しつつ心理学的な意味単位を総合することを試み、さらに、これを用いて参加者（つまり個別の構造記述）ごとに簡潔な（時系列の）まとめを書き上げる。個別の構造記述を作成した後、一般的（心理学的）構造記述を作成するため、個別の記述に一貫する不変の特性を見出すことが必要である（必要に応じて意味単位に戻って参照する）。多くの場

合、一般的構造記述は1つのみとすることが可能だが、それが不可能な場合もある。描かれた経験があまりにも多様だと、重要な情報が損なわれかねないからである。最終的な一般的構造記述は、以上に述べてきた分析作業の到達点であり、探究している現象の本質（すべての類似の経験に通じる不変の核心）を表す。これは、既存の文献や、適切な個人の構造記述と関連させてさらに考察するための土台になりうる。

　研究ボックス6.1は、白昼夢の現象学に関する記述的現象学研究の例である。このボックスには、結果を簡潔にまとめるだけでなく、使用した方法の詳細について記してある。この種の理論的観点からの研究としてはきわめて典型的なものである。本章および後続章の研究ボックスは、各種の方法を使うとできることに理解を深められる研究を要約しただけでなく、さらなる読書の勧めにもなっている。ボックスで要約した研究の原典に当たれば、本書で説明した方法について理解を大いに深められるだろう。

◀ 研究ボックス6.1 ▶

私的劇場——白昼夢の現象学的探求

Morley, J. (1998). The private theater: a phenomenological investigation of daydreaming. *Journal of Phenomenological Psychology*, 29 (1), 116-134.

　この研究は、記述的現象学の方法を用いて、5名の研究参加者における白昼夢の意味を探求しようと試みたものである。著者は、既存の文献では「この現象に固有の曖昧さについての説明が不十分で、具体的かつ経験的な記述が乏しい」(p.116)と考えた。参加者は最近見た白昼夢について思い浮かべるよう指示され、そこで生じたことを、白昼夢から目覚めさせたものまで含めて、すべて書き記すよう求められた。この筆記による記録が作成された後、白昼夢のナラティヴをさらに促すため、研究者は参加者へのインタビューを行った。これら2つは合わせて編集され、詳細かつ時系列に沿った経験の記録が作成された。また、個々の参加者に合わせた構造記述と（理想的には）1つの一般的構造記述を生み出すべく、意味単位の分析にかけられた。論文において、著者は1件の個別の構造記述を一般的構造記述とともに提示し、結果について考察している。著者が明らかにしたのは、白昼夢が自己と世界の多重の関係性をともなうということである。ここには3つの識別可能な主体の地位が含まれる。習慣的な主体、演じる主体、指揮する目撃者である。習慣的な主体の地位とは、白昼夢を見ている人が環境に習慣的に関わりつつ（クルマの運転など）、それ

> と同時に白昼夢の場所である「別世界」に心奪われている状態である。演じる主体は、かつて抑えられた自己の欲望を演じつつ、その自分を主人公として知覚するようなしかたである。最後に、指揮する目撃者の地位は、白昼夢に引き込まれつつも同時に距離があるような、曖昧な地位を表している。モーリーの見出したところによると、白昼夢は、主体と客体、心と体、認知と感情、現実と空想など、世界に対する私たちの「自然的態度」に現前する数多くの二元論を崩壊させる。本研究の中心的成果は、白昼夢の実質的な内容というよりもその複雑な構造であり、この日常的現象について価値ある洞察を提供している。

6.3 研究結果の提示

　記述的現象学において、研究結果を提示する方法はさまざまにある。理想的には、一般化された構造記述と共に個々の構造記述も提示し、所見について考察を行いたいところである。しかし、執筆できる紙面は限られているので、博士論文でもなければ、個人の構造記述を詳しく載せているものはあまり見られない。よく見られるのはジオルジの様式での研究で、多くの研究報告と同様に先行研究のレビューから始め、そのトピックについてより経験的かつ記述的な研究の必要性を述べる。その次はたいてい、方法についてある程度の考察を行い、研究参加者とデータ収集法についても詳述する。参加者についてどれくらい情報を提示するか研究論文によって差があるが、通常なら最低でも、年齢、性別、エスニシティ、職業をここに含める。しかし、ますます一般的になってきたのが、研究参加者全員の小伝（小さな伝記）を提示するやり方である。これによって読者は最大変動サンプリングを採用したやり方を理解するのが容易になるし、また、一般化された構造記述の妥当性をある程度高めることができる。この後で所見を述べる。通常、研究対象とした経験について1件の個別の記述の要約を提示するか、全参加者についての一般的構造記述に続けて1件の完全な構造記述を提示することになる。先に述べたように、経験を全体としてとらえるうえで1つの一般的構造記述だけで十分でなければ増やしてもよい。最後の考察では、結果についての理論的な考察や、構造記述がそのトピックを解明した道筋についてさらなる議論を行う。通常はまた、最後にその研究についての結論を述べる。シェフィールド学派の研究では、分析において生活世界の断面に焦点を当てるため、やや異なる形式で結果を提示する。

　研究ボックス 6.2 を見てみよう。退屈すること —— きっと私たち皆がなじみ

のあることだろうが——の構造についての記述的現象学的研究である。

◀ **研究ボックス6.2** ▶

生の退屈に関する研究

Bargdill, R. (2000). The study of life boredom. *Journal of Phenomenological Psychology*, 31 (2), 188-219.

　退屈は、生涯に一度は誰もが経験するものである。本研究では、リチャード・バーグディルが生の退屈という経験について（生きること全般に退屈する経験であって、何かにうんざりするというよくある経験ではない）、6人の研究参加者を通じて調査した。研究ボックス6.1で示された研究と同じく、この研究も記述とインタビューを用い、生の退屈の構造を確かめるためジオルジの方法で分析を行った。しかし、ここではやや異なる様式で所見が提示される。一般的構造記述の段落の合間に、それを支持する引用が著者によってなされている（テーマ分析において結果を補強する場合と同程度の引用が行われている）[訳注：7章を参照]。明らかにされたのは、生の退屈という経験で最も重要な特徴は感情の両義性にあるということだ。バーグディルが見出したところによると、研究参加者たちはかつて明確な人生の目標を持っていた（そのときは生に退屈してはいなかった）のに、今は自分が歩んでいる人生とその道程に葛藤と分断を感じているというのである。この葛藤の一部には、参加者たちが世界と他者だけでなく自分自身に対しても怒りと非難を同時に感じていることが含まれていた。自分自身に向けられた怒りは羞恥心と自信喪失をもたらし、変化の可能性をさらに狭めていた。考察においてバーグディルは、退屈と抑うつという興味深い比較を行った。認知的観点から伝統的に理解されてきたのと同様に、両者の共通点と差異を浮かび上がらせ、特に、退屈している人々が自分自身を否定的に見ていないことを明らかにしている。結論としてバーグディルは、退屈とは（私たちが危険にさらされたときの「戦うか逃げるかすくむか反応」のうちの）すくむと同等であるとした。それは、人々が自分の人生を意味あるものにできず、代わりに誰かが自分のためにそうしてくれるのを待っている状態である。彼はこう結論付ける。「彼らは、他者の祈りに頼って待つ苦行のなかにいる。彼らはまるでメデューサを見たかのように立ちすくみ、凝固している。彼らはもはや動いていない。彼らは目覚めているが、麻痺している。つまり退屈しているのである」(p.204)。

6.4 記述的現象学的分析 ── 急性感染症の経験

この節では記述的現象学的分析を用いた研究例の全体を示すが、これはA型肝炎に感染した経験に焦点を当てたものである。A型肝炎は、肝臓の炎症を引き起こす急性のウイルス感染症である。このウイルスは排泄物のなかに存在するため、不衛生な食べ物を介して、または人との密な接触（しばしば性的なもの）を通して感染することが最も多い。この病気は急激に発症し、2週間から2か月の間続く。医学的な治療法はなく、患者はただ安静にして、飲酒せず、健康的でバランスのとれた食事をとらねばならない。いったん回復すれば再発することはなく、一生におよぶA型肝炎への免疫がつく。データボックス6.1は感染の経験を研究するための質問文と、A型肝炎から最近回復した人による回答を示したものである。元のテクストは筆記されたもので、誤字や文法上の誤りは修正していない。研究参加者の言葉を訂正する記述的現象学者もいるかもしれないが、私は、記述されたままの元の経験と分析者の間にさらなる隔たりを作るより、書かれたことをそのままにしておくことが重要だと考える。

◀データボックス 6.1▶

急性感染症の経験に関する具体的記述

研究参加者1 ── 男性、白人、イギリス人、34歳

急性感染症の経験に関する研究への参加に同意いただきありがとうございます。あなたが提供するすべての情報は内密に取り扱い、研究者（オープン大学, ダレン・ラングドリッジ博士）以外の者が読んだり、研究として公表したりする前に匿名化します。あなたが以下に書く内容は、この文書を提出してから1週間後に行われる非公式のインタビューの基礎資料となります。

以下に、あなたがA型肝炎に感染したときの経験を言葉にしてくだされば幸いです。できる限り詳しくその経験について書いてください。その病気について、診断を受ける前後の経験も含みます。病気そのものから生じる症状や影響の具体的詳細だけでなく、この特別な病気を経験したことにまつわるあなたの考えや気持ちもぜひ含めてください。

重苦しい夜が明けると猛烈な二日酔いのような状態で、頭痛、体の痛み、のどの渇き、吐き気で目が覚めた。土曜の朝のことだった。／どう対処すればいいかわかっていたので、飲み物と食べ物を少し口にしてみたが、うまくいかなかった。／二日酔いはその日で消えていったが、それでもまだ具合が悪かった――吐き気、発熱、発汗、めまい、ぞくぞくする寒気、下痢があった。／私たちは週末の休暇をプラハで過ごしていた。私はパートナーとその町を観光したいと思っていた。彼に同伴してもらいたかったし、私も一緒にいて楽しい人でありたかった。／私たちはようやく、ただの二日酔いの延長ではないと気がついた。何かのウイルスか、インフルエンザか何かで体調が悪くなっていくのを感じた。まったく悪いタイミングだった。／
　観光や外食は少し骨の折れることだった。私は疲れていて飲食したいわけでもなかった。少しだけ飲んだり食べたりするにも無理をせねばならなかった。夕食はなんとか少し食べられたが、その後はほとんど同席できなかった。その夜はとても寒かった。私は十分に厚着をしていたけれど、時折とても激しい悪寒がして辛かった。ホテルへの帰り道は本当に疲れて寒くて、ただ眠りたかったのに、すぐさま汗だくになって目が覚めた。／
　翌日はさらに調子が悪くて、嘔吐、頭痛、発汗、寒気とめまい、そして下痢と、あらゆる組み合わせにひどく苦しみ、ホテルから敢えて出かけようという気にはならなかった。信じられないほど憔悴していた。／
　その翌日は帰国のフライトだった。私はとてつもない努力をしてタクシーで空港に向かい、機内ではスモークサーモンのサンドイッチをただ見て匂うだけで、空港からはクルマを運転して帰った。家に帰り着いた瞬間、私はただただ眠りたかった。／
　翌朝（火曜日）、目覚めて一番に医者を予約した。その２、３時間後、私は医者に症状を説明していた。ずっと食べられないでいること、茶色の不快な臭いの尿が出ることを、代診の内科医に説明した。／私はあまり頻繁に医者にかからないし、健康問題についてはかなり意識しているので、もう少し深刻に扱われるだろうと思っていた。そう、熱もあったし、これは何らかのウイルスのせいだろうと。しかし結果は「帰って水分をよく摂りなさい、もし良くならなければもう一度来なさい」、というものであった。／
　その日の診察の後も、次の日も、私の症状は悪化していくようだった。家にいることで少しは楽だったが、それでももう何日も食べていなかった。私はこの病気を切り抜けられないのではないかととても不安になり、衰弱しつつある

と感じていた。／木曜日の朝、私は内科医を再び訪ねた。私がいちばん心配だったのは、ほとんど食事をとれておらず、病気と闘うのに必要な強さを失っているように感じていることだった。症状について少し話し合ったところ、多少の黄疸が見られるから血液検査をするか、大きな病院で診てもらうよう医者から提案があった。医者が電話で話している間に私は待合室に戻った。その1時間後、私はとてもゆっくりと歩いていた。パートナーと一緒に病院の感染症病棟へと向かっていた。／

感染症病棟

とてつもなく長く感じられた家からの旅路を経て、私たちはナースステーションにたどり着いた。手短かな手続きの後で私は病室へ案内された。この病棟は個室のエンスイート〔訳注：寝室と浴室がつながっているタイプの部屋〕でテレビもあったが、浴室が黄色に塗られていたので私の目や肌が何色か判断することができなかった。しばらくすると血液医がサンプルを取りにやってきて、1ダースほど取って行った。私はのどをスワップ〔訳注：細菌検査のために分泌物を綿棒で採取する〕され、看護学生が来て病歴の聞きとりがあり、少量の食事を与えられた。／

私は3日間ほど病院で過ごしたが、それは飽き飽きと長く感じられ、心地よいものではなかった。いつ誰にどんな順番で会ったのかもよく憶えていない。普通食と紅茶とビスケットは与えられた。定時に訪問者が来て体温と血圧を測り、毎日採血があったが、今はそれほどでもない。私の体から出るものすべてが分析のため回収された。だから時折私がナースコールを押すと、新人の丸々とした助手が来て尿器や便器を持っていってくれるのだった。

私のところには日々訪問者があり、専門医やその他の医者、医学生がさまざまな人数や組み合わせでやってきた。私はさまざまな腺を刺激され圧搾された。／過去数ヶ月どこにいたか、何を食べたかなど、数多くの個人的な質問を受けた。私の病気はA型かB型の肝炎、もしくはワイル病〔訳注：感染症の一種で、頭痛・発熱・悪寒・下痢などを主症状とする。動物の糞尿で汚染された土や水を介して感染しやすい〕に絞られた。私は医者の質問と助言にやや非難めいたトーンがあるのをいつも感じていた。「こんな病気にかかるなんて何をしていたの」とか「他にはどんな病気にかかっている可能性があるのかしら」といった風だった。／

入院して数日が経ち、体調はましになっていたが、良くなっていないのは確かだった。量は多くないものの食事はとっていた。ただ食後は吐き気が相変わ

らずあったし、だるさも感じていた。私には受けられる治療もなく症状も危機的ではなかったので、気持ちを楽にして何もせずストレスがないようにしていなさいと言われ、日曜日に退院できることになった。午後、私は家に戻り、日曜と月曜は休んだ。自宅のほうがはるかに快適だった。／私が実際に重い病気に罹っていることをようやく理解したロバートは、ダラダラと休日モードで無駄に過ごすことなく私を支えてくれた。このような変化は、その前の週にも多少は生じていた。／

　病院から電話があって私はＡ型肝炎にかかっていると言われたが、それは朗報だった。急性疾患で完全に治癒するのだから、他の慢性疾患の類よりずっとましだった。ただ、感染経路を知ると気分が悪く、自分が汚い感じがした。／

　その週の後半、私はさらに血液検査を受けるため病院へ戻り、そして1か月間の診断書をもらった。上司は驚くほど心配し、同情してくれた。というのも、私は日ごろ健康でめったに休まなかったのに、今回は6週間も休むことになったからだった。

　その後の数週間、私は自宅とその周辺で過ごし雑用をしていたが、やはりまだ疲れやすかった。／ある日の午後、公衆衛生局の男性が訪ねてきた。彼は病院から、私が届け出義務のある病気に罹っているという通知を受けていた。再び、どこにいたのか、何を食べたのかなど一連の質問をされた。これらはすべて、この地域で集団感染がないことを確かめるためだった。／

　私はその後数回血液検査を受け、結果も正常値に戻った。いくつかの指標はこの間もずっと正常だったが、それは私が概して強く健康であることを示している。12月半ばにはとうとう通院を終えることになった。／病院の医療スタッフたちはいつもやや距離があり、よそよそしく、冷静さを保っているように見えた。医者をしている友人のほうがずっと私を親切に支えてくれたし、特にロバートに対してそうだった。

　ご覧の通り、この研究参加者は自身の経験をすべて記述してくれた。彼はまた、見出しと段落で記述を構造化しており、これは分析にとって手助けとなる。分析の第一段階では、全体の意味をつかむため、エポケーの態度のもとでテクストを何度も読み返す。この研究では記述を補足するインタビューを正式には行わなかったので（ただし、いくつかの点を明確にするため非公式な問合せを若干行った）、インタビューを書き起こしてこの記述と統合する必要はなかった。第二段階（意味単位の分析）では、（分析者である）私に（心理学的態度のもとで

急性感染症に関心を持ちながら）個々の意味単位を特定することが求められた。これらの単位はデータボックス 6.1 の記述のなかでは、意味の変化を示すために「／（スラッシュ）」を用いて示した。実際のこの段階では、分類された意味単位に相当の確実性が感じられるまで、多面的な読み込みや修正が必要となる。

次の段階は、分析ボックス 6.1 に示してある。このような形式での提示は読者の理解を容易にするため用いたものだが、コンピュータ上でテクストを扱うことができるなら（テクストをそのまま表に貼り付けられるので）、または、手書きの記述（やインタビュー）を電子化するだけの時間と余裕があるなら、データを扱ううえで役に立つ方法だ。左側の列は、22 の意味単位に分割された原

◀ 分析ボックス 6.1 ▶

意味単位の分析	原テクスト
	（1）重苦しい夜が明けると猛烈な二日酔いのような状態で、頭痛、体の痛み、のどの渇き、吐き気で目が覚めた。土曜の朝のことだった。
	（2）どう対処すればいいかわかっていたので、飲み物と食べ物を少し口にしてみたが、うまくいかなかった。
	（3）二日酔いはその日で消えていったが、それでもまだ具合が悪かった——吐き気、発熱、発汗、めまい、ぞくぞくする寒気、下痢があった。
	（4）私たちは週末の休暇をプラハで過ごしていた。私はパートナーとその町を観光したいと思っていた。彼に同伴してもらいたかったし、私も一緒にいて楽しい人でありたかった。
	（5）私たちはようやく、ただの二日酔いの延長ではないと気がついた。何かのウイルスか、インフルエンザか何かで体調が悪くなっていくのを感じた。まったく悪いタイミングだった。

テクストである（番号を付した）。中央の列は、原テクストから個性的な言い回しを取り除いて変換したものである。右側の列は、さらなる変換を加え、意味単位の心理学的意義を表現する言葉にしたものである。ジオルジとジオルジ（Giorgi & Giorgi, 2003）は、心理学的意義を特定して構造記述を作成するうえで必要な変換は何度行ってもよいとしているが、実際にはこのような2度の変換を超えて行う必要はほとんどない。右側の列はまた、より大きな心理学的意味単位を表現するべく結合されており、最初の段階での意味単位の統合を示している。

意味単位による記述

大量に飲酒した翌朝、研究参加者はひどい二日酔いと思われる症状とともに目覚めた。

彼は二日酔いの症状に慣れていたので、いつものやり方でその影響を和らげようと試みた。しかし望むような効果はなかった。

その日が過ぎるにつれて二日酔いの症状も軽くなってきたと思ったものの、まだ具合が悪いと彼は感じていた。

休暇中だったので、町を見て回り、パートナーと仲良く過ごしたいと思っていた。

体験している症状がもはや二日酔いではないことに彼もパートナーも気づき始めた。二日酔いではないものの、風邪かインフルエンザのように、なじみ

心理学的意義

(1)+(2)+(3)+(5) 研究参加者はなじみのある症状を経験し、当初は自分のことを心配していなかった。しかし、症状がひどくなって繰り返したため、パートナーとも話し合って自己診断を変えざるを得なかった。その結果、自分の状態がより気にかかるようになった。

(6) 観光や外食は少し骨の折れることだった。私は疲れていて飲食したいわけでもなかった。少しだけ飲んだり食べたりするにも無理をせねばならなかった。夕食はなんとか少し食べられたが、その後はほとんど同席できなかった。その夜はとても寒かった。私は十分に厚着をしていたけれど、時折とても激しい悪寒がして辛かった。ホテルへの帰り道は本当に疲れて寒くて、ただ眠りたかったのに、すぐさま汗だくになって目が覚めた。

(7) 翌日はさらに調子が悪くて、嘔吐、頭痛、発汗、寒気とめまい、そして下痢と、あらゆる組み合わせにひどく苦しみ、ホテルから敢えて出かけようという気にはならなかった。信じられないほど憔悴していた。

(8) その翌日は帰国のフライトだった。私はとてつもない努力をしてタクシーで空港に向かい、機内ではスモークサーモンのサンドイッチをただ見て匂うだけで、空港からはクルマを運転して帰った。家に帰り着いた瞬間、私はただただ眠りたかった。

(9) 翌朝（火曜日）、目覚めて一番に医者を予約した。その２、３時間後、私は医者に症状を説明していた。ずっと食べられないでいること、茶色の不快な臭いの尿が出ることを、代診の内科医に説明した。

(10) 私はあまり頻繁に医者にかからないし、健康問題についてはかなり意識しているので、もう少し深刻に扱われるだろうと思っていた。そう、熱もあったし、これは何らかのウイルスのせいだろうと。しかし結果は「帰って水分をよく摂りなさい、もし

意味単位による記述	心理学的意義
のある何かだと彼らは考えた。	
そのままいつもの休暇のように行動しようとしたが、症状が悪化したのでそれは無理だと彼は気づいた。特に食べることと飲むことが困難だった。彼はまた、一緒にいるパートナーにも悪いと思っていた。	症状が悪化するとともに参加者が気づいたのは、いつもの休暇のように行動するのは難しいこと、とりわけ、パートナーと楽しいやりとりを続けるのは難しいということだった。
参加者は（さまざまな症状によって）引き続き調子が悪くなっていた。そのため、ホテルの部屋で過ごした。	
彼は休暇を終えて飛行機で帰国することになっていたが、遠大な努力をして（タクシーと飛行機で）帰路に着かねばならなかった。家に帰り着いた後はただ眠りたかった。	
彼は起床するとすぐに医者に診てもらおうと決めた。医者に症状を説明したが、いつもの医者ではなかった。	症状が軽減せず繰り返すので、彼は医師に助言を求めた。
参加者は定期的に医者にかかっていなかった。そのため、彼の症状が明らかに示していると思われる深刻さに比べ、医者が同等の深刻さをもって対応しなかったことに驚いた。彼は自宅に帰さ	診断を受けた医師には期待した治療をしてもらえなかったと彼は思った。とりわけ、医者が彼の症状の深刻さを認識していないように感じられた。

6章　事象そのものへの接近 —— 記述的現象学

良くならなければもう一度来なさい」、というものであった。

(11) その日の診察の後も、次の日も、私の症状は悪化していくようだった。家にいることで少しは楽だったが、それでももう何日も食べていなかった。私はこの病気を切り抜けられないのではないかととても不安になり、衰弱しつつあると感じていた。

(12) 木曜日の朝、私は内科医を再び訪ねた。私がいちばん心配だったのは、ほとんど食事をとれておらず、病気と闘うのに必要な強さを失っているように感じていることだった。症状について少し話し合ったところ、多少の黄疸が見られるから血液検査をするか、大きな病院で診てもらうよう医者から提案があった。医者が電話で話している間に私は待合室に戻った。その1時間後、私はとてもゆっくりと歩いていた。パートナーと一緒に病院の感染症病棟へと向かっていた。

(13) とてつもなく長く感じられた家からの旅路を経て、私たちはナースステーションにたどり着いた。手短かな手続きの後で私は病室へ案内された。この病棟は個室のエンスイートでテレビもあったが、浴室が黄色に塗られていたので私の目や肌が何色か判断することができなかった。しばらくすると血液医がサンプルを取りにやってきて、1ダースほど取って行った。私はのどをスワップされ、看護学生が来て病歴の聞きとりがあり、少量の食事を与えられた。

(14) 私は3日間ほど病院で過ごしたが、それは飽き飽きと長く感じられ、心地よいものではなかった。いつ誰にどんな順番で会ったのかもよく憶えていない。普通食と紅茶とビスケットは与えられた。

意味単位による記述	心理学的意義
れ、自然に病状が治まるまでいつもどおりにしているように言われた。	
風邪などなじみのあるウイルスに感染したのかもしれないと予想していたが、症状が軽くなるどころか悪化し（そして自分がより衰弱していると感じて）、彼はますます不安になった。	(11)＋(12) 体調の悪化が続いたので、参加者はもう一度医師の助言を求めた。今度は、この状態の深刻さを医師が認識してくれているように感じた。
症状の悪化がどうしても気にかかり、参加者は再び医者の許を訪れた。この医者は前回の医者と違って、症状の深刻さを理解し、この状態を診断するのに役立つ新たな症状（黄疸）を見出した。その結果、彼はパートナーに付き添われ、病院の感染症病棟に向かうことになった。	
病院までの道のりは苦しいものだった。到着すると、彼には個室が割り当てられた。その後まもなく、血液が採取され、のどをスワップされた。そして看護学生に病歴を聞かれ、少し食べ物を口にした。	研究参加者は、病院への入院を許されるやいなや、数々の医療的介入を経験した。
彼は数日間入院したが、退屈で心地よくないものに感じられた。出会った医療専門職の順番も憶えていない。しかし食事と飲み物は定期的だった。彼は	さまざまな医療従事者がいろいろなしかたで訪れるので、入院の経験は制約も混乱も多いものだった。日常性と枠組みを与えてくれるのは食事だけだっ

原テクスト

定時に訪問者が来て体温と血圧を測り、毎日採血があったが、今はそれほどでもない。私の体から出るものすべてが分析のため回収された。だから時折私がナースコールを押すと、新人の丸々とした助手が来て尿器や便器を持っていってくれるのだった。私のところには日々訪問者があり、専門医やその他の医者、医学生がさまざまな人数や組み合わせでやってきた。私はさまざまな腺を刺激され圧搾された。

(15) 過去数ヶ月どこにいたか、何を食べたかなど、数多くの個人的な質問を受けた。私の病気はA型かB型の肝炎、もしくはワイル病に絞られた。私は医者の質問と助言にやや非難めいたトーンがあるのをいつも感じていた。「こんな病気に罹るなんて何をしていたの」とか「他にはどんな病気に罹っている可能性があるのかしら」といった風だった。

(16) 入院して数日が経ち、体調はましになっていたが、良くなっていないのは確かだった。量は多くないものの食事はとっていた。ただ食後は吐き気が相変わらずあったし、だるさも感じていた。私には受けられる治療もなく症状も危機的ではなかったので、気持ちを楽にして何もせずストレスがないようにしていなさいと言われ、日曜日に退院できることになった。午後、私は家に戻り、日曜と月曜は休んだ。自宅のほうがはるかに快適だった。

(17) 私が実際に重い病気に罹っていることをようやく理解したロバートは、ダラダラと休日モードで無駄に過ごすことなく私を支えてくれた。このような変化は、その前の週にも多少は生じていた。

(18) 病院から電話があって私はA型肝炎に罹っ

意味単位による記述	心理学的意義
繰り返し医療的介入を受け、体から排出したものは分析のため回収され、健康状態が評価された。	た。
症状の診断の参考とするため、発症前の期間の活動について参加者は質問を受けた。彼はその質問が立ち入ったものだと感じ、質問のトーンも非難めいて聞こえた（不適切な活動を通じてこの病気をもたらした責任は彼にあると暗に言われているようだった）。	病院で質問されたとき、自分の不適切な行動によってその病気に罹ったのだと非難されているように彼には感じられた。
参加者が経験している症状は改善し始めたが、それでもまだ具合がいいとは感じておらず、疲労感と吐き気が続いていた。病院での治療はなかったので、彼は退院して自宅に帰ることができた。自宅のほうがずっと快適に彼には感じられた。	症状が続いていたにもかかわらず、特定の治療法があるわけでもないため、彼は退院を許された。自宅のほうがずっとくつろげた。
病気の経験に対するパートナーの態度が変わったことに参加者は気づいた。パートナーがようやく彼の状態の深刻さを理解し、より優しく接するようになったと彼は感じた。	病院に入院したことがパートナーに影響を与え、自分に対して以前より支持的で共感的になったと彼は感じた。
参加者はついに自分の症状の診断を電	参加者は、自分が受けた診断につい

6章　事象そのものへの接近 ── 記述的現象学 ── 137

ていると言われたが、それは朗報だった。急性疾患で完全に治癒するのだから、他の慢性疾患の類よりずっとましだった。ただ、感染経路を知ると気分が悪く、自分が汚い感じがした。

（19）その週の後半、私はさらに血液検査を受けるため病院へ戻り、そして1か月間の診断書をもらった。上司は驚くほど心配し、同情してくれた。というのも、私は日ごろ健康でめったに休まなかったのに、今回は6週間も休むことになったからだった。その後の数週間、私は自宅とその周辺で過ごし雑用をしていたが、やはりまだ疲れやすかった。

（20）ある日の午後、公衆衛生局の男性が訪ねてきた。彼は病院から、私が届け出義務のある病気に罹っているという通知を受けていた。再び、どこにいたのか、何を食べたのかなど一連の質問をされた。これらはすべて、この地域で集団感染がないことを確かめるためだった。

（21）私はその後数回血液検査を受け、結果も正常値に戻った。いくつかの指標はこの間もずっと正常だったが、それは私が概して強く健康であることを示している。12月半ばにはとうとう通院を終えることになった。

（22）病院の医療スタッフたちはいつもやや距離があり、よそよそしく、冷静さを保っているように見えた。医者をしている友人のほうがずっと私を親切に支えてくれたし、特にロバートに対してそうだった。

意味単位による記述	心理学的意義
話で受けた。彼はこの診断を聞いて安心した。なぜなら、彼が現在どうであって、今後どうなるかがわかったからである。しかし、どのようにこの病気に罹ったかを知った結果、汚らわしく感じた。	て相反する感情を抱いた。一方で彼は、自分のかかっている病気が急性疾患で長期的影響がないことを知って安心した。しかしまた、可能性のある病因が明らかになったことでいくぶん嫌な気分になった。
参加者は引き続き病院で検査を受けなければならず、医者から仕事を休むように言われた。彼は上司が同情してくれたことに驚いた。理由の一部は、いつも自分が元気で健康であることにあると彼は考えた。その後数週間、彼はまだ弱ったままだった。	
彼が自宅で回復を図っている期間に公衆衛生局から訪問があった。その病気が地域で集団発生していないことを役人に証明するため、彼は再び一連の質問に答えなければならなかった。	彼は病院から退院してもなお、自分が経験している疾患のありうる感染源について、引き続き質問に答えねばならなかった。
さらに期間が経って、検査結果は正常になり、再び健康になったことを彼は知った（これによって完全に医療専門職のケアから離れることになった）。	健康を確認する最終検査結果が示され、参加者は最終的に医療専門職のケアから解放されることになった。
振り返ってみると、参加者が出会った病院のスタッフはよそよそしく、冷静さを保っていた。それとは対照的に、医者である友人は支持的で、特に彼のパートナーに対してより大きな支えになってくれた。	振り返ると、彼が出会った医療スタッフは期待したほどの気遣いをしてくれたようには感じられなかった。これとは対照的に、医者だった友人のほうは特別に支えになってくれた。

6章　事象そのものへの接近 ── 記述的現象学

分析ボックス6.1を見れば、(心理学的態度の文脈およびA型肝炎への関心という構えのもと)どこで意味が変化したと私が判断し、それゆえ、テクストがどこで個別の単位に分割される必要があったかが明らかになるだろう。右側の列に一定の単位を含め他は含めないという選択は、意味単位を心理学的意義へと変換することを表しているが、あまり明確ではないかもしれず、さらなる議論に値するだろう。意味単位(8)の休暇から戻るフライトは、意味単位の良い例である。というのも、この参加者にとってこの経験が持つ何らかの意義が反映されているものの、それはA型肝炎の経験というより旅行と病気の接点についての記述になっているからだ。すなわち、もしこの参加者が休暇でないときに病気を経験していたなら、フライトやそれにまつわる「とてつもない努力」やスモークサーモンのサンドイッチの匂いについて論じることはなかっただろうし、それゆえ、この意味単位は個別特異的なものであって本研究の文脈では心理学的意義を持たないのである。言い換えると、ここでの心理学的な構えは、A型肝炎という感染症一般についての生きられた経験の構造を理解したいという願望に焦点化されるのであって、この構えを超えた意味については構造記述から除外されるということである。意味単位(13)も興味深い。というのも、かなり詳細な記述をともなうものの、心理学的に言えばその本質はずっと単純で、この参加者が耐えねばならなかった数々の医療的介入に触れるにとどまっている。生き生きと描かれているが、その細部は、ここで調査している経験の心理を特段明らかにしているわけではない。対照的に、次の意味単位(14)は、制約と混乱の多い入院状態の特質について、食事だけがそこに日常性と枠組みの感覚を与えることをもって明らかにしており、この経験についてサービスの改善を示唆しうる重要な何かをはっきり示している。その次の意味単位(15)も示唆的で、立ち入った質問が困惑を招きかねないことを明らかにしている。ただし、この箇所で(また後の意味単位18で診断を知らされた場面で)研究参加者が正確に何を言おうとしたのかは明瞭ではない。非公式のインタビューでわかったのは、感染源が行きずりの性的パートナーだったに違いないと本人は認識しており、そのため診断を受けたときに複雑な心境に陥ったということだ。筆記による記述にともなう制約のひとつは、研究参加者に質問ができないことにある。多くの研究で、筆記による具体的記述を明確化する補足的なインタビューを行っているのも驚くにあたらないだろう。とはいえ、この事例では、必要とされる理解を得るには簡単な非公式インタビューを行うだけで十分だった。ここでの感染経路に性的接触の可能性が含まれると知ることができたので、この参加者が自分の病気について質問されたとき、とりわけ傷つ

きやすく感じたに違いない、というより深い理解を得ることができた。再度指摘するが、ここでの洞察は、この種の感染症を扱うさいに、医療従事者が患者とやりとりする方法を改善するうえで重要な示唆を与えている。本事例では、他の多くの洞察も示されている。たとえば、研究参加者のパートナーが症状の深刻さを認識して自ら行動を変えるうえで、入院が重要な契機になっていること（意味単位17）。病気が進行性のもので、立ち入った質問を続けざまに受けねばならなかったこと（意味単位20）。健康についての参加者自身の主観的感覚を検査が確証した道筋（意味単位21）、そして、彼が出会った医療スタッフは彼が望むほどの配慮をしてくれなかったという全般的な感じ（意味単位22）。私は意味単位を厳密かつ体系的に特定しようとしたが、このプロセスは主観的なものであり、他の人は異なる意味単位を見出すかもしれない。現象学的分析では、どんな細部も見逃さないようテクストを通じて体系的な作業を行いながらも、そこに創造性が求められる。

　最後の（第四）段階では、心理学的意義のある意味単位に取り組み、A型肝炎に感染したこの研究参加者の経験について、個別の構造記述を作成する（分析ボックス6.2参照）。冗長な箇所を取り除いていくが、そのさい、この経験が持つ不変の特性についての記述を試みるため、個人に特有のヴァリエーションも一緒に取り除く。同じ出来事を経験している誰にとっても適切になるような記述にするのである。人々の経験には重大な違いもあるだろうから、これがいつも可能というわけではもちろんないが、記述的現象学は通常、可能な限り本質的構造を提示しようとするのである。

◀ 分析ボックス 6.2 ▶

急性感染症の経験についての個別の構造記述

　本研究の参加者にとって、A型肝炎の経験はなじみのある症状とともに始まった。当初、その症状が前日の自分の行動に由来すると彼は考えたので、心配もしていなかった。しかし症状が治まらないので、重要な他者との話し合いを経て自己診断を改めざるを得なくなった。より持続的な病気に罹っているという結論に達したものの、なじみのある病気だという考えは変わらなかった。時間が経っても症状が改善しなかったので参加者は医師の助言を求めたが、真剣に扱ってくれなかったと感じたし、症状の重大さを医師が把握し損ねたように思えて落胆した。さらに時間が経つと、参加者は何かが非常に悪いに違いな

いと思い始め、再度医師の助言を求めた。前回とは異なる医師の診察を受け、今度は自分の症状の重大さを認識してもらえたと感じたが、そのことで彼はただちに入院することになってしまった。入院中、数多くの医療的介入を経験したことで、参加者には病院が制約と混乱の多いところに思えたし、定期的で日常的な枠組みを与えてくれたのは食事だけだった。病院で質問を受けたとき、彼にはそれが立ち入っていて非難めいていると思えた。病気が自らの不適切な性行為によってもたらされたのだと責任を問われているように感じたためである。可能な治療法もなかったため、彼は退院を許されたが、自宅のほうがずっと快適に感じられた。入院したことで、参加者のパートナーも病状の深刻さをようやく十分に認識するようになり、また、より支持的で共感的になったと参加者には感じられた。最終的な診断を受けて彼は相反する気持ちになった。自分の疾患が急性のもので長期的な悪影響はないと知って安心したが、可能性のある感染ルートが明らかになったため、いくぶん汚らわしくも感じたのだった。退院した後もなお、参加者は自分の病気の感染源についてさらなる質問に答えねばならなかった。正常な検査結果を受け取り、彼自身の健康の感覚を確認できてからようやく、医療専門職のケアから最終的に解放された。振り返ってみると、参加者が出会った医療専門職からは、期待したレベルのケアを受けることができなかったと感じた。

　2人以上の研究参加者がいるなら、彼ら全員の記述に対して上記の分析手順を実施する必要がある。参加者個別の（「状況に埋め込まれた（situated）」と呼ばれることもある）構造記述を作成し終えた後で、個別の構造記述すべてを包括する一般的構造記述を作成するため、より一般的な言葉へ経験をさらに変換する試みを進めることになる。一般的構造記述の例は、本章の研究ボックスに示した論文のなかに見ることができる。それらは多くの点で個別的構造記述と類似しているが、より一般的かつ抽象的であり、個性はより少ない。鍵になるのは、研究参加者全員を通じて不変の経験の特徴を見定め、変化する特徴をそこから切り離すよう創造的に作業することである。

　この作業が含意することもまた重要で、考察する必要がある。この事例では、強調するに値する数々の特徴が示された。第一に、専門家の診断とは対立する自己診断のプロセスがここでは目立っている。所見が明らかにしたのは、急性感染症に罹った人の自己知識（他の日常的な感染症とは違ったしかたで身体的に経験される）と、医療専門職の「専門的」知識の間に緊張関係があるということだ。身体についての患者自身の理解がより尊重され、違った扱いを受けてい

れば、より早期の診断が可能だったかもしれない。ただし、この指摘は、時間をかけるからこそ診断が可能なのであって、症状が潜伏していれば診断に失敗しうるという点と対比して考慮せねばならず、医療専門職による慎重な経過観察が効果的であることも示唆している。また〔第二に〕、感染病棟で過ごすことにまつわる困難も明らかになった。入院を許可されたことで病気の深刻さが（自分にも他人にも）確証されたが、それによって困惑と混乱も生じている。食事の時間は多少とも日常性をもたらす活動であるが、定期的な日々の枠組み（同じスタッフが定時に訪問するなど）を提供する他の方法もまた、入院状況で経験される混乱の感覚を減らすのに効果があるだろう。最後〔第三〕に、A型肝炎に結びついたスティグマ〔訳注：人々によって付与された否定的な烙印〕について、また、可能性のある感染経路とどう関係してスティグマが表出するのか述べておく必要がある。この事例では、感染様式が性的なものだったかもしれないという事実から、研究参加者は自分が「汚れている」と感じ、質問を受けたときもそれが立ち入っていて非難めいていると感じた。A型肝炎のように、感染経路がスティグマ化されかねない感染症について患者に質問するさいは、より敏感な感受性を持って行うほうが、この病気で入院する患者にとってもケアの経験を改善しうるものになるだろう。

6.5　シェフィールド学派の分析

　シェフィールド学派による分析の当面の段階は、上述したものと同じである（Ashworth, 2003b）。すなわち、データ収集に続いて、第一段階、第二段階、そして第三段階のある範囲までは、ジオルジの分析方法に厳密に沿って行う。第三段階では、研究によって、または分析者の狙いに応じて、心理学的な意味の単位に変換してもしなくてもよい。いずれにせよ、分析的に言えば、シェフィールド学派がジオルジの記述的現象学の方法から離脱するのはこの点からである。意味単位がいったん決定されたら、解釈を促進するヒューリスティックとして生活世界の7つの断面を用いて意味単位に取り組むことが必要となる。一般的構造記述を作成することはせず、生活世界の各断面にまたがる個人の経験によりいっそう考察の重点を置く。
　アッシュワース（Ashworth, 2003a,b）が提案した生活世界の7つの断面（自己性、社会性、身体性、時間性、空間性、投企、言説）は、ここでさらに論じるに値するだろう。以上の断面は、フッサール、ハイデガー、メルロ＝ポンティ、サルトルといった現象学および実存主義の哲学者の仕事に由来するものである

(2章、3章参照)。経験にともなうこれらの本質的諸相を語ったのは彼が初めてではないし、空間性や時間性といった特定の側面について他の著者も述べていることはアッシュワース自身も認めている。ただし、あらゆる経験にともなう固有の側面として全特徴を実存主義者たちが指摘したわけではないというのが彼の主張である。アッシュワース（2003a）はまた、「死へ臨む存在」[1]のように、より思弁的特徴と思われるものは除外すべきだと強調する。メルロ＝ポンティが7つの断面の一次的源泉となっており、アッシュワース（2003a,b）は彼の著作から引用を交えて各断面を記述している。簡潔に説明すると、自己性は、人の主体感、存在、発言に影響を与える経験の側面に言及するものである。ここで言う自己性は個人的な何かではない。むしろ避けがたく社会的な何かであり、相互作用する人々の間で生じてくるものである。社会性は、ある状況が人と他者との関係に影響するしかたのことである。というのも、本来あらゆる状況が間主観的なものだからである。身体性は、性別、セクシュアリティ、障害などを考慮しつつ、経験において身体がどのような特色を示すかに関わる。時間性は、私たちがつねに時間において生きているそのしかたと、時間感覚が記述された経験を支えるのにいかに役立っているかに言及する。空間性は、空間と場所についての人の理解に関係する。投企は、人が傾倒し、自分の人生の中心にあると信じている活動を実行する能力に関係するような、状況の側面である。最後に、言説は、ある経験を記述するためにより広範な文化から引き出された言葉の集まり（語り）に関連する。シェフィールド学派は、「言語は存在の家である」とするハイデガーの議論を認識しているものの、意識主体に注意を向けるのではなく経験に焦点を当てており、生活世界を言語へと還元するいかなる試みにも強く抵抗している。

　これら7つの断面がテクストを、特に、分析の最初の三段階で特定された意味単位を分析するのに用いられる。7つすべてが必ず登場するわけではないし、すべてが等しく重要なわけでもない。しかし、これらは生活世界の本質的特徴であり、つねに理解のための手がかりとすべきである。個別の記述は7つの断面を用いて検討され、次に共通性が特定される。ただし、大半の記述的現象学とは異なり、その現象の**本質**（不変の特性）を取り出そうとはしない。代わり

---

[1] ハイデガー（1927, 邦2013）による議論があるものの、シェフィールド学派では生活世界のこの側面〔訳注：人間実存が死によって限界づけられていること〕が、ここで描かれた他の側面よりも思弁的であって直接には明白でないとしている。ただし、私の考えでは、この区別を認めるのは困難であり、「死へ臨む存在」を生活世界のもう1つの断面として分析者が認識できることもあると思われる。

に、変化するものと個別の経験を取り込むことを優先しつつ、分析過程を通じてデータから共通の構造が現れうることを認識するのである。シェフィールド学派の研究例として、研究ボックス6.3を参照すること。イギリスの大学生にとっての剽窃の意味に関する研究になっている。

◀研究ボックス6.3▶

学生の生活世界と剽窃の意味
Ashworth, P., Freewood, M. & Macdonald, R. (2003). The student lifeworld and the meanings of plagiarism. *Journal of Phenomenological Psychology*, 34 (2), 257-278.

　剽窃は特に高等教育においてますます大きな問題になりつつある。現在、この問題への対策が進められているものの、学生自身にとって剽窃が何を意味するのか理解しようとする取り組みはなされてこなかった。ピーター・アッシュワースとその共同研究者たちによる本論文は、イギリスのある大学の学生12名にとっての剽窃の意味を研究することで、この問題を是正しようとしている。半構造化インタビューが実施され、そのトランスクリプトはデュケイン学派の方法を用いて分析された。ここでは、研究参加者による記述の全般的な意味を確認するよう読み込んだ後で、意味単位を特定するべくトランスクリプトに取り組んだ。この当初の段階が完了してから意味単位が検討されたが、そこでは、提示された意味をさらに探求するヒューリスティックとしてアッシュワース（2003a,b）の提案する生活世界の7断面（自己性、社会性、身体性、時間性、空間性、投企、言説）が用いられた。著者らは（すべてではなく）いくつかの断面によって構造化された3人の個別の記述を選んで提示し、7断面すべてにわたる剽窃の共通構造を考察した。諸断面は発見的なものであるため、トピックに応じて関連性の深い項目とそうでない項目がある。この事例では、自己性、言説、社会性、投企の観点から個別の記述が検討された。本論文で考察された3件の多様な剽窃の記述は、それぞれ次の点を強調していた。それは、剽窃がたまたま見つかってしまう場合の恥ずかしさから来る不安、他者への依存から自立と独自性へ移行する学問的発展、何が剽窃かを理解するうえでの分野ごとの差異、である。しかし、全体に明らかになったのは、アカデミズムの文化に学生を導き入れ、なぜ剽窃が問題であり、どのような文脈でそれが問題になるのか彼らに理解させることの必要性である。こうした所見に照らしてみると、全学的なガイドラインを作成するよりも、個別クラスの教員がそれぞれ

> の学問分野の要求に合わせてこの問題に取り組むよう奨励し、文化の普及に焦点を当てるほうが適切だと思われるのである。

　このように、シェフィールド学派の研究は他の記述的現象学の形態とは異なるしかたで執筆して提示する必要がある。序論と方法の節には標準的な質的研究の書式が用いられるが、一般的構造記述を行わないため、シェフィールド学派の論文執筆はこの種の要約報告で終結することにならない。代わりに、この方法論を用いる研究では、1件または2件の個別的経験の記述を提示し（時系列に沿って提示してもよいし、生活世界の断面の諸観点に沿って提示してもよい）、生活世界の諸断面によって構造化されたより一般的考察の節を続ける。特定のトピックにとって関連の深いものとそうでないものがあるため、必ずしも7つの断面すべてを用いなくてもよい。続けて、適切な結論が述べられる。記述的現象学のこのヴァリエーションについてのさらなる情報は（ジオルジの方法とともに）、章末の読書案内に見出すことができる。

要　約

　記述的現象学的心理学は、現象学的哲学を心理学に応用した最初の試みに付された名前である。このアプローチはフッサール哲学への忠誠を保っており、エポケーと現象学的還元を通じて本質を探究する。本章ではジオルジの仕事に焦点を当ててこの方法の詳細を示し、急性感染症の経験について取り組んだ研究例の全体を示した。データは通常、筆記による具体的記述または半構造化インタビューを通じて収集される。ジオルジの記述的現象学の方法には、次の4つの段階がある。全般的意味をとらえるための読み込み、意味単位の特定、意味単位の心理学的意義の評価、意味単位の総合と構造記述の提示、である。テクストは体系的に意味単位へとコード化され、その後で心理学的意義の評価へと進められる。このように進むことで、分析者は、意味単位を総合して経験の個別的構造記述を作成するとともに、個々人の感受した意味からより一般的な意味へと移行してゆく。このプロセスはまず1事例で実施され、その後他の事例すべてで繰り返される。この方法のひとつのヴァリエーションとして、シェフィールド学派について説明した。このアプローチは、生活世界の諸断面（自己性、社会性、身体性、時間性、空間性、投企、言説）を横断してデータを検討することで、意味単位の分析を補完するものである。記述的現象学的心理学は現

象学的心理学の最初のアプローチのひとつで、現象の詳細な記述を生み出すために使われ続けているが、解釈派のアプローチ（7章で論じる）ほど人気のあるものではない。

さらに学びたい人のために

- Ashworth, P. (2003). An approach to phenomenological psychology: the contingencies of the lifeworld. *Journal of Phenomenological Psychology*, 34 (2), 145-156.
  この特集号に含まれるすべての内容がシェフィールド学派に関するものになっている。多くの現代的課題に適用されたシェフィールド学派の方法とその変形版を網羅している。
- Giorgi, A. (ed.) (1985). *Phenomenology and Psychological Research*. Pittsburgh, PA: Duquesne University Press.
  デュケイン学派の方法の古典を記した声明文であり、この方法を用いた多くの初期の研究について詳細を伝えている。
- Giorgi, A. & Giorgi, B. (2003). Phenomenology. In J. A. Smith (ed.) *Qualitative Psychology: A Practical Guide to Research Methods*. London: Sage.
  現象学的心理学におけるデュケイン学派のアプローチについての、より最近の記述。
- Moustakas, C. (1994). *Phenomenological Research Methods*. London: Sage.
  ムスタカスによる記述的現象学へのアプローチについて、その哲学と実践にまつわる包括的情報を提供している。

【訳者補足】日本語で読める文献

- A・ジオルジ (1985). 『心理学の転換——行動の科学から人間科学へ』早坂泰次郎（監訳）勁草書房.
  ジオルジが1970年代に発表した2本の論文の邦訳が収録されている。心理学がなぜ人間の生きられた経験をデータとして扱うべきなのか、現象学にもとづいて方法論的に考察されている。
- A・ジオルジ (2013). 『心理学における現象学的アプローチ——理論・歴史・方法・実践』吉田章宏（訳）新曜社.
  ジオルジの確立した記述的方法が包括的に論じられている一冊。特に後半では、方法論的考察を展開するとともに、意味単位の分析方法を具体的に例示しており、大変参考になる。記述的現象学的方法を学ぶうえでの決定版。

7章　解釈と意味
——IPA、解釈学的現象学、鋳型分析

【この章の目的】
- 解釈派の現象学的心理学を紹介する
- 解釈派の現象学的分析を進めるうえで生じる実践上の課題（データ収集、方法、分析、結果の提示）を概観する
- 解釈派の現象学を用いた分析の包括的な研究事例を提供する

　本章では、新たな3つの現象学的方法として、**解釈的現象学的分析**（interpretative phenomenological analysis: IPA）、**解釈学的現象学**（hermeneutic phenomenology）、**鋳型分析**（template analysis: TA）を紹介する〔訳注：解釈的と解釈学的は日本語ではまぎらわしいが、英語では interpretative と hermeneutic で綴りが異なる〕。主として、後者2つよりも IPA に焦点を当てる。IPA はおそらく、現代イギリスの心理学者の間で最も幅広く知られている現象学的心理学のアプローチである。IPA は、記述的現象学ほど記述を強調せず、主流派の心理学（主として社会・認知）の文献により深く関与する。IPA はテーマ分析やグラウンデッドセオリーのいくつかのバージョンと大差がないとも指摘されるが（たとえば Willig, 2001）、応用心理学者（なかでも健康心理学者）の間では急速に広まりつつある。
　IPA 研究の焦点は、人々がある経験をどのように受け止めるのか、あるいはむしろ、どのような経験が人々にとって意味あるものになるのか、ということにある。すなわち、生活世界が焦点なのである。研究者は、自ら探求することを望む全般的な問いを持っているだろうが、あらかじめ決まった仮説を持って研究のプロセスに入っていくことはない。研究参加者が経験したこととその意味に焦点を当てようとする点で、IPA も現象学的方法に数えられるのである（2章参照）。焦点は明らかに生活世界の経験に置かれているが、これはあらゆる現象学的探求の核心である。IPA は当初、認知心理学とディスコース心理学の隔たりを架橋するべく考案され、記述的現象学的心理学（6章参照）への代案として登場した（Smith, 1996）。すべての IPA 研究の目的は、調査中の

トピックについての研究参加者の見方を詳細に探求することにある。ただし、参加者の理解を分析者が解釈するその道筋に、研究者の役割が認められる。スミスとオズボーン (Smith & Osborn, 2003) は、参加者の意味創造活動を研究者がさらに意味づけようとするという点で、二重の**解釈学**の使用に言及している。研究は帰納的なものであり、先行する理論よりもデータに根ざし、つねに個性記述的であって、他の諸事例や全般的な知見に移行する前に単一事例にまずは焦点を当てるものである〔訳注：個性記述的は法則定立的の対概念で、一般性より経験の個別性を重視する〕。

それにしても、IPA を認知と関連づける傾向（たとえば Smith & Osborn, 2003）は、その方法が現象学による基礎づけを自認している以上、残念なことである。他の評者たちもこの点について懸念を表明している (Willig, 2001)。スミスとオズボーン (2003, p.52) はこう述べる。「心的過程への関心という点で、IPA は認知心理学とも、社会心理学および臨床心理学における社会認知的アプローチ (Fiske & Tailor, 1991) とも共通している」。認知に焦点を当てたいという欲望は、現象学的哲学、また、心身二元論および「機械の中の幽霊」を拒絶する立場からすると奇妙である〔訳注：現象学では意識を内面と同一視しないし、身体から独立した内的領域として心をとらえないのに対し、心理学で言う認知は身体や環境から分離した内的領域とする傾向が強い〕。2 章で説明した通り、経験への関心は、心的過程と行動との関係ではなく、ノエマ－ノエシスという志向的関係に着目した結果生じたものである。認知を語るのは、明らかに、実験にもとづく伝統的な認知・社会心理学と、特に健康心理学におけるディスコース重視のアプローチとの間に IPA を位置づけたいという欲望の現れである。しかしそのことで、IPA を現象学的哲学の上に基礎づけ、また、真に現象学的な方法としてこれを認めるのは困難になる。幸い、実践のさいにこの奇妙な理論的主張はたいした違いをもたらさない。大半の研究者は経験の意味を理解することに焦点を当てており、認知過程について憶測をめぐらすことには反対だからだ。とはいえ、この点は理論的な一貫性のなさを浮き彫りにしており、IPA の方法がさらに発展を続けようとするなら解決せねばならない。私が望むのは、IPA は認知に関係するとの主張をそぎ落とし、その方法を解釈学的現象学の一形態として明確かつきっぱりと位置づけること、後期フッサール、ハイデガー、ガダマーの哲学に根づかせることである。そのほうが今日の IPA の実践の大半をよりよく反映するだろうし、理論と実践の間で求められるリンクを提供することにもなるだろう。そのときまで、多くの IPA 研究者は、これまでと同様、認知心理学との関連づけは無視し、現象学的研究の伝統

に典型的な方法によって研究参加者の生活世界を探求していくに違いない。

これまでに実施されたIPAの研究には以下のような例がある。

- より安全な性行為に関するゲイ男性の考え（Flowers et al., 1997）
- 女性のアイデンティティは母親になることでいかに変化するか（Smith, 1999）
- 精子提供で妊娠することは何を意味するか（Turner & Coyle, 2000）
- 遺伝性疾患患者の間での医療技術の受け止め方（Chapman, 2002）

解釈学的現象学（時に解釈派現象学と呼ばれるがIPAとは混同しないように）は、単一の方法ではなく一群の方法であって、後期フッサール（生活世界論の発展を見た）、ハイデガー（3章参照）、ガダマー（4章参照）の哲学を主たる基盤としている。本章では、最も完成度が高く、よく普及した解釈学的方法のひとつとして、マックス・ヴァン＝マーネン（1990, 邦2011）の解釈学的現象学を集中的に取り上げる。IPAと同様、解釈学的方法も（テーマを探索することで）経験の意味を理解することに焦点を当てる。そのさい、データとより深く解釈的に関わることで、記述的現象学が見出すような本質の探究から離れることになる。ガダマーの仕事はとりわけ現象学的哲学に強く根ざしている。このため、研究者たちは方法を形式化することには全般に消極的で、探求中の現象の文脈から方法が独自に浮かび上がってくるのを見ることを好むのである。

これまでに実施された解釈学的現象学の研究には以下のような例がある。

- 心理療法についてのクライエントの経験（Sherwood, 2001）
- 重度の精神疾患を抱えて生きること（Dahlberg, Drew & Nyström, 2001）
- 卵子提供者になる可能性のある人々の信念と経験の探究（Rapport, 2003）
- 子どもに先立たれる経験の意味（Lydall, Pretorius & Stuart, 2005）

TA（鋳型分析；template analysis）は、IPAに代わる方法としてハダースフィールド大学のナイジェル・キングが開発したものである。TAはIPAほど知られていないが、同じような分析上の厳密さを持っており、似たような研究結果を生み出す助けとなる。それゆえ、経験の一定の側面が持っている意味を探索する研究には適用が可能である。TAもまた現象学的哲学に基礎を置いているが、方法論的に言うと、IPAと同様に基本的には実践上の関心に駆り立てられている。すなわち、ここでの焦点は、それが現実的かつ有益な社会変

革に貢献しうると期待しつつ経験的知見を生み出すことにある。これら2つの主な違いは、TAでは場合によって、あらかじめ決まったテーマのリストを用いて研究を始めてもよい点にある。テーマは、先行研究や分析者の理論的関心に由来するものであってもよい。こうしてテーマの鋳型（template）が構築され、何が生じているか理解する手引きとして鋳型を用いつつデータを検討してゆく。これは固定した手続きではなく、分析者がデータに対応していないと認めれば、鋳型は分析の過程で必ずと言ってよいほど変化していく。それゆえこの過程は帰納的かつ演繹的であり、データに見出されるべき意味と、分析者の既有の、しばしば実践上の関心との間を循環する。すべてのTA研究であらかじめ決まった鋳型が用いられるわけではない。ただし、用いられない場合はIPAの研究とほとんど区別がつかないことになる。

これまでに実施されたTA研究には以下のような例がある。

・糖尿病性腎症の経験（King et al., 2002）
・顔の外見が損なわれることについての、多様な社会的・心理的機能モデルの探求（Kent, 2000）
・緩和ケアのための時間外プロトコルの評価（King et al., 2003）

7.1 データ収集

IPA研究は個性記述的になる傾向があり、分析過程に時間を要するという性質のためサンプル数も少ない（学生の研究計画では5人または6人が標準的）。この点は問題とならない。というのも、より大きな母集団について一般的な主張を行う研究ではないからだ。最大変動サンプリングが一般的である記述的現象学とは違って、IPA研究者は通常ほぼ均一なサンプルを用いる。したがってサンプリングは無作為ではなく目的的であり、限定的なトピックにまつわる限定的な人々の経験について、詳細な情報を集めることに狙いがある。

IPA研究のほとんどが、半構造化インタビューを用いてデータ収集を行う。インタビューは、研究参加者が自分の経験をできるだけ詳しく話すことができるよう設計される。日記を用いる場合もあるが、大半のIPA研究者が用いる方法は半構造化インタビューである。研究者は、調査中のトピックについて数個のオープンな質問から成るインタビュー計画を立てる。ここには、自らの経験のさまざまな側面を振り返って記述するよう研究参加者に求める質問が含ま

れる。たとえば、その経験が自己、家族、友人についての意識に及ぼした影響、その経験への対処のしかたなどである。通常、インタビューは録音し、後で逐語的に書き起こす。トランスクリプトには、研究参加者の回答と合わせてインタビューアーの質問も含める。このトランスクリプトは言葉の意味（単に人々が語ったこと）に焦点を合わせるものであり、間（ポーズ）、言いよどみ、相づちなど、ディスコース分析のトランスクリプトで見られるような細部は含めない。解釈学的現象学や TA でも同様のデータ収集の技法が用いられるが、意味が間主観的に（インタビューアーとインタビューイーの間で）現れるよう、会話調のインタビューを展開することに重点が置かれる。なお、解釈学的現象学では、IPA や TA と比べてより頻繁に、他のデータ収集の形式（日記、筆記による記述、文学の利用など）が考慮される。

最近では、IPA 研究のデータ収集のためグループ討議（時にフォーカス・グループと呼ばれる）を用いる可能性が論じられるようになってきた（Smith, 2004）。グループ討議で収集したデータを分析するのに IPA を用いるのは不可能だという理論的根拠はない。ただし、こうした見解の意味を見定めるうえでなすべき作業が残っている。IPA は他の現象学的アプローチと同様に個人主義的であって、個人の経験を解明することに関心がある。スミス（2004）は、グループ討議のトランスクリプトの分析を二段階で行うことを提案している。最初にグループのパターンを分析し、次に個人の発言に戻って分析するのである。IPA は、グループのデータを分析する方法としてはまだ検証されていないが、理論的発展と経験的調査の双方にとって機が熟しつつある。

7.2 方　法

テーマ分析が IPA で用いられる主要なアプローチである。本質的に、分析者は研究参加者の世界を理解することに関心を寄せるものであり、トランスクリプトを読み通すこと（またはインタビューのテープを聞くこと）に相当の時間を費やしつつ、主なテーマを特定しようとする。分析は単一事例から始まり、それに続く段階へと進む。インタビューアーの質問は除いて、トランスクリプト全体にわたってコメントを作成する。コーディングのために余白を使うので、トランスクリプトには大きな余白を設定すべきである。

第一段階：トランスクリプトを何度も読み返し、特定箇所の意味について左側の余白にコメントを記入する。あらゆる箇所にコメントが必要になるわけではない。コメントは要約でもよいし、（既存の心理学文献の知識にもとづく）連

想や解釈でもよい。ここでの目的は、全般的にテクストに内在する意味にとどまりつつ、解釈的な見解を付すことは少なめにしながら、テクストにおいて生じていることをただ記述することである。この段階は、研究者がテクストのなかで意味をつかみえたという可能性を最大化するために、一度ならず繰り返される。

　第二段階：現れてきたテーマを右側の余白に記入する。最初の書き込み、テクストの特定箇所に含まれる幅広いレベルの意味を反映して、より意味深い言明へと変換される。この段階でのコメントは、より広く、おそらく理論的にもより意義のある関心を反映すべきである。術語〔訳注：各テーマに付与する名称〕はこの段階では固定しない。実際、次の段階でそれらを一覧すると変更すべき場合が多いのである。

　第三段階：テーマを紙の上で1つずつ並べていく（データ上の時系列に沿った順番で）。分析者はここで、テーマ間に共通のつながりを見出し、より分析的にまたは理論的にそれらを整理することを試みる。一緒にまとまるテーマもあるし、さらに分割が必要なテーマもある。他を包摂するより上位のテーマとして現れるものもあるだろう。分析者は、テーマを整理して再構築するとともに、浮上しつつある分析結果をチェックするべく引き続きテクストに立ち返ることが求められる。

　第四段階：分析者はこの段階で、一貫した秩序のあるテーマ表を作成する。諸テーマを的確に名づけ、それぞれのテーマは、特定箇所の引用を通じて元のテクストと結びつけておく（ページ番号や行番号を記入する）。上位テーマにうまく適合しない場合や分析に大差を与えない場合、それらのテーマを削除してもよい。

　以上の段階を1事例でひと通り遂行したら次の事例に進む（複数の事例を扱っているのであれば。単一事例で分析を提示してもまったく問題ない）。再度ゼロに戻って第一段階から始めてもよいし、最初の事例の分析で得たテーマ表を用いて、次の事例の分析の手がかりとしてもよい。ただし後者の場合は、分析を進めるに当たって、1例目で作成したテーマ表を適用したり修正したりするさいに注意が必要である。これらの修正点は、1例目のトランスクリプトと照合し、順次、2例目、3例目と続けてゆく。その研究で扱う全事例を表現する最終的なテーマ表が完成するまで、この手順を事例ごとに繰り返す。事例間を移行するさいは柔軟性が重要である。再スタートして完全にテーマを再編集することが求められたり、1事例で関連するように見えたが他の諸事例では関連性がないテーマを削除したりすることが求められるからだ。このプロセスは周期的に

繰り返され、絶えずデータに立ち返りながら意味を吟味し、解釈を確かめていく。

研究ボックス7.1を見てみよう。脳卒中患者の介護者の経験に関するIPA研究の例である。このボックスでは、研究結果についての簡潔な記述と共に、そこで用いられた方法の詳細を記載してある。方法は、この種の理論的観点からの研究としてはかなり典型的なものになっている。本章や前後の章の研究ボックスでは、それぞれの方法で達成できることをさらに理解できるよう簡潔な研究要旨を載せているが、これらは、さらに文献を読むことへの勧めでもある。研究ボックスに要約された研究の原典に当たると、本書で説明している研究方法の理解が大いに深まるだろう。

◀研究ボックス 7.1▶

脳卒中患者のケアにあたる人々の個人的経験 ―― 解釈的現象学的分析
Hunt, D. & Smith, J. A. (2004). The personal experience of carers of stroke suvivors: an interpretative phenomenological analysis. *Disability & Rehabilitation*, 26 (16), 1000-1011.

　脳卒中を患った人々には、身体面や生活面だけでなく、当然ながら社会面や感情面にも影響が及ぶ。本論文では、こうした後遺症の重要性を認めつつも、これまでほとんど探求されてこなかった領域、すなわち患者を介護する家族の経験を探求している。リハビリテーション病棟に入院している脳卒中患者の家族のなかから、4人の研究参加者が選ばれた。彼らにインタビューを実施し、その内容を逐語的に書き起こし、解釈的現象学的分析（IPA）が行われた。先に本文でも述べた通り、この研究でも繰り返し読み込みが行われ、事例ごとに現れた諸テーマが体系的にコーディングされた。研究参加者全員にとって意味を持つテーマ以外は、ここでは省略されている。見出されたのは、3つの上位テーマ ―― 不確実性、自分自身への影響、関係の強さ、である。第一のテーマ（不確実性）は、家族介護者にとって未来が不確実であることに関わる。愛する家族が回復するのか否かに関して、今後どうなるのか家族は知ることができない。参加者全員が親族という立場を重大なものとして受け止めていたが、彼らはさらに、脳卒中が自分自身に起こった場合の自身への（実践的および情動的な）影響についても口にしたのだった（自分自身への影響という第二のテーマ）。最後に、彼らが自発的に語ったのは家族内での関係の強さ、また病院スタッフとの関係の強さであり、自身が直面する状況を乗り切るうえでこうした

> 絆がいかに不可欠だったかということである。本研究で明らかにされたのは、脳卒中に苦しむ患者の家族介護者は、本人がまだ病院に入院しているときでさえ、非常に大きな苦悩と困難を経験しているということである。また、以前とは異なる生き方に適応するのに患者本人が相当な時間と支援を必要とするのと同様に、患者の家族にも時間と支援が必要なのである。

7.3　研究結果の提示

　IPAの研究は、かなり伝統的な質的報告の書式において書き上げられる。まず、トピックに関する心理学の既存文献のレビューから始め、研究上の問いを枠づける。方法に関する節を続け、分析方法としてのIPAに関する情報、サンプルの詳細と合わせて分析手順を提示する。分析に関する節がこれに続き、一連の大きなテーマ（通常は4つ以内）、必要に応じてサブテーマを提示しつつ所見を述べる。テーマを紹介するさいは、それに続けて十分な量の引用を提示し、データと分析の結びつきを読者が見て取れるようにする。テクストの意味を解釈するうえで、諸テーマの意味は適切な心理学の文献に関連づける。一般的なIPAの報告では、研究とその主要な結果を要約しつつ結論を述べて終わりにする。また、過去に例がないなら、その研究の示唆することを論じるとともに、そのトピックに関する将来の研究への提案を述べる。末尾には、大半の研究を書き上げるときと同様、引用文献と、必要に応じて付録の節も置かれる。鋳型分析や解釈学的現象学の報告も、類似する書式で執筆する場合が多い。ただし、解釈学的現象学の研究では、語りにおいて生活世界を明るみに出そうとして、そのトピックに命を与えるべく創造的に書く場合が多い〔訳注：ヴァン＝マーネンの方法では、研究結果を創造的に書くことで、改めて生活世界の細部に発見的に迫っていくことが推奨される。9.5参照〕。もうひとつのIPA研究として、研究ボックス7.2を見てみよう。今回は、ゲイ男性たちの、ヒト免疫不全ウイルス（HIV）への感染リスクに関連する行動についての研究である。

◀研究ボックス 7.2▶

「カミングアウト」と性的デビュー
── HIV リスク関連行動の社会的文脈を理解する
Flowers, P., Smith, J. A., Sheeran, P. & Beail, N. (1998). 'Coming out' and sexual debut: understanding the social context of HIV risk-related behaviour. *Journal of Community and Applied Social Psychology*, 8, 409-421.

　過去およそ20年のあいだHIV／エイズについて相当な知識が集積されてきたが、それとは不釣り合いに、ゲイ男性たちはこの病気の影響を受けてきた〔訳注：本書は2007年に刊行されている〕。ポール・フラワーズと共同研究者たちによる本論文は、この問題をまぎれもなく現象学的に取り上げたもので、イギリスの小さな街に住むゲイ男性たちの「カミングアウト」における社会的文脈と、それがHIVリスク関連行動に与えうる影響に特別な焦点を当てている。ゲイを自認する男性20名に半構造化インタビューが実施された。最初彼らは筆頭著者からのコンタクトで、その後芋づる式に（各インタビュイーが新たにインタビュー可能な人を紹介していく）募集された〔訳注：このやり方は雪だるま式にサンプル数を増やすもので統計調査では「スノーボール・サンプリング」と呼ばれる〕。正確な代表サンプルを集める試みはなされていないが、それは、「隠れた（'hidden'）」人々を扱う場合、全体的な人口数の規則を求めることが不可能であって、代表サンプルという考え方にたいした意味がないからである。代わりに、研究に自発的に参加した男性たちの経験に焦点が当てられた。彼らは、人口統計上、自らが生活するより広いコミュニティを相対的に代表していると思われるのである。用いられた分析法はIPAである。インタビュー・データから3つのテーマが浮上し、すべてそこからの直接の引用で名づけられた。「カムアウトしてみるとまったく違う世界みたいだった」「英語をしゃべるのからフランス語をしゃべるのに変わったくらいの変化」「おとぎ話のロマンスじゃない、実際に自分の人生を危険にさらすってことなんだ」。1つ目のテーマは、開示と自己受容に続いて起こるプロセスに関するもので、彼らが初めてゲイ男性として生き始める段階である。これは彼らの多くにとって公の性環境をめぐって展開するもので、その環境で彼らはゲイのセックスについて学び、ゲイのコミュニティに招き入れられる。公の性環境を通じてであれ、商業的なゲイの現場を通じてであれ、ゲイのコミュニティへの参入はまっすぐに進むものではない。そこで2つ目のテーマは文化化（enculturation）〔訳注：言語や行動を取り込むことで特定の文化を身につけてゆく〕のプロセスに関わってくる。文化化においては適切な言語使用が特に重要で、彼らは

「ゲイらしい話し方（gay speak）」を学ばねばならなかった。最後に、本論文は早期の性的接触の現実を描いている。そこではゲイ文化の大量の知識が習得されるのだが、新参者は性の知識を欠いているためとりわけ無防備である。安全なセックスの知識を持っている男性でさえ、最初の性交渉でコンドームを使い始めるのは不可能だった。もっとも、こうした男性たちにとって最大の関心事は HIV ／エイズではなく性行為である。性行為は重大かつ象徴的意味に満ちており、それは男性たちが生活する特定の社会的文脈と本質的な結びつきを持つ。多くの先行研究と違ってこの論文が強調したのは、「社会・性的資本（socio-sexual capital）」（Bajos, 1997）の重要性である ── 個人が「カミングアウト」のプロセスとともに性的接触へと持ち込む何かこそ、ゲイ男性たちの社会・性的資本の鍵となる特質である。言い換えると、アイデンティティ形成や、ゲイ同士でのセックス時のコンドーム使用（または不使用）にとって、社会・伝記的文脈が価値ある情報を提供しているのである〔訳注：カミングアウトすることでゲイとして生きることができ、特定の性行為を慣習とするコミュニティへの参入も可能になる〕。この調査の焦点は HIV にあったものの、次の点は特筆に値する ── 「孤独、絶望、寄る辺なさ、邪魔者という彼らの経験、さらに、参加者の間で見られた 2 件の自殺未遂は、HIV 感染というどこか遠い脅威よりもはるかに強く彼らの人生を象っていた。この点は、ゲイ男性の人生というより広い文脈で性的健康を理解することの重要性を示すものである」(p.419)。

7.4 IPA の実践例 ── 人間関係における不信の経験

ここで用いるデータは、現象学的分析の共通点と相違点を探求するために計画された共同研究（Finlay et al., 2006）から採られている。現象学的心理学者のグループが不信について共同研究を行ったのだが、グループで分析の共同作業をする前に、私たちは各自でインタビューを行い、それに個別の分析を加えた。結局、私たちは 1 件のインタビューだけに集中したので、ここで紹介するデータは使用しなかった。このインタビューは、ある中年女性の学生に私が行ったもので、前もって研究への参加を求め、実施前に、彼女自身にとって不信が問題となった出来事を思い起こしておくよう依頼した。募集方法が正統なものではなかったため（特定のトピックにもとづいて自主的に参加を決めたわけではないため）、そのトピックについて論じられるよう準備してもらったのである。

分析の最初の段階はインタビューの書き起こしであり、その過程でデータは徐々に身近なものになる。IPA で通常行う通り、書き起こしには簡単な書式を使い、内容を逐語的に文章化し、語りの付加的な特徴（発声、沈黙、口ごもりなど）は含めていない。データボックス 7.1 が、不信に関するインタビューを書き起こしたものの一部である。長くて詳しいインタビューだったため、トランスクリプトは一部省略してある。しかし、データボックス 7.1 は分析に十分な情報を（一貫した形で）含んでおり、ここでの分析例の基礎にできる。氏名や地名は、特定しうる情報を取り除くため、全体を通して変更を加えた。

◀データボックス 7.1 ▶

不信に関する半構造化インタビューのトランスクリプト

研究参加者 1 ― 女性，白人，イギリス人，37 歳，学生

I：先週お伝えした通り、トピックは不信（mistrust）です。私たちは、不信感を抱くという経験について、理解を深めたいと思っています。……えー、私たちの大半はこれまで生きてきたなかで、不信を何らかの形で経験しているものです。ですから私は、あなたが経験した不信に関心があって、それをもっと理解したいんです。

R：ええ、はい。

I：では、まず最初に、えーっと、どんなことでも構いませんから、あなたの経験を話していただくことから始めましょうか。あなたが……えー、あなたが実際に人への不信を経験した場面です。

R：はい、わかりました……うん……不信について振り返っていちばんはっきりしている経験のひとつは、かなり前のことで、私とジョンが関係を持ち始めた頃のことです。私たちはしばらくの間一緒に暮らして、最初の子のスチュアートが生まれたんですけど……ええ……それで、彼がシティセンターで騒ぎに巻き込まれたんです。

I：スチュアートが？

R：いえいえ、ジョンです。

I：そうですよね！

R：ええ、で、何が起きたかというと……うーん、長い話になるんですけど……ええ、ある夜彼が若い人たちと出かけたら、別の若者グループと喧嘩になって、ジョンはお腹と顔を刺されてしまったの。

I：ああ、大変でしたね。
R：でも……えーっと……そのときの出来事ですけど、何人かを実際に刺した若者は裁判を受けて刑務所行きになったんです。ただその頃は……えっと……町の中心部でトラブルがたくさん起きていて、トラブルに巻き込まれた人……というか、喧嘩に加わった人はみんな、シティセンターでアルコールを売っているお店から締め出された。それで、ジョンも町から締め出されたんです。
I：そうだったんですか。
R：ええ。
I：それはシェフィールド？
R：はい。
I：わかりました。
R：だから、それ以来、私が町に出かけるときはいつも彼がいない、ということになってしまったの。この事件は彼に心理的なダメージを与えたと思います。自信をなくしたでしょうし。彼は6か月もこの状態を強いられるし、私たちの関係も不確かになり始めてたわ……だって、それまでは一緒に町に出かけていたんですから。その頃私たちはまだ22と22、いや、私が23歳でジョンが22歳だったと思います。
I：だとすると、どれくらい前になりますか？
R：えー……それはだいたい……ああ、もう15年近くも前になります。
I：なるほど、わかりました。
R：ずいぶん昔のことですけど、今日のことのようにはっきりと思い出せます。それにその後で起こったことも。えっと……ジョンは私に、町へ飲みに出かけるなとは決して言わなかったし、私はそれまで彼との関係に一切疑いなど持ったことはなかったんです……それで、ある夜のことですけど、私は何人かの友だちと町へ出かけました。友だちがその日を決めて、場所も決めました。私が決めたんじゃありません。ナイトクラブから私が出てきたとき、彼がそこに立っていました。彼はずっと外出していなくて……えっと、スチュアートは私の母が預かってくれていました。彼はまさしくそこに立っていて、雷みたいな顔をしてました。私が彼に、何をしてるの？、と聞いたら、彼は腕時計を見て、今は家にいるべき時間だろ、と言い放ちました。私たちが住んでいた場所からそこまで3マイル半はあるのに、歩いてきていました。彼は友だちの家に寄って、私たちの関係がうまくいっていないことを話していたに違いないの。それで、ナイ

トクラブまでやって来て、私が誰かと一緒に出てくるかどうか見てみようと思い立ったんでしょうね。信じられませんでした。それまでこんな仕打ちをジョンから受けたことはなかったですから。で、そのときはそれで済んだんですけど、その後状況が悪くなりました。私はネクストというところで働いていて、そこのマネージャーの一人がちょっと私を気に入っていたんです。私は何の気なしにそのことをジョンに話しました……ウソみたいな話だけど、ショーンが私を気に入っているみたいなの、と話したんです。私が言いたかったのはただ、仕事のときに彼が私に良くしてくれるということでした。誰かが私を好きとかそういうことを一度も思ったことはなかったし、だって私そんなに自信もなかったし。私が言ったのは、ただ彼が言葉どおり親切で、いい関係だった、ということ。何週間か後に職場の友だちが私に電話をかけてきて、彼女が外出したときにショーンと話したよ、と言ってたんですけど、その電話をジョンが2階で聞いていたなんて思いもよりませんでした。それでショーンが言ってたって彼女が言うんですけど、それがまた彼女が言ったことのなかでも最低だったんです。というのも、私とジョンに何かあったら、私のためにショーンが来てくれるって言うんです。私はもう地獄にいるみたいでした。わかるでしょ。私はその発言が信じられないし、ジョンがそれを聞いていることさえ知らないんですよ。でも、電話が切れる音がしたら彼が嵐のように階段を下りてきたの。それで彼は電話を床に投げつけ、私たちは激しい口論になりました。私は何にも、何にもしていないのに！　彼はそれをまったく信じようとしないし、そんな彼を私も信じられませんでした。私はほんとにほんとに頭にきて、実際それ以来、男の人と働いている間に起こったことは、一切ジョンには話さなくなりました。もし、もしですよ、私が誰かと一緒にいたとか言ったとしたら、ジョンはそのことで病的に疑い深くなってしまうのが私は怖かったし、彼を怒らせるのも嫌でした。それ以来、何かと制約が多くなりましたし、人との関係ってこういうことではないでしょう、って神様に問いかけるようにもなりました。それはそれは本当につらくて大変なことでした。彼は、彼は……私は何もしていないのに、それでも彼に信じてもらえないんですから。

I：そうだったんですか。あなたは今そのことを過去形で話しましたね。その後事態は変わりましたか？　それはつらくて、大変なことだったわけですけれども。

R：ええ、そうです。だってそのときの私たちといったら……ええ……私も本

当に取り返しのつかないことを言ってしまったんですもの。
I：わかりました。よろしければ、話の最初にもう一度戻ってもよろしいでしょうか。まず……
R：うーん……
I：最初はこうでしたよね……あなた方の関係が始まった頃、彼が町で刺されるという恐ろしい出来事があったと。
R：そうです。
I：そして締め出された。それ以前のことをあなたは憶えていますか？　彼があなたを信頼しているときは状況がどのようなものだったか？
R：そのときは良かったんです。私なんです。問題だったのは。
I：あなたは彼を信頼していなかったんですか？
R：ええ……だって彼は、彼は本当に人気のある人だし、私が彼と知り合ったときも人気があった。彼は……そう……かっこいいし、そう、彼は見た目もとてもいいと思います。それに……思い出しました……彼と私はそれぞれ別で飲みに出かけていたけれど、いつも町で偶然出くわしていたんです。だから、それぞれがお互い何をしているか知っていたわ。彼はたまたま私がある男性と一緒にいるところを見かけたんだと思います……それで……私はその男性を追い返したから、私が何もするつもりがないことはジョンにわかったし、彼はそれを見ていたし、そこにずっといたんだから、何も起こらなかったことを知っていたと思います。
I：その後、その件については話しましたか？
R：ええ、笑って話しましたよ。ジョンは私がその男性を叩こうとしていると思ったとか言って、私はもし彼が離れなければそうしたかもね、なんて冗談を言いながら。だからジョンは、私がその男性に興味がないというのをわかって、とても安心したんだと思います。嫉妬深かったのは多分私のほうです。彼の友だち、いや、彼のガールフレンドだと私が思い込んでいた人が、彼に近づいて行くことがありました。
I：ほう。
R：私は病的なほど疑い深くて、少しかんしゃくを起こしていました。実際、それは時々手が付けられないほどで、彼に近づこうものなら誰でも脅してました。一度スイッチが入っちゃうと完全に終わりだったんですよね。
I：その頃のことを思い出せますか……えー……あなたが嫉妬深くて彼を信頼していなかった頃の、あなたの状況です。それは、彼を信頼していなかったのではなくて？

R：いいえ、私はその女の人を信頼していなかったんです。
I：あなたは他の人々を信頼していなかった、ということですか？
R：ええ。女性ってどういうものか知っているでしょう？　彼にもよく言っていました。女の人が……女の人が涙を流すと、男の人はみんな優しくて感傷的になるでしょ。町へ飲みに出かけていたときのことをまた思い出したわ……あの……ジョンが親友と、その親友の彼女と出かけたんです。すみません、これは……
I：話して構いませんよ。
R：彼は、ポールっていう友だちと出かけてました。ポールの彼女リンダは、彼女の友だちと出かけてた。そして、いつもの町のパブで私は全員を見かけました。そのとき私は自分の友だちと一緒でした。えっと、そのことは別に何とも思わなかったけど、それでジョンはティクルズで会おうと私に言ったの。シェフィールドにあるナイトクラブです。そこで後で会おうと。私がそこへ行ってみたら、そこにはポールがいるのにジョンがいませんでした。その頃のポールはアルコール依存ぎみで、真夜中になる頃には自分の居場所さえわからなくなるほどでした。それで、リンダがジョンのことを気に入っているのも私は知っていました。というのも、彼女が以前他の友だちに「何をぐずぐずしてるの？　ジョンはサラと無駄な時間を過ごしているのに」と言っているのを聞いたから。私は少しイラっとしました。
I：ふーむ。
R：それで私はそのパブの中で、立ったままポールを見て考えてました。彼はリンダの友だちといたんです、自分の彼女の友だちと。私はポールがその子と寝たのを知ってたわ。
I：なるほど。
R：そう。それではっきりと頭の中で警報が鳴って思ったんです。「彼はいったい全体どこにいるの？　どこへ行ったの？」って。そして私はあと 10 分だけ待とうと思いました。ええ……ジョンはどこにいるんだろうと考えながら。彼を探しに行ってくると友だちに言ったわ。そう、私は彼が角を曲がったバーにいることに気づいたの。外に出ると狭くて暗い路地のようになっていて、そこに彼がリンダと歩いてきたわ。腕を彼女の腰に回し、彼女は泣いてた。私はカンカンに怒って、彼女に飛びかかった。私は完全に……
I：彼女に？
R：そう、彼女に突っかかって行ったわ。大声で叫んだけど、私は彼に怒って

いたんじゃなくて、彼があまりにも騙されやすいことに怒ったの。バカだから。でも私は彼女がどんな女なのかわかってた。彼女はずるがしこい女なのよ。だから、この涙、わかるわよね、ポールとの関係がどれほど悪いかってことにしても、ジョンの同情を引き寄せるためだったのよ。

I：そう、それでジョンが彼女の腰に手を回していて、彼女が泣いているのを見たとき、まさにそのときにあなたが直接感じた気持ちは何ですか？　怒り、それとも？

R：うーん、怒りだと思うわ。ええ、とても変な気持ちでした。だって、私が彼に不信を抱いているなんて感じたことはないと思ってましたから。

I：そうなんですね。

R：だって彼はそんな人じゃなかった。

I：なるほど。

R：彼はそんな人じゃなかった。今だってそんな人じゃないです。

I：ええ。

R：いいえ、やっぱりただの怒りじゃないと思います。深いところでは、私は彼がそんなことしないとわかっていて、信頼しているけれど、でも時々考えるのは、私がそう仕向ければ彼は現実に裏切るかもしれない、ってことです。

I：ええ。だからあなたは彼を信頼していて、彼がそんなことをするとは思わないわけですね。でも、状況によっては……

　　　　　　　　　[……省略……]

R：だって、信頼って、自分に近しい存在に向けられるものじゃないですか。もし、私がジョンに、あなたの人柄が疑わしいと言ったとしますよね。それはちょっと表面的で冷たく聞こえます。私の言いたいこと、わかります？

I：ええ、つまり信頼と言うのは……それは……

R：信頼というのは、とても親密な人間関係のなかにある何かだと思います。愛している人を信頼するんだし、愛している人への信頼を失うんです。でも、相手がよそ者だったとしたら信頼が生じることさえなくて、あるのは懐疑だと思います。相手の言うことが疑わしく感じるとか、相手を信じないとか、そういうことにはなりますけど、よその人に信頼を置くことはないでしょう。

I：わかりました。ええ。ただ、仕事上の人間関係で誰かを信頼するといったことはありませんか？　仕事をうまく進めるうえで相手が信頼できるとか。

わかりますかね、その信頼というのは……
R：ええ、ええ、わかります。それはたとえば、時々仕事をしているときに……ええ、こんな人たちがいて、そう、自分が相手に何かを言っておけば後はすべてうまくいくような場合もあって、物事を進めるうえで信頼できるということですよね。でもそれは、信用できるということ（reliability）じゃないかしら。相手に任せられるということですし。私の言う信頼（trust）は、親密なことがらに向けられるものです。
I：ええ、あなたは信頼を親密な人間関係に限定する傾向があるということですね。
R：そうです
I：それは、誰かに何かを……単に任せられる、といった以上のことなんですね。
R：そうです。
I：……仕事上で感じるのはもっとシンプルなんでしょうか？
R：ええ。
I：そうですか。
R：だって、もし相手が信用できないとしても、仕事上のことだから自分にはそんなに影響しないと思うわ。きっと、いらいらしたり、怒ったりするでしょうけど。でももし、友だちが私の信頼を裏切ったり、恋人が裏切ったりしたら、激怒するだけじゃなくて、傷つくし傷跡が残ると思うの、きっと。
I：なるほど、もっと深いものなんですね。
R：そう、絶対に。だから私は、信頼することも、信頼という言葉も、自分にとって親密な人に向けた何かだと思うんです。
I：はい、わかります。あなた個人にとって、信頼というのはより深い意味のあることなんですね。
R：ええ、そうです。
I：そうなんですね。
I：だから、もし知らない誰かが仕事をきちんとやらなければ、次は彼らに任せないでしょうし、信用できると思えなければ私も仕事を頼まないわ。
R：ということは、その場合、信頼という言葉をあなたは使うかもしれないけど、それはぜんぜん違うレベルの意味なんですね……
I：ええ、そうでしょうね。
R：……親密な関係のなかであなたは信頼ということを理解されているんです

7章　解釈と意味──IPA、解釈学的現象学、鋳型分析　──　165

> ものね？
> I：ええ、そうです、その場合に私が使うのはただの言葉で、信頼を失う（distrust）とか不信（misturst）といった意味ではないということです。

　トランスクリプトを何度も読み返しながら、余白にコメントを書いていく（左側）。そこには、人間関係における不信の経験において、最も顕著に現れた特徴を記述する。分析ボックス 7.1 はトランスクリプトの後半部分に対応するコメントを示している（左側の列）。この段階に続いて、トランスクリプト全体に取り組み（左側余白にすでに記入したコメントに目を通しながら）、現れてくるテーマについて右側余白にコメントを書き込んでいく。この過程で、候補となる多数のテーマが生み出された（これらのテーマは分析ボックス 7.1 の右側余白に示してあり、後の段階で関連してくる）。

◀分析ボックス 7.1▶

不信に関するトランスクリプトの部分的な分析

元のテクスト

親密な人間関係における信頼	R：だって、信頼って、自分に近しい存在に向けられるものじゃないですか。もし、私がジョンに、あなたの人柄が疑わしいと言ったとしますよね。それはちょっと表面的で冷たく聞こえます。私の言いたいこと、わかります？ I：ええ、つまり信頼と言うのは……それは……	親密な人間関係における信頼 対 その他の人間関係における信頼
親密な人間関係において不可欠な何か 「よそ者」には異なった対応をする	R：信頼というのは、とても親密な人間関係のなかにある何かだと思います。愛している人を信頼するんだし、愛している人への信頼を失うんです。でも、相手がよそ者だったとしたら信頼が生じることさえなくて、あるのは懐疑だと思います。相手の言うことが疑わし	2つのレベルの意味

「よそ者」を信頼することは拒む	く感じるとか、相手を信じないとか、そういうことにはなりますけど、よその人に信頼を置くことはないでしょう。 I：わかりました。ええ。ただ、仕事上の人間関係で誰かを信頼するといったことはありませんか？ 仕事をうまく進めるうえで相手が信頼できるとか。わかりますかね、その信頼というのは……	
信頼（trust）ではなく信用（reliability）	R：ええ、ええ、わかります。それはたとえば、時々仕事をしているときに……ええ、こんな人たちがいて、そう、自分が相手に何かを言っておけば後はすべてうまくいくような場合もあって、物事を進めるうえで信頼できるということですよね。でもそれは、信用できるということじゃないかしら。相手に任せられるということですし。私の言う信頼は、親密なことがらに向けられるものです。	親密な人間関係における不信の影響 対 それ以外での不信の影響 親密な人間関係における不信のほうが影響はより深刻（傷跡が残る）
信頼は親密な人間関係に限られる	I：ええ、あなたは信頼を親密な人間関係に限定する傾向があるということですね。 R：そうです I：それは、誰かに何かを……単に任せられる、といった以上のことなんですね。 R：そうです。 I：……仕事上で感じるのはもっとシンプルなんでしょうか？ R：ええ。 I：そうですか。	
仕事上の関係では信用が鍵となる	R：だって、もし相手が信用できないとしても、仕事上のことだから自分にはそんなに影響しないと思うわ。きっと、	

7章　解釈と意味 —— IPA、解釈学的現象学、鋳型分析

そこでの不信の結末は怒り	いらいらしたり、怒ったりするでしょうけど。でももし、友だちが私の信頼を裏切ったり、恋人が裏切ったりしたら、激怒するだけじゃなくて、傷つくし傷跡が残ると思うの、きっと。
親密な人間関係における不信はより深い影響を与える そこでの不信の結末は傷跡を残す	I：なるほど、もっと深いものなんですね。 R：そう、絶対に。だから私は、信頼することも、信頼という言葉も、自分にとって親密な人に向けた何かだと思うんです。 I：はい、わかります。あなた個人にとって、信頼というのはより深い意味のあることなんですね。 R：ええ、そうです。 I：そうなんですね。
距離のある(仕事上の)関係における不信がもたらす実際の結末	R：だから、もし知らない誰かが仕事をきちんとやらなければ、次は彼らに任せないでしょうし、信用できると思えなければ私も仕事を頼まないわ。 I：ということは、その場合、信頼という言葉をあなたは使うかもしれないけど、それはぜんぜん違うレベルの意味なんですね…… R：ええ、そうでしょうね。 I：……親密な関係のなかであなたは信頼ということを理解されているんですものね？ R：ええ、そうです、その場合に私が使うのはただの言葉で、信頼を失う(distrust)とか不信(misturst)といった意味ではないということです。	不信の意味の2つのレベル

　一度この段階の分析が完了すると、最初のテーマ表ができあがるので、それを別の紙に書き留める。分析ボックス7.2は、データボックス7.1のトランスクリプトを読みながら現れてきたテーマを時系列で示してある。これらのテー

マはその共通性や関連性を吟味し、一貫性のあるテーマ群になるよう整理を試みる。その間、諸テーマがデータに適合する意味を持つかどうか確かめるため、当初左側余白に記入したコーディングや、元のトランスクリプトに立ち返ることが必要である。分析過程ではデータから離れてしまう危険が絶えず生じるため、元のトランスクリプトや、理想を言えば元の録音にも立ち返ることが不可欠なのである。

◀分析ボックス7.2▶

最初のテーマ

人間関係における不信
1. 不信を導く人間関係の緊張
2. 疑念の出現
3. 関係の揺れ動き
4. 不信の衝撃 ── 誠実さの低下、疑念の増大
5. 不信の証拠集め
6. 外的要因
7. 人と状況の分裂
8. 信頼の2つのレベル ── 親密な関係 vs それ以外の関係
9. 親密な関係で生じる不信の永続的な影響 ── より深い感情

　分析ボックス7.3は、データから現れたとZが考えた最終的なテーマ表である〔訳注：Zはこの研究プロジェクトに加わった研究者の一人〕。ここでは、3つの主要なテーマが、人間関係における不信の意味を最も良く反映するように思われた。すなわち、不信の意味、不信に先立つ出来事、不信の結末、である。これら3つの包括的テーマの内部に多くのサブテーマがあり、上位テーマの実質的な意味の領域を記述するものになっている。最終テーマ表を作るうえで元のテーマ表は大きく変更されているが、これは、項目の再編や微少な言い換えを反映してのことである。だからたとえば、「不信に先立つ出来事」という項目には多くの要因が分類されている。それらはすべて、不信それ自体を経験する前段を提供する要因と見なすことができるからである。あるいは、「不信の意味」と名づけられたテーマは最初はなかったものの、「信頼の2つのレベル」という当初テーマがさらに注目を集めるところとなり、この特徴の機微が引き出された格好になっている。サブテーマ（そして元のテクスト）は、主要テー

マの2つ以上にまたがって含まれることもありうる。この事例では、「人と状況の分裂」は、「不信に先立つ出来事」というテーマと「不信の結末」というテーマ、両方に関連すると思われる。今回の研究参加者は、（単純で簡単に「だまされる」）彼女のパートナーではなく、不誠実な他人へと不信の原因を帰属させた。それにより、パートナーへの信頼を失い始めていた（彼は誘惑されたかもしれないので）にもかかわらず、他人を責めることで危機的な出来事の衝撃を和らげたのだし、だからいまだにパートナーのことを根本では信頼しているのである。

◀分析ボックス7.3▶

最終テーマ表

人間関係における不信
1. 不信の意味
   ー信頼の2つのレベル
   ー親密な関係 対 それ以外の関係
   ー深い感情面での影響
   ー深い（永続的な）衝撃（「傷跡」）
2. 不信に先立つ出来事
   ー人間関係の緊張
   ー疑念の出現
   ー証拠集め
   ー外的要因（人と状況の分裂）
3. 不信の結末
   ー誠実さの低下
   ー疑念の増大
   ー不安定な人間関係（人と状況の分裂）

7.5 解釈学的現象学

この節では、カナダで教育学の教授を務めるマックス・ヴァン＝マーネン（1990, 邦2011）の著作に特に焦点を当てて、解釈学的現象学（hermeneutic phenomenology）の方法について詳述する。ラポート（Rapport, 2005, p.130）は

記述的現象学者と解釈派の現象学者（interpretive phenomenologist）の相違について、役に立つリストをまとめている（他方で、一部の研究者 —— たとえば Todres & Wheeler, 2001 —— は、両者の相補性に注意を促している）。これによると、解釈派は次のように考えている。

・意味はその人に固有のものであり、記述することはできない
・データの向こう側に超えて行こうとするなら、解釈が不可欠である

しかし、記述派は次のことを主張する。

・統一的な意味を引き出すこと、それが現れるままに正確に記述することができる（Giorgi, 1992, p.123）
・現象の多様なあり方を説明するには、記述が不可欠である

　今も幅広いトピックに記述的現象学が多く用いられているものの、解釈派現象学の立場が支配的になりつつあることは明白である。ラポート（2005）はまた、記述的現象学において妥当性を主に判定するのは研究者だが、解釈派の現象学者（IPA や TA の研究者のような）は、外部の判定者（たとえば同僚）へのアピールを通じて自らの研究結果を妥当化しようとする傾向があると指摘している。
　ヴァン＝マーネン（1990）による解釈学的方法は、他の多くの現象学的方法と同様、ヒューリスティックと見なすべきである。つまり、方法として定められた一連の規則というより、むしろ実践の手引きである。ヴァン＝マーネンを含め多くの研究者が、ガダマー（1975, 邦 1986-2012）に従って次の点に焦点を当てる。すなわち、言語が明らかにすることは特定の歴史的文化的状況の内部にあって（4章参照）、地平融合を通じて理解（了解）される（ここでは研究参加者と研究者の地平が、インタビューの言語を通じて融合する）。それは始まりも終わりもなく、部分と全体の間を循環的に動いてゆく（**解釈学的循環**）。彼らはまた、現象学的哲学を方法として運用する必要を認めているものの、そうした方法への懐疑もガダマーと共有している。分析の規則を提示すれば、ありうる理解（了解）の道筋を早まって閉ざしてしまうかもしれないのでそれは避け、創造的に方法と関わるべきだと強調するのである。
　そうは言いながらも、ヴァン＝マーネン（1990, pp.30-31, 邦 2011, p.59）は、解釈学的現象学的研究のための6つの基本ステップを提唱している。

1. 我々が真剣に関心を持っている現象、我々を世界に関わらせている現象へと向かうこと
2. 経験を概念化するのではなく、我々がそれを生きるように経験を探求すること
3. 現象を特徴づけている本質的なテーマについて反省すること
4. 書くことと書き直すことの術を通じて、現象を記述すること
5. 現象に向けて、強くそして方向づけられた（教育的）関係を維持すること
6. 部分と全体とを考慮することで研究の文脈のバランスをとること

　上記のステップ5で「教育的」にカッコを付してあるのは、それがヴァン＝マーネンの関心事で、私の関心事でもあなたの関心事でもないかもしれないからだ〔訳注：ヴァン＝マーネンは教育学の立場から生きられた経験にアプローチしている〕。私であれば代わりに「心理学的」という言葉をカッコの中に入れ、探究している現象に向けて、強くそして方向づけられた心理学的関係を維持すること、を目指す必要があるだろう。
　先に言及したように、通常は半構造化もしくは非構造化インタビューがデータ収集に用いられる。IPA や TA に比べて、インタビューの過程はより柔軟に行われる。ガダマーにならって、インタビュアーとインタビュイーの間で意味が生み出されるのをより良く後押しするため、インタビュアーは自分自身の視点をよりいっそう活かしてもよい。ガダマーはまた研究者に日誌をつけることを推奨しているが、これは、一部の解釈学的現象学者には研究上のテクニックとして用いられている。研究者は、自分の経験を単刀直入に記録するだけでなく、感情的な反応（たとえば、インタビュー直後に生じた、インタビューやインタビュイーについての反応）もそこに含める。また、そうした反応がトピックの理解（了解）に向けて意味することも日誌に記録する。
　IPA や TA と同様に、解釈学的現象学でもテーマにもとづいてデータが分析される。ただし、テーマを見出すプロセスはそれほど型にはまったものではなく、研究者とテクストとの関係に導かれつつ ── たとえて言うと、テクストと対話をするように ── 進められる (Grenz, 1996)。つまり、機械的にコードを当てはめるのではなく、解釈学的に意味を見定めるべく、ここでは慎重に距離がとられる。意味の形成において分析者が重要な役割を果たすことを認識しているからである。ヴァン＝マーネン（1990, 邦 2011）は、理解（了解）しようとする私たち自身の願望（「星に願いをかけること」p.79, 邦 p.130）をつかまえておくことの必要を説く。これにより、手にしている素材に十分な注意を

向け、「「見る」という自由な行為」（p.79, 邦 p.130）に携わることができるのである〔訳注：テクストに意味を見出そうとする願望にとどまりつつも、一般的な意味を押し付けずに創造的にテクストを読んでゆく〕。このような文脈での現象学的テーマは、**経験の構造**として理解（了解）されるものである。すなわち、その経験を可能にしている構造である。ヴァン＝マーネンは、この点を主題化しつつ、**個別的なもの**（特定の人／状況のなかの意味）から**普遍的なもの**（引き出された一般的な意味）を探すことが必要だと説いている。テーマを特定していくさいの分析者への助けとして、ヴァン＝マーネンはデータに接近する3つの方法を提案している。全体的（もしくは格言的）、選択的（もしくはハイライト的）、ディテール的（1行ごと）である。これらは次のようなものである（van Manen, 1990, p.93. 邦 2011, p.151 強調は原文どおり）。

1. 全体的に読むアプローチにおいて、我々は全体としてのテクストに注意を向け、次のように問う。**どの格言のフレーズが、このテクスト全体の基本的な意味ないしは主要な意義をとらえているか？** そして、こういったフレーズを定式化することで、意味を表現しようと試みる。
2. 選択的に読むアプローチにおいては、我々はテクストを何度も聞き、あるいは読み、次のように問う。**どの言明（いくつかの言明）あるいはフレーズ（いくつかのフレーズ）が、特に本質的なものに見えるか、それとも記述されている現象や経験について、それらを明るみに出しているか**。そして、これらの言明を丸で囲んだり、下線を引いたり、目立たせるようにする。
3. ディテール的に読むアプローチにおいて、我々は1文ごと、あるいは文のまとまりごとに1つひとつ目を通し、次のように問う。**この文章あるいはこれらの文章は、記述されている現象ないし経験に関して、何を明らかにしているか？** と。

　テクストを分析するうえで上記3つのアプローチすべてを用いる必要はない。ただ、全体的に読むアプローチを、選択的またはディテール的いずれかのアプローチで補うのが、実際には良い方法だと思われる。これにより、部分と全体の読み方に良いバランスが与えられるだろうし、データから飛躍した個人的な解釈が生じる可能性も低くなる。生活世界の諸条件（空間性、時間性、身体性、間主観性など）を、テーマの意味を検討し、理論的考察を行うための方法として用いてもよい（これはシェフィールド学派の記述的現象学と類似した方法

である)。最後に、分析と執筆を共に促進する共同分析の利用の可能性に言及しておく必要がある。ガダマー (1975, 邦 1986-2012) は、対話の役割、特に「問い-応答」の形式のもとでの対話を、理解 (了解) の要として強調した。分析や執筆に関して仲間と対話を重ねれば理解 (了解) はより深くなり、豊かで創造的な現象の記述が生み出されるだろう。解釈学的現象学の研究例として、研究ボックス7.3を見てみよう。親として子どもに先立たれることの意味についての研究である。

◀研究ボックス7.3▶

悲しみに表現を与える —— 親が子どもに先立たれることの意味
Lydall, A.-M., Pretorius, G. & Stuart, A. (2005). Give sorrow words: the meaning of parental bereavement. *Indo-Pacific Journal of Phenomenology*, 5 (2), 1-12.

この研究は南アフリカで行われ、子ども(すでに成人)をエイズの関連疾患によって亡くした経験を取り上げたものである。研究参加者は、「慈善同胞団 (The Compassionate Friends：TCF)」という支援組織、およびカトリック教会を通じて募集された。南アフリカでのエイズにまつわるスティグマのため募集は困難を極めたものの、3名が参加に同意してくれた。著者たちはこの論文で、研究参加者に関する短い伝記を提示している。全員女性である(エスニシティについては珍しく情報がない)。参加者各自に関する研究代表者の印象も合わせて記されており、研究に関わった人々と研究プロセスの実際をうかがい知ることができる。インタビュー・トランスクリプトはヴァン=マーネンの解釈学的現象学のアプローチを用いて分析され、多くのテーマが見出された。研究代表者はこの研究を遂行する間日誌を書き続け、時に痛ましいふり返りが、研究結果の考察に収められている。テーマは、「死の知らせへの反応」、「神の役割」、「喪の悲しみの実存的・スピリチュアルな側面」、「子を失った後の世界」である。これらのテーマは悲痛な詳細に迫って記述され、南アフリカでエイズ関連疾患によって命を落とすという特別な状況で子どもを失うことに向き合う困難が生々しく描かれている。希望、弱さ、無力感が子どもを看病する親の経験の主な特徴であり、HIV／エイズのスティグマがこの経験を複雑にしていた。神の役割および天罰としてのエイズもまた、インタビュアーの語ったストーリーを特徴づけていた。エイズは天罰かつ／または試練であるとの信念がそこには含まれていたが、参加者女性たちにとってこの点は複雑であった。というのも彼女たちは、これがふしだらな行為ゆえに課せられた病であるとの

信念を、わが子についての知識と和解させることができなかったからである。子どもを失ったことで生活は根本から変化し、深い実存的絶望の感覚を引き起こした。空虚さ、惨めさ、荒涼とした感覚に襲われ、彼女たちは孤独と深い悲痛を子の喪失とともに感じていた。ただしそこには希望の兆しもあり、彼女たち全員がそれぞれに、悲痛を生き抜く道をなんとか見出そうとしていた。研究参加者たちにとって鍵となる希望の源は、心の中ではいつでも子どもに会えるという信念であった。これによって研究参加者たちは多少とも自己コントロール感を得ており、亡くなったわが子との新たな関係を創り出すプロセスに踏み出すことができていた。

　解釈学的現象学的研究の結果は、IPA や TA と同様に、きわめて標準的な質的報告の書式で提示されるものである。ただしそこには柔軟性もあり、解釈学的現象学では創造的に書くことがより強調される。これは、生活世界の豊かさを書き手が可能な限り生き生きと明らかにできるよう設計されたものである。ヴァン＝マーネン（1990, 邦 2011）は特に、書くこと、言葉の力、逸話の活用が現象学的記述において重要だと強調している（この点の詳細は 9 章を参照）。したがって、結果の提示においても創造性が求められ、「書くことは独創的な活動」（p.173, 邦 p.266）であって、解釈学的現象学の研究プロセスの本質的な一部であるとの認識が必要となるのである。

7.6　鋳型分析

　鋳型分析（TA: template analysis）は IPA の代替案であり、よく似た分析手順を含むものである（King, 1998）。ただし主な違いは、IPA がつねに帰納的で、データに根ざしつつテクストから現れてくるテーマを扱うのに対し、TA ではデータを検討する方法としてあらかじめ選択したコードを使ってもよく、実際しばしばそうするという点である。すなわち、トランスクリプトを読む前にテーマの鋳型を作成し、それを使いながらデータの意味を吟味するのである。詳細なテーマをより大きなテーマが含むよう、階層的なコーディングが強調される。IPA でも同様に階層構造が採用されるが、TA ほど強調されることはなく、データに由来するものでなければならない。主なデータ源が半構造化インタビューにある点は、TA も IPA と同様である。また IPA と同じく、日記や、自由形式での質疑応答など、幅広いデータ源に適用することができる。

たいていの場合、TA 研究の第一段階は、コーディング用の鋳型を作成することにある。研究プロジェクトに密接に関連する先行研究、理論的知識、その他の理由にもとづいて、演繹的なコードを設定する。もっとも、最初に鋳型を作成してもこれを固定するわけではなく、適用の最中であっても、データの検討に応じて変更されることがままある。鋳型の作成に続いて分析者はデータを何度も読み返し、研究上の問いに関連づけてテクストを区分に分けていく。これらの区分が演繹的テーマに関連しているなら、それをその通りコーディングする。複数事例を扱う研究では（TA ではそれが一般的だが）、全事例のうちの一定件数のコーディングが終わったところで（たとえば、20 件のトランスクリプトなら 3 件といった具合に）、鋳型に修正と補足を加えることが多い。各トランスクリプトをコーディングするたびに改良を重ね、全事例に当てはまる最終的な鋳型を導き出す。TA の研究事例として、研究ボックス 7.4 を見てみよう。糖尿病性腎症の経験に関する研究である。

◀研究ボックス 7.4▶

「それは直せない、耐えるしかない」── 糖尿病性腎症に適応する経験
King, N., Carroll, C., Newton, P. & Dornan, T. (2002). 'You can't cure it so you have to endure it': the experience of adaptation to diabetic renal disease. Qualitative Health Research, 12 (3), 329-346.

本研究は、糖尿病性腎症の診断を受けた人々が適応していく道筋を探求したものである。糖尿病は少なくとも人口の 2% が罹患している、比較的よく見られる病気である。腎疾患は I 型糖尿病患者のおよそ 20% が併発し、透析か移植を行わなければ死に至ることもある深刻な病状である。しかし腎不全を発症しなかったとしても、腎疾患は余命を縮めることが多く、生活様式への影響も大きい（例：非常に制限された低タンパクの糖尿病食にする必要があるなど）。ここでは 20 名の腎疾患患者にインタビューが実施された。対象者は、経験している疾患の段階に照らして横断的な患者群を形成すべく選ばれた。年齢は 36 歳から 69 歳、全員白人で、大半が労働者階級か下位中流階級に属していた。一連の項目について調査するため半構造化インタビューが実施されたが、項目には、腎疾患が彼らの人生に与えた影響、医療システムとの関係、彼らの抱く希望や恐れ、などが含まれていた。インタビューを書き起こしたデータに鋳型分析が行われ、4 つの第一水準のコードが特定された。「診断直後の反応」、「患者自身の説明」、「腎疾患と共に生きる」、「希望・恐れ・期待」である。

> データが豊富であることから、著者らは4つの主要テーマのうち「腎疾患と共に生きる」「希望・恐れ・期待」の2つのみに本論文では集中して取り組んだ。前者のテーマは、患者の生活様式に疾患が与えた影響、医療システムとの関わり方の変化、病気に取り組む戦略（すなわち節制）についての議論を含む。後者のテーマは、将来に関する本人の見通し、特定の治療法の選択肢、病状の進展に関連する。病気の経験に関する多くの豊かな記述が本論文では生き生きと描かれているが、この種のアプローチに価値があることを示す一例を、病気との取り組み方に見ておこう。患者たちは、自分の病状について考えすぎないようになった経緯を語っている。しかしそれは、既存の文献で「回避性コーピング」とされる望ましくない病気への取り組み方として語られていたわけではない。疾患と直に向き合い、疾患とともに生きる適応の方法として語られていたのである。本論文はまた、研究参加者の間でも支配的な病気との取り組み方である節制についても考察している。〔腎疾患になると〕明らかに社会的な変化を経験する（また、感情的に表出すべきものも増える）にもかかわらず、節制が行動規範であり続けるが、それには十分な理由がある。腎疾患を抱える人々は生活を続けねばならず、感情的混乱が続くことで健全な世界から疎外されることを避けねばならないのである。

　TA研究における結果の提示は、IPA研究で行われるのとほぼ同じで、かなり伝統的な質的報告の書式で行われる。通常のやり方では、その研究分野の既存文献を網羅し、きわめて異なる ── 対極的でさえあるような ── 理論的観点に立つ文献も含めて吟味する。方法について簡潔に記述し、鋳型の作成過程、演繹的テーマの選択を示唆したもの、研究参加者を選択した理由について述べる。続いて、最終的な鋳型とテーマごとの所見が「結果」の節で示されるのが通例である。結果が意味するものについて多少の考察を含むこともあるが、（先行研究とのつながりや理論的考察など）最も高次の考察は、最後の「考察」の節に回す。研究を要約しつつ意義を述べて短い結論とするのが一般的で、今後の研究への示唆もここで合わせて述べる。TA研究のもうひとつの例として研究ボックス7.5を見てみよう。外見が損なわれた人々の経験に関するものである。

◀ 研究ボックス 7.5 ▶

外見が損なわれた人々の経験を理解する
——4つの社会的・心理的機能モデルの統合

Kent, G. (2000). Understanding the experiences of people with disfigurements: an integration of four models of social and psychological functioning. *Psychology, Health and Medicine*, 5 (2), 117-129.

　本研究は、TAをいかに他の方法とは違ったしかたで用いうるかを示している。単なるデータというよりは理論的関心によって導かれており、しかもデータは質問紙を用いて集められている。著者は4つの異なるモデルの役割を探求することに関心を持っていた。これらは、白斑（皮膚の色素脱失）を持つ人々の語りにもとづいて、美容上の欠点が持つ個人的および社会的な影響を説明するために用いられてきたモデルである。一連の心理検査に加えて、「直近の3週間であなたの白斑が生活に何らかの影響を与えたと感じたときの状況を記述してください」と問う自由回答の質問紙を入れたパッケージを、ある支援団体に送付した。364人から回答があったが、データが膨大なため、その30パーセントを分析のために無作為抽出した（合計110件）。最初の鋳型は、本研究の基礎となった4つの理論モデルを参照しつつ作成した。それら4つの包括的テーマは「きっかけとなる出来事」「認知活動」「印象管理戦略」「印象管理戦略の結果」であった。コーディング用のカテゴリーは理論的に特定され、後にデータと照合された。鋳型の分析手続きと進展にともなって、コーディング用のカテゴリーは追加された（必要に応じて削除もされた）。質的分析に加えて、各カテゴリーに言及がなされた回数も数えられた。全体として記述は時系列に沿っており、社会的または対人関係的に脅威となった出来事、すなわち、皮膚の症状の見えやすさや目立ちやすさを増大させた出来事から始まる。ここから、症状に向けられる注意を減じることを意図した隠蔽や回避などの印象管理戦略が生じてくるのだが、これはまた、落胆したり不安を長引かせたりする可能性を生じさせもする。研究結果は、治療的介入の計画と選択に重要な示唆を与えるものになっている。明らかになったのは、4つの理論モデルどれか1つではなく、すべてにもとづく介入が必要であること、社会的不安という困難に対する主な介入は、回避させるより恐れている刺激に本人を直面させるべきだということ、である。

要約

　解釈派の現象学的心理学は、実存主義者からより強い影響を受けた一群の現象学的アプローチであり、データをより深く解釈する必要を認める立場である。本章では、3つのアプローチのあらましを述べた。解釈的現象学的分析（IPA）、解釈学的現象学、鋳型分析（TA）である。IPA の焦点は、人々が経験をいかに受け止めているかという点、すなわち生活世界にある。IPA は今やイギリスの現象学的心理学では最も普及した形のひとつであり、本章でもこれを中心に扱い、不信の経験に関する研究事例の全容を収録した。通常、データは半構造化インタビューを通じて収集し、研究参加者にとっての経験の意味を研究者が探求してゆく。IPA は、現象学へと向かうすべての解釈派アプローチと同様に、テーマ分析を主たる分析形態としている。テーマ分析には4つの段階がある。コメントを作成しつつ何度も読み返す段階、現れてくるテーマを記録する段階、テーマを整理する段階、テーマ表を作成する段階である。このプロセスは1事例について実施し、それから他のすべての事例について繰り返す。〔本章では〕解釈派の現象学的心理学の他の2つの形態についても紹介した。解釈学的現象学は主にガダマーの著作に根ざしており、IPA に類似するテーマ分析をともなう。TA でもテーマ分析を行うが、従来の理論的関心にもとづいて最初の鋳型を作成したうえで、データに適用していく。現象学的心理学への解釈的アプローチは、イギリスの現象学的心理学ではおそらく最もよく知られた形であり、関心は常時高まり続けている。

さらに学びたい人のために

- Dahlberg, K., Drew, N. & Nyström, M. (2001). *Reflective Lifeworld Research*. Lund, Sweden: Studentlitteratur.
  　解釈学的現象学の哲学と方法を詳細に解説している。看護に焦点を合わせているが、分野を超えて大きな価値を持っている。
- King, N. www.hud.ac.uk/hhs/research/template_analysis/index.htm (accessed 28 March 2006).
  　鋳型分析の開発者による明快な解説。
- Smith, J. A. (1996). Beyond the divide between cognition and discourse: using interpretative phenomenological analysis in health psychology. *Psychology and Health*, 11, 261-271.
  　IPA の理論的基礎についての初期の言明。この論文は哲学的論争の詳細には触れていないが、IPA と健康心理学について、この方法の開発者による抱負が述べられている。

- Smith, J. A., Jarman, M. & Osborn, M. (1999). Doing interpretative phenomenological anaIysis. ln M. Murray & K. Chamberlain (eds.), *Qualitative Health Psychology: Theories and Methods*. London: Sage, pp.218-240.
  　IPAの明快で簡潔な解説。健康心理学に用いることの正当性にも触れている。
- van Manen, M. (1990). *Researching Lived Experience: Human Science for an Action Sensitive Pedagogy*. Albany, NY: SUNY Press.［訳注：下記の訳者補足を参照］
  　解釈学的現象学の1つのアプローチの、見事なまでに豊かな記述。教育分野での研究に焦点が定められているが、誰にとっても価値がある。

【訳者補足】日本語で読める文献
- M・ヴァン＝マーネン (2011). 『生きられた経験の探求 ── 人間科学がひらく感受性豊かな〈教育〉の世界』（村井尚子訳）ゆみる出版.
  　本章でも引用されているヴァン＝マーネンの著作の邦訳。イギリスではIPAが普及しているが、北米ではヴァン＝マーネンの示した解釈学的現象学も有力である。質的研究ならではの創造性や洞察を重視した研究を行いたい人にお勧めの方法。

8章　生活世界を物語る
——批判的ナラティヴ分析

【この章の目的】
- ●批判的ナラティヴ・アプローチを心理学に導入する
- ●データ収集、方法、分析、研究結果の提示など、ナラティヴ分析を行ううえで実践上の課題を概観する
- ●批判的ナラティヴ分析の包括的な研究事例を提供する

　本章では、主にポール・リクールの仕事に依拠して私が考案した批判的ナラティヴ分析（critical narrative analysis, CNA）という新しい方法を紹介する。4章で論じた通り、リクールは、解釈学ならびに解釈方法の必要性に取り組む一方、現象学的哲学の核心にある基本原理にもとづいてテクストを読む枠組みを提供しようとした。リクールの仕事は、読解の現象学を展開することが焦点となっていた中心的な時期から、時間と物語に関心が向けられている晩年の仕事まで、時を経て発展してきている。CNAは彼の哲学の両面を実践的な方法論へと変換するものなので、本章ではどちらも関連がある。
　物語ることへの関心は、過去およそ20年の間急速に拡大してきているし、現象学に示唆を得た多くの研究にとっても、おそらく将来の方向を代表するものだろう。ナラティヴを扱う方法はさまざまで、よりミクロなレベルで物語の話し方の質に焦点を当てるものもあれば、よりマクロなレベルで、物語が許容したり制限したりする生き方の可能性に焦点を当てるものもある。また言うまでもなく、その間に多くのヴァリエーションがある。研究を行ううえで唯一の正しいやり方があるわけではない。この点は、質的または量的な各種の方法についてと同様、ナラティヴ研究にも当てはまる。それぞれの方法に長所と短所があり、どれを用いるかの決定は、研究者が答えを見出そうとする問いによって導かれねばならない。本章で記述する批判的ナラティヴ分析は、他の方法の諸側面を含むものであり、現象学の影響を受けた他のナラティヴの方法を学んだ者にとっては親しみやすいだろう。とはいえ、いくつか違いもあるので明記する必要がある。他と異なるのは、しばしば共通性がないとされる要素が哲学

的に基礎づけられ、1つの分析的アプローチへと実践的に結合されていることである。これによって、現象学的伝統に依拠しながらも、現象学的方法に向けられる多くの批判に対応しているというのが私の主張である。このナラティヴ分析の形態と他を区別する鍵となる特徴は、批判的な局面を含むかどうかである。そこでは、社会理論の諸側面を懐疑の解釈学 —— リクール（1970，邦 2005）のそれに修正を加えたもの —— として用いながら、テクストの検討を試みる。以下でより詳しく紹介しよう。

8.1 物語ることへの関心の拡大

　あなたが私を知りたいのなら、私の物語を知らねばならない。というのも、私が誰であるかは、私の物語によって決まるからだ。そして、私が私自身を知り、自分の人生の意味について洞察を得たいのなら、私もまた自分自身の物語を知らねばならない。(McAdams, 1993, p.11)

　ますます多くの心理学者の間で、自らの生について人々が語る物語（ナラティヴ）が、この分野の鍵になる研究対象として認識されつつある。ナラティヴへの転回は 1980 年代末に生じ、これを主題とする少数の書物によって告知された（Bruner, 1986, 1990, 邦 1999; McAdams, 1985; Polkinghorne, 1988; Sarbin, 1986）。ブルーナー（1986）は、認知（思考）の 2 つの形態を区別した。範例的様式（または論理-科学的様式）と物語的様式である。伝統的に理解されてきた通り、前者は科学のもので、世界の事物に関する普遍的真理の探求に関わる。だが後者は、人間性を理解すること、そして人間の生が、見かけ上ばらばらな単なる一連の出来事としてより、むしろ1つの全体として理解可能なものになる、その様式に関心を持つ。この区別のもと、過去およそ百年の間実際に ——　きわめて強く —— そうであったように、心理学を自然（論理的）科学としてのみ扱うことは間違いであり、それに代えて、きわだって人間的な認知の様式、すなわち物語的様式を新たに強調せねばならない、ということへの気づきがもたらされた。
　しかし、ナラティヴとは何だろうか？　私たちの多くが、物語（ナラティヴ）と物語ることについて熟知していて、たとえば、指示説明のコミュニケーションと物語ることの違いをわかっているように見える。ただし、ナラティヴの理論家たちは、さまざまなナラティヴの特徴や人間文化における物語的伝統を描写しながら、物語の文法を詳しく提示してきた。最も基本的なところでは、大

半の物語が序盤、中盤、終盤を備えている (Becker, 1999)。日常会話では物語は完結しないが、他人に披露する場合、人々は自らが話す物語をまとめようとするものである。これの明らかな例外は、もちろん心理療法である。人生が制御できず、妨害され、または混乱しているように感じられる結果、クライエントは自らの語る単一のまたは諸々の物語に解決を見出すことが一様にできないでいる。ナラティヴはその本質において、出来事を意味のある全体へと秩序づけることを含む。リクールはこれを**筋立て（emploment）**と呼ぶ。筋立てを通じて諸々のエピソードが整理され —— 理路整然と結びつけられ —— 1つの全体となって意味ある物語を形成するのである。この過程で私たちは**ナラティヴ・アイデンティティ** —— 私たちや他の人々にとっての自己性の感覚（4章参照）—— を生み出す。ただし、意味のあるナラティヴを構築しようとしても、入手できるナラティヴは私たちがそこで生活している世界によって制限されている。社会的想像力 —— 私たちがそこで生活している物語の世界 —— が、私たちに可能な存在のしかたと構築しうるアイデンティティを、許容するとともに制限もしている。リクール（[1987] 1991, p.437）が強調したように、「私たちは、人生の著者に完全になりきることなく、自身の物語の語り手になることを学んでゆく」のである。もちろん、この仕事は終わることがない。人生は、ナラティヴの筋立てとアイデンティティ形成の絶えざる力動的過程である。

マカダムス（McAdams, 1993）は、数多くの出典を引きつつ、大半の物語に共通する6つの特徴を挙げている。設定、登場者、起因事象、企図、結果、応答である。通常、そこで物語が始まる何らかの**設定**があり、その物語を時間と場所に位置づけることができる。また、物語のなかで主役として振る舞う何らかの人間（または人間に似た）の**登場者**がいる。ただし、登場者には、目標を達成するための**企図**を思い立たせる**起因事象**が必要である。ここから、ある**結果**もしくは一連の結果が生じ、登場者には最終的に**応答**することが求められる。もちろんすべての物語がこれらの側面すべてを含むとは限らないが、そうした場合の多くは、著者が何らかの文学上の目的で伝統的なナラティヴの形式を計画的に覆していることが理由となっている。マカダムスによると、この基本構造の内部で、物語ることを豊かにする種々のヴァリエーションと方法がある。だからたとえば、アリストテレスが示唆したように、物語のなかで緊張が高まると、私たちは何らかの解決を求める欲望を経験する。そして緊張が頂点に達したところで**結末**、または筋書きの決着に至るのである。補足しておくと、異文化では物語の文法も異なる。ここで言及するものの大半は西洋的なナラティヴの形式である。

ナラティヴ学（ナラティヴ構造の研究）の創始者、ウラジーミル・プロップ (1969) は、ロシアの昔話を支える 31 の構造的要因を見出した。他の研究者たちは、この伝統にもとづきながらも、筋書きの数はもっと限られていると示唆している。たとえばエルスブリー (Elsbree, 1982) は、ナラティヴの基本的な筋書きは 5 種類しかない —— 旅をする、争いに加わる、限りなく苦しむ、願望成就を求める、家庭を築く —— と述べている。ガーゲンとガーゲン (Gergen & Gergen, 1986) は、原型的なナラティヴの形式は 3 つであると言う。発展的ナラティヴ、後退的ナラティヴ、安定的ナラティヴである。発展的ナラティヴは、目標へ向かって進歩が拡大していくものである。後退的ナラティヴには目標の妨害がともない、安定的ナラティヴは目標に向かう変化の欠如を表現する。ナラティヴ学の研究は現在も進行中である。それは今後も進行中のものとして、ナラティヴ心理学の研究に情報提供を続けるだろう。ただし、古典的な物語形式の理解はナラティヴ分析に有益でありうるものの、現象学の原理と「事象そのものへの還帰」という願望に反して、構造を押し付ける危険性がある。しかも、

> ……筋書きを完全に類型化する試みは成功していない。筋書き構造の多様性と組合せから言って、それらがカテゴリー的構造に一致することはない。一致させるには、経験を有意味に解釈する力を個別の物語に与えるような特定の特徴を、集約的に抽出せねばならない。研究者にとって、さまざまな筋書き配列のレパートリーは、研究対象とする状況で作動している物語を記述するための当座の試みとして、せいぜい発見的に機能しうるにすぎない。(Polkinghorne, 1988, p.168)

本章で提示するような、現象学に示唆を得たナラティヴ分析では、**主題に語らせること** —— すなわち、あらかじめ決まった意味の枠組みを押し付けることよりも、現れるがままの物語の構造と形式に焦点を合わせること —— が最も重要である。筋書きの形式は、分析のある側面をなすかもしれないが（たとえばナラティヴのトーンを検討するさいに）、十分な理由なく演繹的に分析を構造化すべきではない。とはいえそれは、現象学的なナラティヴ分析において、ナラティヴの設定、登場者、筋書きを参照することが不適切だということではない。

8.2 データ収集

解釈派の現象学の諸方法と同様、批判的ナラティヴ分析は、提示されるまま

に人生の物語を理解することを強調するものであり、研究目的によって画定されている通り個性記述的である。この観点からすると事例研究が多くの点で理想的だが、それだけが唯一の可能性でもない。調査中のトピックにまつわる一般的なナラティヴのパターンを特定するため、多くの参加者からデータを収集することももちろん可能である。ただし、CNAは非常に手間がかかる。参加者が数少ない場合であっても、このことは研究実施に際して心に留めておく必要がある。

　データはさまざまなしかたで収集できるが、心理学的研究にとって最も適切なのは半構造化インタビューであろう。特に、ライフ・ヒストリーまたは伝記的インタビューは、ナラティヴ分析に適した素材を引き出すのを容易にしてくれる（5章参照）。ここでの焦点は、ナラティヴ・データの産出を後押しすることにある。参加者が自らの人生の特定の側面についてインタビュアーに語ってくれるような少数のオープンな質問だけでよいかもしれないし、物語ることを後押しするもっと複雑な方法が含まれるかもしれない。マカダムス（1993）は、ナラティヴ・データを生み出す数多くの方法を提供している。たとえば、口火を切る発言について彼は次のように示唆する。

　　自分の人生を一冊の本のように考えることから始めてみてください。あなたの人生の各部分が本の一章を構成します。もちろん、現時点でその本は書き上がっていません。それでも、興味深くて、明瞭に書けた2、3の章がすでに含まれていることでしょう。あなたの望む通りに人生を主要な章に分けてかまいませんが、私が提案するのは、少なくとも2つか3つ、多くても7つか8つの章に分けることです。これをあなたの本の全般的な目次だと考えて、各章に名前をつけ、概要を記述しましょう。ある章から別の章へ移行させるものが何なのか、簡単に検討しておきましょう。このインタビューの冒頭部分はどこまでも延長することができますが、相対的に短めにしておくこと、およそ30分から45分にすることをお勧めします。そうすれば、「物語すべて」をここで語りたくはならないでしょう。物語全般についての感じ —— あなたの人生の主要な章立て —— だけを話してください。(McAdams, 1993, p.256)

　ここから続けて、マカダムス（1993）は、その人の人生において8つの鍵になる出来事を質問するよう示唆する。頂上の体験（最高点）、どん底の体験（最低点）、分岐点（その人が人生における重大な変化を経験したところ）、最初期の記憶、幼児期の重要な記憶、青年期の重要な記憶、大人になってからの重要な記

憶、その他の重要な記憶、である。次に、参加者の人生における重要な人々に関する質問へとインタビューは続く。第四段階は、今後の計画についての質問——その人の人生において次に何が起こるかという筋書き——を含む。これに続く第五段階は、その人が経験してきた問題とストレスに関するもので、語り手はそれらを2つに絞り込むよう推奨される。次に、個人的な考え方や基本的信念を考慮する。インタビューの最後のセクションでは、人生全体のテーマについて質問する。この段階的なアプローチは、当然、十分な量の適切なナラティヴ・データの産出を後押しするが、インタビュアーと参加者の双方にとってむしろ規範的で要求が多い。また、参加者の人生全体よりもその特定の一面（その人の身体イメージ、病、性的アイデンティティ、「カミングアウト」の経験、サッカー選手としてのアイデンティティなど）が焦点となる場合も多いし、そうだとすると、研究上の問いの枠内でナラティヴ・データの産出に焦点を当てるほうがより適切だろう。このようなわけで、「○○についての話を語る」ことを求める質問をたずさえ、物語ることを後押しするよう計画された半構造化インタビューのほうが適しているであろう。

　ナラティヴ分析のための別のデータ収集法としてグループ・ディスカッションもある。現象学的方法の多くは、個人と、生活世界における個人の経験に焦点を当てるが、CNA は個人的ナラティヴにもグループ・ナラティヴにも、その産出を理解するのに用いることができる。ウェブ上のテクストや他の文書資料も分析に適した媒体である（詳しくは5章参照）。リクール（1981）が強調しているように、記録〔訳注：原語は inscription で、テクストとして書き記すことの意〕の過程では**疎隔化**（distanciation）が生じ、テクストから著者が分離されてゆく（4章参照）。それゆえ、インタビューの特権的な地位は疑問視されることになるし、その他のテクスト源が、人間性と社会的世界について洞察を得るのに代替的かつ有効な方法を提供してくれることにもなるのである。

8.3　方法

　批判的ナラティヴ分析には6つの段階があるが（図8.1参照）、それぞれを完全に分離したものと見なすべきではない。というのも CNA のひとつの目的は、種々の分析ツールを総合して、より十分に分析者が批判的にデータと取り組み、調査中の現象に光を当てられるようにすることにあるからだ。特に、最初の5段階の取組みを終えると、研究を文章にして提示する最後の段階に至り、各種の結果をまとめ上げることが必要となる。最後の段階での総合は容易に記述で

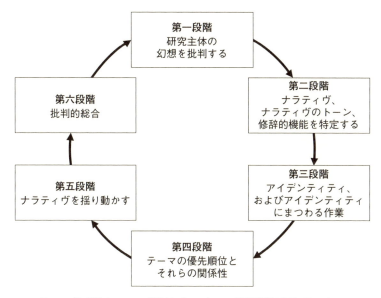

図8.1　批判的ナラティヴ分析（CNA）——解釈学的循環に取り組む

きるものではないが、ひとたび読者が本章に収められた詳細な事例を読んだなら、そこに含まれるプロセスを理解できると期待される。ただしその前に、最後の総合に至る前の5つの各段階について、概要を示す必要がある。

以下の記述から明らかなように、CNAは分析者に多くを要求する複雑な方法である。時間がかかるし、高度なオープンさだけでなく高度なスキルも求められる。これらの要求は過小評価されるべきではないし、この方法を用いることを考えている研究者は、自分の研究にとって最適な方法を決めるさいに、以上のことを念頭に置いておく必要がある。費用に比べ利益のほうが大きいと私は信じるが、すべての研究プロジェクトにそれが当てはまるとも限らない。より単純な代案のほうがより良い選択となる場合もあるだろう。いつもの通り、どのような決定も、研究目的と、私たちの作業にとっての実質的制約にもとづいてなされるべきである（8.6、および9章でのこの論点についての議論を参照）。

8.3.1　第一段階 —— 研究主体の幻想を批判する

第一段階は、手中にしたトピックに最も適した解釈学を用いて、研究者が自己自身を批判にさらすことから始まる。実質上、この段階は反射的に関与するための契機である〔訳注：反射性については5.4参照〕。研究者が自らの背景と

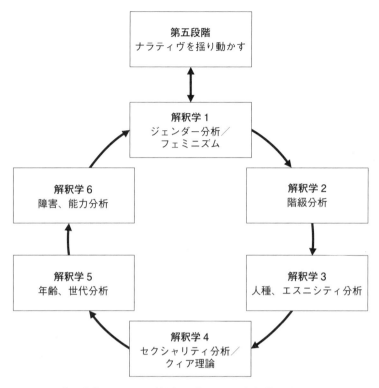

図8.2　第五段階　ナラティヴを揺り動かす —— 解釈学的循環の扉を開く

経験を振り返り、立てられている問い、また、自身がその産出に関わり分析の基礎を形成することになるデータに、そのことがどう影響しうるか考察するのである。図8.2では、可能性のある6つの懐疑の解釈学を取り出している。ただし、他の分析にとってこれらが適している場合もそうでない場合もあることに注意しよう。他の解釈学が分析に不可欠なこともありうる。解釈学の選択については、後で第五段階を論じるさいにさらに言及する。第五段階では、懐疑の解釈学を分析者がテクストに振り向けていくことになる。

　最初は、トランスクリプトを読み通すことが重要である。研究者としてそのトピックを選択したのはあなただろうし、該当分野についてもあなたはそれなりに詳しいだろう。とはいえ、テクストへのオープンさを保って、意味を特定するさいの「地平融合」（Gadamer, 1975, 邦 1986-2012）の余地を残しておくことも重要である。意味がある程度つかめたら、そのトピックがあなた個人にとって何を意味するのかよく考える必要がある。お勧めしたいのは、そのトピック

に関するあなたの信念と、その信念が資料の理解に及ぼしうる影響について、短文にして書くことである。これは事実上、手にしているトピックにまつわるあなたの世界地平の輪郭を描く試み（試みと言っても、不十分な試みにすぎないが）である。今重要なのは、適切な解釈学にあなた自身をさらすこと、これによって、そのトピックについてのあなたの先入見を十分に批判し、あなたなりの世界知覚を支えている仮説をさらに解明することである。理解しておくべき重要な点は、自己と他者の双方〔訳注：研究者と参加者〕に批判的社会理論をもって関わるという要請は、研究過程においては比較的稀なあり方だということである。多くの方法はそれに習熟することを求めるが、ひとたび習熟すればその方法は（多少とも）全般的に適用できるようになる。批判的ナラティヴ分析の場合、分析者は限定された範囲のトピックか（たとえばセクシュアリティやエスニシティ）、もしくは、時に競合したりきわめて複雑化したりする他の多くの社会理論の解釈学に取り組まねばならない。この方法に備わる力が十分に発揮されるには、理論、方法、トピックへの個人的かつ専門的な関与が多くの点で求められるのである。簡略版を用いることももちろん可能だが、他の方法の場合に比べて、CNAでは多くの長所を失ってしまうことになりかねない。

　注意しておくが、この分析で支持される懐疑の解釈学は、精神分析やマルクス主義のような深層の解釈学ではない。私はこれらに代えて、意味・追想の解釈学（通常の現象学のプロジェクト）と、リクール（1970, 邦 2005）が主導した懐疑の解釈学の区別を保持しつつ、解釈学の種類にさらに区別を設けている。特に私が区別するのは、懐疑の解釈学における2つの種類、**深層解釈学**と**想像解釈学**である。深層解釈学は、表面下のより深い意味を掘り下げることを求める考え方にもとづく解釈の諸方法を指す。深層の意味は、いつもとは限らないがしばしば、探求の焦点となる主体には隠されている。古典的な深層解釈学は精神分析である。ここでは、不安から自己を防衛しているとか、自己の諸側面を他者に投影しているなど、主体が無意識の力動を感知していることを示す糸口を、分析者がテクストに探し求めることになる（Hollway & Jefferson, 2000）。話をする人は、自分の話の意味に気づいている必要はない（分析者が無意識の力動を探求しているため、むしろ気づいていないことがしばしば期待される）。というのも、参加者本人より分析者に断定されることで、明白な（表面的な）意味が深層の意味に道を譲ることになるからである。言うまでもなく、このような分析的方法には異論も多い。主要な現象学的心理学者によると、そのような懐疑の解釈学は現象学から離反するものだと言う。現象学は、意識を重視して（たとえば Ashworth, 2003a）、それが経験された通りに、参加者の生きられた世

界を理解するものだからである。

　対照的に、想像的な懐疑の解釈学は、顕在的なものへの単一焦点を越えるやり方である。参加者にとっての意味を分析者に従属させるのではなく、社会理論に批判的に関わる。ここで私が示唆しているのは、参加者にとって明らかでないような意味を表面下に探すのではなく、適切な社会理論のアイデアを用いて、批判的な形で想像的変更（2章参照）に携わることである。すなわち、分析者は、特定の解釈学を用いることでオルタナティヴな見方の獲得を目指すのである。表面下に隠れた真理を暴くやり方ではなく、オルタナティヴな立場に立つことで —— 現存するイデオロギー構造の内部で、私たちはつねにどこかある場所から物を見ている（Ricoeur, 1996, 邦 2011）、ということを認識しつつ —— 顕在的なものを批判的に越え出ることが可能になるのである。この移行で、テクストの意味のより優れた解釈を分析者が提供することにはならない。むしろ、生活世界を理解するうえでの**パースペクティヴの転換**がもたらされる〔訳注：社会理論を援用することで、研究者や参加者の前提する価値観を離れた視点から世界を見ることができる〕。参加者たちがそのなかで生活し、それゆえ人生を語るうえで自然に再生産してしまうナラティヴの社会的想像力を批判的に問いただすことで、それがもたらされるのである。懐疑の深層解釈学を用いてその人についての隠れた「真理」をつかめるというのがここでの主張ではない。そうではなく、現象についてのオルタナティヴな観点、特に、より広い社会文化的言説におけるオルタナティヴな着地点を提供することができるということである。ある人の生活世界と当人にとっての意味に焦点を合わせるのではなく、世界について語る当人のやり方を可能にするとともに制限もしているナラティヴ世界を、批判的に分析するのである。

8.3.2　第二段階 —— ナラティヴ、ナラティヴのトーン、修辞的機能を特定する

　次に必要なのは、テクストのなかで明確に識別できるナラティヴを特定することである。1件のインタビューには、1つまたは複数のナラティヴが含まれる。分析者はテクストを読み通し、ナラティヴを輪郭づけて取り出す必要がある。実際には、テクストのなかに、際立っていて同定可能な物語を探すことになる。一律に研究目的によって枠づけられた1つの主たるナラティヴがあるものだが、この枠内で他の多くの物語が見られるかもしれない。新たな設定や新たな登場人物を含め、内容の変化によって特徴づけられる新たな発端を探すことで、記録のなかにナラティヴの一群を特定することができる。

ナラティヴのトーンも表現された意味について重要な洞察をもたらすものであり、それゆえ検討を要する。トーンから明らかになるのは、テクストの内容からは明白でないような、語られた物語についての情報である。トーンは楽観的だったり悲観的だったり、喜劇的だったり悲劇的だったりする。いずれにせよ、そこには何らかのトーンがあり、ナラティヴの意味を開示している。人が遭遇しうる特定のトーンについて、何人かの著者がそれを特徴づけようとしているが、現象学的には、事前に決まった枠組みにナラティヴを当てはめようとするより、利用可能な最も適切な記述語を用いるのが最善であろう。また、ナラティヴのトーンの変化に注意することも重要である。ある人はナラティヴが楽観的であるように語り始めるかもしれないが、物語の進展とともに、ずっと悲劇的なのが明らかになるかもしれない。テクストの修辞的特徴が特定のトーンを生み出していないかどうか注意することも、ナラティヴのトーンを特定する仕事の一部である。だからたとえば、ナラティヴが陰に陽に言い訳や正当化や批判によって味付けされていることに気づくかもしれない。これらは、分析しているナラティヴのトーンを際立たせるものであり、展開しつつある議論を強化するのに役立つであろう。

　ナラティヴの機能を特定することが、テクスト分析の次の段階である。この物語は何をしていると考えられるだろうか？　どのような物語が語られているだろうか？　意見を述べること（すなわち態度を表出すること）は、修辞的言説を含む (Billig, 1997)。修辞的言説は、説得のためにデザインされた論争的な語りであり、説明、正当化、および批判を含む。バフチン (Bakhtin, 1986) によると、すべての語りは対話的であり、それゆえ、つねに他の語りへの応答である。そのようなものとして、いかなる語りの意味も（簡潔な指示であれ、人生のナラティヴについての詳細な説明であれ）、それが生み出された特定の会話的文脈と、その他の言説を含むより広い文脈において理解せねばならない。人々は決まって、敵対すると見られる立場に対抗する立場を提示し、自分自身の見方を正当化したり説明するとともに、敵対する見方を批判する。批判的ナラティヴ分析では、ナラティヴのどの点でなされる修辞的用法にも注意を払うことが重要である。何らかの意見の表明（態度の表出）が語りにともなうナラティヴはすべて、ある立場を正当化したり、他の立場を暗に批判したりする局面をともなうものである。ナラティヴの修辞的機能は、ナラティヴの行程を通じて変化することもあれば一貫していることもあるが、いずれにせよ、語り手が住まうより広い語りの世界との関係において、語り手に立場を与えるべく機能し続けている。

8.3.3　第三段階 —— アイデンティティ、およびアイデンティティにまつわる作業

リクール（Ricoeur, [1987] 1991, pp.435-436）によると、「吟味された生とは……物語られた生」であり、そこでの生とは、「私たちを構成するナラティヴ・アイデンティティ」の回復を試みる構築的プロセスである。すなわち、アイデンティティは、私たちが語る物語を通じてナラティヴによって構築されるのであり、自己は私たちが構築する物語を通じてもたらされる。以上を念頭に置いて、この段階の分析では、ナラティヴにおいて生まれつつある特定の自己を見つめる。トランスクリプトと再度しっかり取り組み（今やなじみのあるものになっているだろう）、ナラティヴによって生み出された自己の特定を試みるのである。この人は何者なのか？　ほかならぬこのナラティヴが構築しているのはどのような人物なのか？　またそのことは、当人について私たちが知っていること（性別，セクシュアリティ，年齢，エスニシティ等）や、議論になっているトピックとどう関係するのか？　もちろんのことだが、修辞的機能やナラティヴのトーンも特定の自己感覚をもたらす重要な要因となるものである。第二段階と第三段階は本章では区別しているが、その区別はいくぶん人工的なものである。

8.3.4　第四段階 —— テーマの優先順位とそれらの関係性

この段階はなじみのあるものだろう。というのも、ここでせねばならないのは、語られた物語における諸テーマと、それらの関係性を特定することだからである。ただし、より伝統的なテーマ分析とは違って（Langdridge, 2004a）、テクストを分析過程において細分化しすぎないことが重要であり、そのため体系的なコーディング（第一水準と第二水準，記述からパターンへ，等）も通常は行わない。その代わり分析者は、提示されたナラティヴが持つ（しばしば一貫した）感覚を失うことなく、テクストに含まれる主要な諸テーマを特定しようと試みる。この作業では系統だったしかたでテクストに取り組むことが求められる。解釈学的現象学的分析で行うのと同様に（7章参照）、選択的な読解を通じてテーマを見出すのである。目標とするのは、まずテクストを細分化して意味単位をコーディングするのではなくて、ナラティヴ内部の鍵となるテーマを直接に特定することである。ナラティヴ中に出現する鍵となる文章、語句、各種アイデアの余白にメモを取りながら、テクスト全体と取り組む。このプロセスに携わるうえで、第一段階を振り返り、あなた自身のトピックについての見方を心に留めておくことが重要である。一度テクスト全体を通じて作業を行った

ら、別の用紙に自分の考えをまとめて一覧表にしておく。そのさい、あなたの考えを意味のまとまりへと整理してみよう。別紙に書き留めた個別の考えに行番号の詳細を含めておくと、テクストに戻って参照しやすい。意味のまとまりができたらテーマに取り組み、それらが別々か、同一のカテゴリーにまとめられるかを見きわめる。各テーマをさらに下位テーマに分類すべきかどうかも検討する必要がある。あなたの設けた諸カテゴリーを洗練させながらそれらの関係性を検討してゆく循環的なプロセスに携わるなかで、何度もテクストと〔インタビューの〕テープに戻ることが大切である。

8.3.5 第五段階──ナラティヴを揺り動かす

この段階では、分析者は直接的にテクストの政治的批判に関わることになる。意味・追想に取り組むのに懐疑の解釈学が必要かどうかは議論が分かれる。ただ、テクスト分析のいくつかの理論に見られるナイーブな現象学に対抗するには、懐疑の解釈学が潜在的にきわめて重要である。ガダマーとハーバーマスの論争に介入しつつリクール（1981）が明確にしたように、私たちは決して「どこでもない場所からの見方」をとることはできない。すなわち、私たちはつねに、ある場所から、ある伝統から、あるイデオロギー的立場から語るのである。超越論的主体を論じる現象学の立場が、あらゆるイデオロギー的立場の外部に位置しうるとするのは、議論の余地はあるが、ナイーブである（Langdridge, 2004b）。私たちは物理的状況に位置づけられそれに左右されるだけでなく、社会的、文化的、政治的状況にも位置づけられそれに左右される（Ricoeur, 1981）。私たちは先入見をカッコに入れてテクストから意味を追想できるが、それはつねに不完全である。だからその目標を放棄すべきだというのではない。このことはおそらく、分析者の状況性について誠実かつ注意深くある必要性を思い起こさせているのである。

研究者はここで解釈学的循環を成し遂げる必要がある。ただし第五段階では、研究者が自己自身に解釈学を振り向けるのではなく、想像的な懐疑の解釈学に立ち返ってテクストを問いただしてゆく。この段階は明らかに政治的であり、研究者が批判的社会理論に関与することが求められる。研究主体の幻想を批判し、また、意味・追想の解釈学だけでなく想像的な懐疑の解釈学にテクストをさらす必要を認めるなら、次に問われるのは、どのような解釈学をこの仕事に用いるべきかということだろう。私は、可能性のある6つの批判的な懐疑の解釈学を列挙しておいた（図8.2参照）。ただし、どんな分析であれ、これらのいずれもが適していたりいなかったりすることに注意しておこう。他の批判

的解釈学が分析に欠かせないこともありうる。たとえば、おそらくクィアの解釈学や人種／民族の解釈学と組み合わせた、トランスセクシュアルの解釈学や文化の解釈学がより有効かもしれない。このリストは排他的でも網羅的でもなく、批判的な解釈学的分析で使われることが多い選択肢のいくつかを示したものである。同じく注意してほしいのは、これらの解釈学は6段階として図示してあるが、便宜的に批判的ナラティヴ分析との関係で位置づけてあるだけだということである。多くの批判的解釈学は互いに交差するし、そのようなポイントこそ批判的分析にとって特に重要である可能性がある。人種と階級、ジェンダーとセクシュアリティは、こうした批判的立場の接点がしばしば重要かつ実り多いことを示す明らかな事例である。

8.3.6　第六段階 —— 批判的総合

　最終段階では、諸結果の総合に取りかかる。明らかに、分析には手間がかかるが、その結果を明確にまとめることが重要である。最終段階は必ずしも型にはまったものではないが、諸結果の総合と提示にあたっての指針を示しておきたい。第一に、参加者の声を重視しつつ、鍵になるナラティヴとそこに含まれる諸テーマを提示することが重要である。他の現象学的心理学の諸形態と同様、分析のこの側面はここでもきわめて重要なのである。ナラティヴとテーマを記述するうちに、アイデンティティにまつわる作業がなされるだけでなく、ナラティヴのトーンと修辞的機能についての考察も可能になる。もちろん、さまざまなナラティヴ・アイデンティティが構築される様子を考察することは、分析の他の部分から切り離して行うことも可能だが、その場合、ナラティヴおよびテーマの記述と参加者の主観性とを分離してしまう危険がともなう。最終的に、想像的な懐疑の解釈学に関する作業を提示することになる。これはナラティヴの構造とそのトーンに関する考察と並行して行うこともできる。ただし、参加者の主観性を分析者の主観性の下位に組み込むことを避け、また、偏った社会理論の解釈学を用いることを避けるよう、注意せねばならない。批判的で想像的な作業は、先に述べたテクスト読解のオルタナティヴな方法についての暫定的な示唆からしても、別々に扱うほうが利点をもたらしやすい。

8.4　研究結果の提示

　批判的ナラティヴ分析の研究は、解釈派の現象学の諸研究に類似する書式で提示される。すなわち、最初に文献をレビューし、研究の正当性を主張する。

続いて分析方法をある程度考察し、必要に応じて哲学や方法論にも言及する。研究参加者の詳細について、従来どおりの量的な形式（関連する統計上の変数の細部を含む）、または理想的には、参加者に関するより広範な伝記的記述によって提示する。次に、テクスト中に特定された（または考察のために選択された）主なナラティヴによって構造化しながら、結果を提示する。ナラティヴのトーンと修辞的機能は、この段階で考察する（それらの分析における働きに応じて、後でもよい）。主なナラティヴの記述は、テーマ分析から生じた諸テーマによって分割する。最後に、想像的な懐疑の解釈学について新たな一節を提示する。この節では、（これ以前の方法論に関する節で触れていないなら）使用した特定の解釈学について考察し、併せて、それが主体の幻想を批判するさいに与えた影響の細部、テクストの意味を解読するうえでのその解釈学の関わりについて考察する。

　この節は、まず、そのトピックについて、また、結果を生み出すうえで研究者が果たした役割について、いくぶん広範な反省的考察から始めるのが適切である。続いて、使用した特定の懐疑の解釈学が意味を特定するさい与えた影響について、さらなる考察を展開する。こうすれば、特定の解釈学を導入することについて批判的考察を続けることができる。結果を提示するこのような形式は、懐疑の解釈学の非正統的な使用を避けるうえで重要である。非正統的な使用は、分析者の主観をテクストに投影することを通じて、参加者が与えた意味を損なうことにしかならない。最後に結論の節を設け、そのトピックについて結果が意味するところを述べ、さらなる研究への示唆を与えておきたい。学習のため、研究ボックス8.1を参照すること。この研究は正式にCNAを採用したものではないが、リクールの哲学、および本章で描写した方法に依りつつ、心理学的探求にCNAが有益な代案をどのように提供しうるか、洞察を与えるものになっている。これはトレヴァー・バット博士と私自身による研究で、ポール・リクールの哲学に依拠した批判的ナラティヴ研究を実行した初期の試みを代表している——それゆえ、CNA実践のモデルととらえるべきではない。

◀研究ボックス 8.1▶

サド・マゾヒズム的アイデンティティ構築の解釈学的現象学的研究

Langridge, D. & Butt, T. (2004). A hermeneutic phenomenological investigation of the construction of sadomasochistic identities. *Sexualities*, 7 (1), 31-53.

　この論文は、ポール・リクールの哲学に直接依拠するナラティヴ研究を例示するものである。トレヴァー・バットと私は、サド・マゾヒズム（SM）的なアイデンティティが構築される道筋についてより十分に理解することを試みた。論文でも指摘した通り、サド・マゾヒズムの共同体内部の人々の声に焦点を当てた研究はいくつかあったものの、先行研究の大半はサド・マゾヒズムを最初から病理として扱っており、医療または心理学の専門家の声が、満足しつつ同意のもとでこれらの実践／アイデンティティに関与する人々の声をかき消していた。本論文はウェブ・テクストの分析も含んでおり、インタビューを強調する通常のものと比べていくぶん変わったものになっている。ただし、そこで述べている通り、「リクール（1981）にしたがって私たちが考えるに、心に通じる窓を提供するものとしてインタビューの地位を特別視するのは誤りである。入手可能な無数のテクスト源すべてが人間性について貴重な情報を提供するのであり、それゆえ正当な社会科学的分析を保証するのである」(p.32)。論文ではウェブを組織的に調査し、テクストにおいて鍵となるナラティヴ（または話題に上るテーマ）を取り出した。それらは、サド・マゾヒズムが病理的であるとの見方を拒否するもの、または、同意をめぐって明示的な交渉があることを示すものであった。さらに、これらの最初の包括的なナラティヴには、サド・マゾヒズムが幼児期のトラウマの所産であるとの信念、サド・マゾヒストは満足な関係性を形成できないとの信念への反論に関わる2つのサブテーマが含まれていた。論文では、これら2つのナラティヴの詳細とテクスト内部におけるその構築を検討するとともに、親密性の変容、および、性的シティズンシップの興隆について、理論的展開を示唆した（Bell & Binnie, 2000; Giddens, 1992, 邦 1995 を参照）。私たちは特に次のことを示すよう努力した。(1) この分析メソッドがいかにして現象学とディスコース心理学の限界を超えうるか。(2) いかにして、サド・マゾヒズムの物語——その焦点は明らかに、オープンさ、同意、支配力のプレイにある——が、パロディとプレイを利用することで、（同意もなく圧制的になされる）制度的な権力構造に対する批判的挑戦として働きうるか。

8.5 研究事例――親になることについて若いゲイ男性が抱く期待

この事例は、親になることについて若いゲイ男性が抱く期待に関する研究から採ったものである。研究では、子どものいない若年ゲイ男性20名へのインタビューを実施した。インタビューは半構造化され、彼らの成長過程についての経験と、将来子を持つ父親になることへの願望に関する一連の質問を含むものだった。研究の動機となったのは、この後期近代において、ゲイ男性が親になることをめぐる新たな物語が現れ、さらに大きく実現しつつあることだった。前世代のゲイ男性も子どもを持つことはあったが、その場合でも、この種の物語を可能にする既成のナラティヴはなかったと思われる。この点が変化しつつあり、今日の若いゲイ男性の経験はたった一世代違いで生まれたゲイ男性のそれとは大きく異なっているだろう、私たちはそう考えた。インタビューは研究助手が実施し、そのトランスクリプトを作成した。データボックス 8.1 には、18 歳の若い白人ゲイ男性へのインタビューの一部が収められている。

8.5.1 第一段階――研究主体の幻想への批判

分析は、トランスクリプトを読み通すことから始まる（データボックス 8.1 を参照）。そのうえで、このトピックが分析者であるあなたにとって持つ意味をよく考えてみる必要がある。研究者は、自身にとって関心のあるトピックを選んでいるだろうから、そのトピックにはすでになじみのあることが多いだろう。私にとって、この事例はまさにそうであるが、そうだとしても、驚きが生じるのであり、自己と他者についてテクストが明らかにすることにオープンであることは重要である。テクストの持つインパクトについて 1～2 段落の文章を書き、それによって表面化する信念を書き留めることをお勧めしたい。これに続いて、分析者の立場を下支えする仮説を明るみに出す、批判的な懐疑の解釈学に関わることが求められる。この事例では、男性性の意味を焦点化するゲイやクィアの解釈学、また場合によって、フェミニストの解釈学に関わることになるだろう。ここでは、適切な文献を読み、自己分析のプロセスに携わることが求められる。男性、男性性、セクシュアリティ、および、これらがあなた自身の世界での経験に持つ意味に特別な注意を払いながら、あなた自身の世界内存在のしかたを批判的に評価することになる。この事例の場合、私は、レズビアン、ゲイ、バイセクシュアル、トランスジェンダー（LGBT）の心理学とクィア理論について広範な読書をすでに済ませていたが、さらに読み進めよ

うとしていた。重要なのは、これら若いゲイ男性の物語を読みながら、自分にとってそれが何を意味するかを批判的に振り返ることだった。たとえば、私は一方で、クィア理論に、また、アイデンティティを二分するカテゴリーを解体することに惹かれているが、私自身のセクシュアリティについての理解と政治的野心（性の解放と、それを現在の政治情勢で達成するための対抗的アイデンティティ・ポリティクスの必要性）とは、しばしば折り合いが悪い場面も生じる。そのため、トランスクリプトの読みが複雑なものになったが、そのこと自体がアイデンティティと願望との間の緊張を示している。

◀データボックス8.1▶

親になることについて若いゲイ男性が抱く期待に関する研究からの縮約版トランスクリプト

参加者1 ― 男性，18歳，2001年12月18日インタビュー実施

（インタビュー前半は省略した）
インタビュアー：わかりました。次は、父親になることにどんな期待があ　　1
　るのか、話を進めましょう。親になることに関する、あなたの体験と期
　待について探究したいと思います。最初に伺いますが、未来のいつか、
　自分が父親になるということをあなたは想像できるでしょうか？
参加者：もちろんです！　はい、えっと、現状としては、私は初めて自宅　　5
　を購入したのですが、仕事を失ってしまいました。ええ、なので、経済
　的な観点だけから言うなら、今すぐ子どもを持つことは考えていません。
　家についてしなくちゃいけないこともたくさんありますし。うん、そう
　ですよね……。子どもを持つことについて、気持ちのうえでは確かに準
　備ができていても、経済的にはできていないということです。どう見て　　10
　も未来が不確かなので、現時点で子どもに生まれてきて欲しくはないの
　です。えーと、もう一度職を確保してから、そう、もう少し生きてから、
　たとえばクルマを手に入れて移動できるようになったり、自分の望むよ
　うな家にして一人であれカップルであれしたいことが何でもできると感
　じられるようにしたり、休日を持てるようになったり……今はどれも思　　15
　い通りになっていないのですけれど。もしも、たまたま1回だけ女性
　と寝ることになって彼女が妊娠するとしたら、職を得て、そのお金で子
　育てを助けることが自分にとっては最優先になるでしょう。そこで生じ

ることになる感情的なサポートにはまったく問題ありません。子どもへの愛情、愛着、一緒に過ごす時間が面倒だと思うことは決してありません。そういう気持ちはいつも存在することでしょう。

インタビュアー：わかりました。あなたがこのトピックについて実際に考えたり話し合ったりしたときのことを教えてもらえますか。考えたことはありますよね……

参加者：そうですね、最近だと……うーん……多分……ええ、去年の今ごろ知り合いのゲイ・カップルが……2人ともよく知っていますが……2人で協力して、と言えばいいのか、父親になろうとしていました。そう……彼らはゲイ女性のカップルと知り合ったんです。彼女たちは付き合いも長くて、一緒に育てる子どもがどうしても欲しいと思っていて何年も体外受精に取り組んでいましたが、うまくいってなかったんです。幸運なことに、私の友人は関連する検査を受けて何も問題がなかったので、特別なクリニックに行って体外受精の治療を受けたようです。……うん、それで彼女が妊娠して、もう女の子が生まれました。ジョン〔訳注：参加者の友人の名前だと思われる〕は、子どもを持つことになるとはまったく思っていませんでした。欲しいとはいつも思っていましたが、やむを得ずというか……ゲイというライフスタイルを選んだのだから、きっと子どもを持つこともないだろう、そんなふうにあきらめていました。でも、ええ、知り合いの2人のゲイ女性から話を持ちかけられたとき……そう、彼は喜んで協力したんです。彼は経済的にも子どもを助けていますし、定期的にその子に会っていて、その子も自分のお父さんが誰か知っています。自分が父親であることをパートナーが快く思い、子どもと一緒に過ごすことをパートナーが快く思ってくれている限り、自分は父親でいられるんだって彼が言うのを聞いて私は……。女の子には、2人のお父さんと2人のお母さんがいるわけじゃないんです。彼女にはお父さんとお母さんがいて、2人にはたまたま同性のパートナーがいるってことなんです。だから彼女の洗礼式には……少し前に女の子の洗礼式があったのですが、そこにはゲイもたくさん出席していて、子どもが欲しいねとか、そのうち子どもができるかもしれないねってみんなで話し合ったんです……ええ……それで私は、いつか絶対に自分は父親になるって言ったんです。ゲイだからって、子どもを持つという夢を決してあきらめたくないんです。

インタビュアー：ヘテロ男性の多くが父親になることを……人生における

一種の役割として期待していますよね。ゲイ男性の多くはそれを役割として見ていないように感じますか？

参加者：ゲイ男性の多くは自分がゲイだと気づくと、きっと、父親になることなんか、頭の中で自動的に灯りが消えてしまうんだと思います……そうです……父さんになるかもしれないということなんか。あなたがゲイだとすると（ふっと火を吹き消してみせる）灯りは消えてしまうんです。私にとっては灯りが消えることは決してありませんでした。両親にカムアウトしたとき、母が真っ先に心配したのは自分が子ども好きだということでした。あなたは子どもが欲しくないですか？

インタビュアー：うーん……

参加者：私の答えはイエスで、いつか子どもを持とうと思います。もちろん、私を通じて自分がおばあちゃんになるなんて、母はこれっぽっちも思っていないんでしょうが。もう結婚した兄や、いずれ結婚する妹が子どもを持つのとは、少しだけ違った状況になるんでしょうけれど、でも、自分が子どもをずっと持たないということはないでしょうし、子どもがいる人と一緒になることだってあるかもしれません。そうです……それもありえるんです……うん……過去に結婚したことがあって子どもがいるゲイのパートナー、なんていうことだって。彼と一緒に子育てするかもしれないですし……。将来がどうなるかなんて、本当は誰にもわからないですしね。

インタビュアー：どうしてそんなふうに感じるんだと思いますか？

参加者：何かが……何かがいつもそこにあったという感じなんです。私はいつも子どもが大好きでした……幼い頃から、近所に赤ちゃんがいると、おむつ替えとかミルクやりとか寝かしつけを手伝ったり、散歩に連れていったりしていました。何かが自分には生まれつき備わっているんです、ある時期に決断したということではなくて。……ああ、本当にもう父親になりたいです。私はいつもそう思ってきました……それに、残りの人生でもこの思いはずっと続くでしょうね。実際に子どもが持てても持てなくても、子どもが大好きなのは変わらないでしょうし、欲しいという気持ちも変わらないでしょう。

インタビュアー：カムアウトしたとき、子どもを持てないとお母さんに言われたと、おっしゃいましたね。家族やそれ以外の人々から、社会的なプレッシャーを感じることはありますか？

参加者：まったくないですね。

インタビュアー：まったく？
参加者：もし自分が一人っ子だったとしたら、名字を引き継いでくれる孫を授かって、世代が維持できるように、というプレッシャーを感じていたでしょう。でも、私の兄に子どもができたことを知らされましたし、そのうちもう一人できることも……、ええ、二番目の赤ちゃんを妊娠したという知らせが近い将来あるかもしれません。兄は本当に子ども好きですし、妹も同様です。愛情とケアに満ちた環境で育ったので、私たちにとって、子どもを持ちたいというのは自然な感情なのでしょう。
インタビュアー：あなたは、一人の父親として異なった扱いをされたり、より尊敬されたり、より受け入れられたりすると思いますか？
参加者：ええ……多くの人々が異なったしかたで私に接するでしょうね……うん、多くの人々……多くの人々の意見はきっと、そう、あなたはゲイであることを選んだんだから父親になる権利はないよ、というものでしょう。私に関して言うと、私には父親になる十分な権利があると思います……自分でも知っていますが、私には生殖能力があるんですから……生殖能力があるうちは……自分は子どもを持つべきじゃないなんていう考えは決して心に浮かばないでしょう。ゲイだからと言って、悪い親になるというわけではないでしょう……それに、その子に愛を注がないとかケアしないということにもならないでしょう。
インタビュアー：違いはないということでしょうか？
参加者：まったく違いはないと私は思います。
インタビュアー：親になるという目標を達成するためにどうすればいいか、考えたことはありますか？
参加者：もちろん、何度もありますよ。正直言うと、最近私は……変容を遂げつつあるというほどでもないんですが、自分が100％ゲイなのかどうか疑っていて、子どもが欲しいという気持ちもそれと関係があるのかもしれません。ある女性と暮らして、子どもができるように関係を持ってみることができるでしょうか？　うーん、それは理想的な状況ではないと思います。そういう……、誰かと結婚するとか、ストレートの女性と子どもを持つとか、してみたうえで、もう一度ゲイに戻って彼女と話し合うっていうのはね。私がゲイをやめることは多分ないでしょうから……、友人のような場合もあるかもしれないし、ゲイ女性カップルの仲間とか、独身のゲイ女性とか、独身でストレートの女性とかも、ありえるのかもしれません。どうすればいいか、今のところそこまで十分

に考えたことはありません。まあ、確かに、体外受精がいちばんいいのでしょうね。と言っても、私が欲しがっている赤ちゃんを授かった友人たちにしても……ええ……2番目の子どものときはターキー・ベイスター（笑いながら）を試そうとしているのを知ってますけどね〔訳注：ターキー・ベイスターは、七面鳥のオーブン焼きを作るときにしたたる肉汁をかけ直すのに使う大きなスポイト。転じて、精子をスポイトに詰めて膣内に注入する人工授精の意味を持つスラング〕。自分が親になることを望める立場についたら、立ち止まって、さあどうすればいいだろうって良く考えることになるでしょう。あなたなら、子どもが欲しいゲイ女性のカップルとか独身のゲイ女性に広告を出しますか？　私は単なるパートタイムのお父さんではなく、どうしても養育を分担したいのです。単に出生証明書に氏名が記載されるということではなく、子育ての一部を担いたいのです。

インタビュアー：自分がゲイか否かを考えたことさえある、と先ほど言われましたね。子どもが欲しいという願望から、どのように自分のセクシュアリティを疑問に思うようになったのですか？

参加者：子どもが欲しいという理由だけからではないでしょう。それもひとつの要因だと思いますが、唯一の理由というわけではありません。私は、もうかなり長いあいだ一人です。あまり好ましいことでもないので、男性のパートナーが見つからないのなら女性のパートナーを探してみようかと。ゲイだと打ち明けたとき、母がこんなことを私に言いました — お前はいつも結婚したがっていたし、子どもを欲しがっていたね、多くのゲイがその気持ちに苦労するんだよ、お前には耐えられるの？　相手が女性でも耐えられないだろう、というのが私の答えです。女の子と一緒になり、結婚し、家族を持ち、そして考える — これで欲しかった家族もできた、でも本当に欲しいのは君じゃないんだ、男の人と一緒にいたいんだ — これではフェアじゃないでしょう。女性に対してそんなことができるとは思えませんし、正しいことでもありません。もし子どもを持つのなら、私がゲイだと知っている誰かと一緒に、と想像します。レズビアンでもストレートでも、子どもを欲しがっている人です。

インタビュアー：ゲイ男性として、あなたのセクシュアリティは、親になるという決断にどのような役割を果たすと思いますか？　子どもを望む気持ちにいずれ抵抗が起きるだろうと思いますか？

参加者：ゲイであることは、父親になりたいという気持ちに影響しないと

思います。自分がゲイだと気づく前でさえ、お父さんになりたいと思っていましたから。それは私に生まれつき備わっている何かのように思います。男性だからといって自動的に、そうだ、自分は男なんだから父親として子どもの面倒を見よう、と思うものでもないでしょう。母性本能をまったく持ってないゲイ男性もたくさんいますし。彼らは、甥や姪に会って時々面倒を見ることをとても喜びますけど、一日が終わってその子を返すときにはもっと喜びます。私も喜んで面倒を見ますが、一日が終わってもその子を返したくはないのです。私は子どもが欲しいです……自分勝手な理由からではありません。子どもが欲しい理由は……、いや、どうして誰もが子どもを欲しがるのでしょう？　子どもを欲しがる人はみんな……欲しいという自分勝手な理由からそうしているのではないですか。子孫を残す必要を感じて、育てて愛すべき子どもを持って、という感じで。私もまったく同じですよ。私も子どもが欲しいので、子どもを一人か、将来的にはできれば一人以上持ちたいという欲求を感じています。私がゲイだからといって、子どもを持つべきではない、とは思いません。

インタビュアー：ゲイ男性は子どもを持つことから排除されていると感じますか？

参加者：そのことについて社会全般がいい顔をしないように思います。あなた自身のライフスタイルが悪いのだから、と言わんばかりです……、ほら、ゲイ男性が父親になるべきではないと思っているクリスチャンがたくさんいるのは知ってますよね。私に関して言うと、自分に生殖能力がある限りは……どっちみち私はそれほど宗教的な人間ではありませんが……来週テストに行ってみて私に生殖能力がないとわかれば、それは、私が子どもを持つべきではないと神様が言っていることになるのでしょう。ですが、実際には多くのゲイ男性が……そうですね……私自身にも生殖能力があることがわかったとして、もしも神様が私に子どもを与えたくないのなら、肉体的に自分の子どもができないようになっていることでしょう。いや、もちろん、2人のゲイ男性や2人のゲイ女性が子育てするのは間違っている、と主張する人々もたくさんいるでしょう。そんなのまったくナンセンスです！　馬鹿げてますよ！　同性の人とベッドを共にするからといって、その人が悪い母親や悪い父親になるというわけではないでしょう。それに……愛情とケアに満ちた環境で子どもが育たないということにもなりません。それどころか、ゲイ関係のな

かで育てられ、本当に素晴らしい若者に成長した子どもたちを私は知っています。彼らはよくバランスがとれていて、誰に対しても偏見を持っていません。というのも、2人の母親や2人の父親が偏見を持たれていることに気づいていたからです。ですから、黒人でも白人でも、男性でも女性でも、障害があってもなくても、それで偏見を持たれることがあってはならないということが、彼らには染み込んでいるのです。

インタビュアー：賛同しない人々の否定的な側面をすべて語ってくれたわけですが、あなたが子どもを持つことを決意したら幸せに感じそうな人を思い浮かべることはできますか？

参加者：たくさん思い浮かべることができます。きっと母は大喜びするでしょう。私がどれだけ子どもを欲しがっているか彼女は知っていますし……ただ……本心では私が子どもを持つことにはならないと思っているのでしょうけれど。振り返ってこんなふうに母親に言う日が来るのを待ちきれません —— 母さん、もうすぐまたおばあちゃんになるから編み物を始めるほうがいいよ、今度は僕を通じてだけどね。私を通じておばあちゃんになるなんて決して思っていないでしょうから、彼女はものすごく喜んで、たくさん涙を浮かべるでしょう。

インタビュアー：実際に喜んでいるのはあなたのようにも見えますね。

参加者：うーん。

インタビュアー：あなたには……ある日そう母親に告げたいということが、そのぐらい深く染み付いているのですね。

参加者：その通りです。

インタビュアー：お母さんはそこまで誇らしく感じるでしょうか。

参加者：それは……私が長いあいだ夢見ている日なんです。……あの日以来、よりいっそうね……。ある日、赤ちゃんのお守りをすることになるよと兄が母に初めて告げたのですが、そのとき私は彼女の目に浮かぶ涙を見たのです。母は本当に有頂天でした……あれを上回りたいということではなくて……私はゲイですし、あの感情を上回りそうなら自分でわかります。そのようなことには決してならないでしょう。ただ、母は私のことでものすごく喜ぶに違いありません。同時に心配なのは、どんな人たちが……うーん……私の子どもは、偏見を持って成長することはないでしょうし、父親が2人いたり母親が2人いたりすることは決して悪いことじゃないと教わるでしょう。さっきも言いましたが、親がいない子どもだっているんですし、親がいないよりは一人でもいたほうがい

いと思います。ゲイであるかどうかは、まったく関係がありません。
インタビュアー：お兄さんのことがあったその日、どんなふうに感じたか伺ってもいいですか？
参加者：ええ、私は……はい……、赤ちゃんがもうすぐ産まれると告げられた瞬間、赤ちゃんが大好きになりました。それだけではなくて、この子のおかげでもうすぐ叔父になるんだと思いました。最初の孫だから母は大喜びするだろうし、父も同じだろうとわかっていました。妹と私にとっては、初めて叔母や叔父になるということでした。赤ちゃんが産まれる予定を知ったときは、待ちきれずに最後の日々を指折り数えましたし、赤ちゃんがどんな感じか、見たくてしょうがありませんでした。私に少しは似ているんでしょうか？　その小さな塊を腕のなかに抱っこして、自分の血と肉を分けた存在だと知るんですよ。自分の直接の子孫ではないですが、私の兄とお嫁さんの子どもですからね。よく憶えていますが、外出してお祝いをして……斬新な言い方をしますけど〔訳注：陳腐な言い方をするさいに先回りしてこのように言う〕、べろんべろんに酔っぱらいました。ええ、とっても幸せだったからです。笑いましたし、泣きました。そして……うーん……これこそ私が実現したいことだと思い、涙がこぼれました。私は子どもが持てるようになりたいのです。成就する日は来ないのでしょうか？　私が自分の考えを撤回することはあまりなさそうですけど……ただ……落ち込んだり、そうならないんじゃないかと疑ったりすることはあるかもしれません。ですが、私はこのような観点で見ています……ええ……とりあえず今を生きて人生を持ち直すこと。そうして、子どものいる真剣な関係に一生関わり合う準備ができたと感じたら、また、それができるような金銭的な保証ができたら、全力で前に進もうと思います。
（インタビューは続く）

8.5.2　第二段階 ── ナラティヴ、ナラティヴのトーン、修辞的機能を特定する

　データボックス8.1 に示したのは、抜粋されたインタビューのトランスクリプトにおけるナラティヴ1件のみで、子どもが欲しいという若い男性の願望を記述したものである。とはいえ、このインタビューには、伝統的な幼少期や家族の役割について、良い育児と悪い育児について、友情の構築と情動の表出について等、その他のナラティヴも含まれている。これらのナラティヴの多くは、

とりわけセクシュアリティと家族生活に関わる形で挟み込まれているが、研究者の与えた枠組みがセクシュアリティと家族生活にあるのだから、それは驚くことではない。ここに示されたナラティヴでは、この男性が子どもを持つ願望をどのように形成しているか、その願望を自身の生物学的な家族や幅広い友人のネットワークとどのように関係づけているか、といったことが見て取れる。最も重要なのは、彼が「家族」をめぐる規範的ナラティヴ（Bruner, 1990, 邦1999）とこの願望をどのように関係づけているか、ということである。規範的ナラティヴとは、個別の個人的物語に見られるものの、人生をいかに生きるべきかという全般的な社会的物語を代表するようなナラティヴのことである。このナラティヴでは、現実の障壁を克服できれば将来子どもを持ちたいという明確な期待のもとに、過去、現在、未来が結びつけられている。それにより、子どもに愛情を注ぎケアしたいという自らの願望と、母親に孫の顔を見せたいという願望が共に満たされることになる。

　ナラティヴのトーンはトランスクリプトを通じて移り変わってゆくが、楽観的で希望に満ちたトーンとどこか悲劇的なトーンが入り組んで、啓発的な混合物になっている。物語は楽観と希望に満ちて始まり（5-21 行）、親になることへの障壁が認識されるものの、子どもを持ちたいという願望と意欲が中心的な位置を占めており、それは脇に追いやられる。この点は次の応答部分でより具体的になる（22-51 行）。彼は末尾で、自らの願望を充足する決意を強調している。

　……そこにはゲイもたくさん出席していて、子どもが欲しいねとか、そのうち子どもができるかもしれないねってみんなで話し合ったんです……ええ……それで私は、いつか絶対に自分は父親になるって言ったんです。ゲイだからって、子どもを持つという夢を決してあきらめたくないんです。

　この願望の実現についてさらに語り始めると、彼は自身のセクシュアリティを疑い始め、それとともにナラティヴのトーンも変化し始める（110-150 行）。この節のナラティヴには受苦の感覚が見られる。彼のセクシュアリティをめぐる悲しみ、また、親になり、長年の願望を満たし、母親に孫を提供したいとの欲求を満たすにあたって、彼のセクシュアリティがもたらすと見られる困難がつきまとっている。141-143 行には、彼が母親に「カムアウト」したさい、結婚と子どもについて疑問を投げかけた母親の語りを含んでおり、それは、この若い男性のナラティヴにおいて中心的な位置を占めるジレンマを提示している。

この点は、孫を持つことで母親が彼について感じるだろう誇りについて詳しく語るさい、よりいっそう強調される（195-223行）。孫についての紹介で大詰めとなり、ナラティヴはここでクライマックスを迎える。それとともに、悲劇の物語から希望と可能性の物語へと、話が転じる。
　ナラティヴの修辞的機能や、規範的ナラティヴとの連動性も、インタビューを通じて転じてゆく。ただし全体を通じて、ゲイ男性が親になる選択に反対するナラティヴへの、暗黙の（ときに明確な）反論が見られる。52-54行では、インタビュアーが異性愛と同性愛を区別して、セクシュアリティと親になることとのあいだに潜在する緊張を指摘している。その返事では、親になることをめぐってゲイ・コミュニティの内と外で見られる規範的ナラティヴについて、参加者がどのように認識しているかがわかる。自らのセクシュアリティのため親になることから自動的に除外されるとするゲイ男性たちの見立て（55-61行）、また後のほうでは、社会の意見が彼の願望に反するかもしれないという見立てが述べられている（171-194行）。
　親や家族の説明をめぐって、自然で生物学的な規範的ナラティヴとの、直接の修辞的な結びつきも見られる。インタビュアーが73行で「どうして」と問うて説明を求めているが、それに応じた74-82行では、「生まれつき備わった」願望について、規範的ナラティヴを引き合いに出しており、後にはそれが自然で生物学的な衝動として解釈されている（154-158行）。この点は、173-183行で特に明確になる。彼はこのように述べている。

　　私に関して言うと、自分に生殖能力がある限りは……どっちみち私はそれほど宗教的な人間ではありませんが……来週テストに行ってみて私に生殖能力がないとわかれば、それは、私が子どもを持つべきではないと神様が言っていることになるのでしょう。

　この点は、異性愛カップルと子どもをめぐる彼らの願望についての研究にもいくぶん類似している。愛情や愛着だけでなく、生物学的な意味で自分たち自身の子どもを持ちたいという欲求が強調されるのである（Langdridge, Connolly & Sheeran, 2000）。ただしここでは、異性愛カップルの研究とは対照的に、子どもが欲しいという願望がかなわなかったとしても、「神」や「自然」の意志として受け入れる準備ができている。
　ナラティヴの内容とトーン、意味上の含み、修辞的機能について、まだ相当に議論の余地があるが、紙幅の関係でこれ以上詳述することは避ける。ただし、

110-113 行、154-156 行において、自身の願望を正当化するために修辞上の工夫がなされていることは、少し注意しておくに値する。ここでは、子どもが欲しいという願望が彼自身のセクシュアリティよりも本質的なものとして構築され、意図的に両者が分離され（151-158 行）、きょうだいへの対抗という複雑な物語に対して構築され擁護される（63-72 行，88-94 行，198-201 行，212-218 行，226-247 行）。

8.5.3　第三段階 —— アイデンティティ、およびアイデンティティにまつわる作業

　トランスクリプトにはアイデンティティへの多大な取り組みが見られ、その多くが上述したナラティヴの作業に関連している。彼はさまざまなしかたで自身のアイデンティティを構築しているが、それは一貫して家族に関係している。彼は気持ちの上では成熟しており、ケアする素質を持ち（226-247 行）、子どもを欲する願望が強いが、最初の節で（5-21 行）、子どもを持つ前に金銭的に安定している必要があると、自分を責任ある者として提示している。「アクシデント」の可能性も受け入れたこのような自身の願望の昇華は、彼を、年齢以上に成熟し、責任感があり、熟慮する若者として構成することに役立っている。後に 55-61 行で、彼は自分自身を他の多くのゲイ男性とは異なる者として提示している。自身の共同体における規範的ナラティヴを受け入れるのではなく、別の道を探すだけの強さと決意を持つ者として提示しているのである。ただし、アイデンティティをめぐる努力の多くは彼の家族（特に母親）と、将来に向けて家族を維持し（88-94 行）、兄のように（63-68 行）「良き息子」であろうとする願望とに関係している。このアイデンティティがいくつかの水準での葛藤につながっており、修辞的な作業の多くが、ゲイ男性としてのアイデンティティと「良き息子」としてのアイデンティティのギャップを埋める方法を見つける必要性をめぐってなされている。ある局面では、このことから、セクシュアリティ、父親であること、家族、が分離される（151-159 行）。もっとも、全般的には、セクシュアリティ、父親であること、家族は、複雑に絡み合っている（たとえば 198-210 行，212-223 行）。

8.5.4　第四段階 —— テーマの優先順位とそれらの関係性

　この段階にはなじみがあるだろうから（7 章参照）、他より少なめに触れるにとどめておこう。このナラティヴには多くのテーマが含まれる。「家族」の形成、ゲイのアイデンティティ、父親であること、親になることへの期待、きょ

うだいとの対抗などである。すでにこれらすべてに触れたので、この段階では、諸テーマを特定し、その意味を探る作業を体系的に行うにとどめる。たとえば、彼は、家族についての自分の考えを批判的に再検討する必要を見出している一方で、血と肉の関係にもとづいて、支配的な男性性の規範的ナラティヴを引き合いに出しながら、むしろ伝統的なしかたで家族生活を構築している。きょうだいへの対抗をめぐるテーマもまた、親になるという願望や、兄や妹と釣り合わねばならないプレッシャーについて、興味深い洞察をもたらしてくれる。以上のように、この段階には、テクストの簡潔なコーディング、諸テーマの要約、諸テーマの意味の探求に応じて同一トピックに関する既存の文献に結びつけること、議論を補強するのに徹底した引用を行うこと、が含まれる（解釈派の現象学で行うのと同様である）。

8.5.5　第五段階──ナラティヴを揺り動かす

最終段階では、適切な解釈学に沿ってナラティヴが批判にさらされる。ここで最も関連が明らかな解釈学は、レズビアン・ゲイ・バイセクシュアルの人々に好ましい結論を見出そうとしている、レズビアン・ゲイ・バイセクシュアルの（肯定的な）理論と研究に根ざしたそれである。議論の余地はあるが、よりラディカルな代案は、分析過程においてクィアの解釈学を用いることであろう。すなわち、（懐疑の解釈学を通じて）テクストをクィア理論からの批判にさらすということである（Butler, 1991, 邦 1999; Fuss, 1991; Sedgwick, 1991, 邦 1999）。ここでは、クィア理論について綿密な議論を行う余裕がないし（社会科学的観点からのイントロダクションと考察については、Seidman, 1996 を参照）、その意義についても議論があるのだが、簡潔に言うと、クィア理論は異性愛・両性愛・同性愛といった固定されたアイデンティティへの挑戦を提示しようとするものである。安定した性的主体の概念に異議が唱えられ、伝統的なアイデンティティ・ポリティクスは学問上の規則の諸形式として挑戦を受ける。安定した同性愛の主体なるものは異性愛と同性愛という二項を固定化し、特定の性的・社会的な境界を強化することになる。むしろ、議論すべきなのは、アイデンティティがつねに複合的で不安定であるということである。したがって、クィアの解釈学を組み込むことは、レズビアン・ゲイ・バイセクシュアルのアイデンティティに関して、テクストにラディカルな挑戦を突きつけることになる（そして異性愛についても同様である）。

クィア理論のレンズを通して見てみると、テクストのなかで言及される規範的ナラティヴの多くが問題視される。「自然」をめぐる言説は、欲望を理解す

るしかたとしては、明らかに、著しく疑わしいのである。ナラティヴでは「血と肉」(234行)を引き合いに出すことで、子どもを欲する願望の因果的な説明として生物学的なものが強調される。この規範的ナラティヴは、セクシュアリティについて引き合いに出される他の規範的ナラティヴ ── 子どもを欲する願望（とそれを選択する権利）── とは正反対の位置にある。このギャップを埋める試みとして、テクストのなかで多くの修辞上の努力が払われているが、おそらく満足に解決されていない。想像的懐疑は考古学的であるより目的論的であるべきだ ── 隠された意味を掘り下げて明るみに出すより、ナラティヴにとって将来の可能性を開き示すことだ ── とすると、これら2つのナラティヴを批判的に再検討することで、解放の可能性を提供できるかもしれない。それは次のようなことである。セクシュアリティについても子どもを欲する願望についても、自然のナラティヴと単純な生物学的還元主義に抵抗すること。それに代えて、意味が構築されたものであると理解し、また、子どもを欲する欲望もすべての欲望と同様に欠如から生じること、もっと特定して言うと、生物学や自然ではなく、人間存在の核心にある「無」(Sartre, 1943, 邦 2007-2008) から生じると理解すること。これにより、ラディカルかつ進歩的な、血と肉の還元主義への代案が示されるのである。セクシュアリティ、親であること、そして家族をめぐる、このオルタナティヴでクィアなナラティヴは、固定されたアイデンティティ概念や生物学に見られる限界を取り払い、若いゲイ男性に種々の存在可能性を拓く。そこではもはや、彼ら自身の願望を正当化するのに、このテクストでなされているような複雑な修辞的努力が強いられることもないだろう。

8.5.6　第六段階 ── 批判的総合

　この若者は、18歳、白人のイギリス人で、友人や家族には自身のゲイのセクシュアリティについて「カムアウト」している。親になることについて明確な考えを持っており、子どもを欲しているのも確かである。ずっと子どもが大好きだったこと、この特性が「生まれつき備わった」ものだと感じているとの物語を語っている。彼の物語は、幸福でどちらかと言うと伝統的な幼年期と、母親との特別に親しい関係を語ることから始まった。彼の語りの多くは、親であることや家族について、むしろ伝統的な観点からの表現を代弁したものになっている。そして次に、ゲイ男性にも子どもを持つ権利があるべきだということ、異性愛の両親と同様に同性愛者も良い両親になりうることを述べる。この発言は、そうした可能性を否定する対抗的言説と感じられるものへの応答と

して、修辞的に構成されている。

子どもが欲しいという彼のナラティヴは、「血と肉」の概念、および生物学と家族の直線的な結合をめぐってテーマ化されていた。彼はこのことを、「自然で」「生まれつき備わった」「生殖への欲求」と、母親に孫を提供することとして表現した。ナラティヴのトーンはさまざまに楽観的かつ悲観的であった。最初は楽観的だったが、彼のセクシュアリティが意思決定のプロセスに与える影響が論じられるにつれて、より悲劇的なものに転じていった。特にそのトーンが変化したのは、自分が「100パーセントのゲイ」かどうか、女性と子どもを持てる可能性があるかどうかを考えたとき、および、再び祖母になれると母親に告げられる日を夢見ていると語ったとき、であった。

私は、クィアの観点から懐疑の解釈学をこのナラティヴに適用し、いくつかの試案にたどり着いた。クィア理論に関する私の知識と、二分法的カテゴリーの解体についてのそこでの議論——特にアイデンティティに関するものと、想像的変更のプロセスに関するもの——を用いると、構築されたゲイのアイデンティティの物語と「家族」についての生物学的ナラティヴを架橋するべく、このナラティヴが採用されているように思われた。自分の「血と肉」である孫を母親に授けるというモチーフを通じて、異性愛と同性愛という二分法の物語的境界に取り組むことの必要性を、このナラティヴは示している。このナラティヴに表出されている緊張は、ここで語られるゲイ・アイデンティティの物語と「家族」との明白なギャップを埋めようとする、そのしかたの結果であろう。セクシュアリティについての代案、子どもを欲する願望についての代案——それを生物学的な衝動ではなく欠如として構築されたものとすること——が、存在についての可能なナラティヴを、すべての若いゲイ男性に拓く方途として提示された。

8.6 最後に

すでに明らかかもしれないが、批判的ナラティヴ分析は非常に手間のかかる方法である。ナラティヴに取り組むうえできわめて啓発的なひとつのやり方を提示していると思っているが、この方法は、それぞれの必要性に適合させることができる（そして、おそらくそうすべきである）。特に、最初と最後の段階は、学生によるプロジェクトの文脈では簡潔にするか省略してもかまわない。ナラティヴ分析の中核は第二段階から第四段階で提示されており、これらだけを用いたとしても、研究は厳密かつ啓発的なものになるだろう。広範な社会・政治

的関心に取り組むことは重要だと考えるが、すべての研究プロジェクトにとってそれが不可欠なわけでもない。研究はつねに一種の折衷の過程であり、方法は、知を発見もしくは構築するうえで助けとなるやり方であるべきだろう。本章または本書全体での方法を採用することで、知の発見と構築が促進されるのなら、その方法は十分に正当化される。完全な方法はないし、いかなる状況でも適切であるような方法もない。賢明に、かつ明白な正当性とともにその方法が用いられるのであれば、研究は厳密で説得的なものでありうる。

要 約

　物語ることへの関心、そして、私たちが経験を表現するさいにナラティヴを用いるそのしかたへの関心は、過去20年の間に大きく広がってきたし、おそらく現象学に示唆を得た多くの研究にとっての未来を示してもいるだろう。本章では批判的ナラティヴ分析（CNA）の輪郭を示した。CNAはリクールの哲学にもとづくもので、他のナラティヴ分析の方法とよく似た一連の段階を含むが、いくつか鍵となる違いもある。若いゲイ男性が持つ親になることへの期待に関する研究の例を全容にわたって示した。データはさまざまなやり方で収集しうるが、心理学的研究にとって最も適切なのは、ライフ・ヒストリーと伝記的インタビューを通じたやり方だろう。CNAには6つの段階がある。研究主体の持つ幻想への批判、ナラティヴとそのトーンおよび機能を特定すること、アイデンティティとアイデンティティにまつわる作業、テーマの優先順位とそれらの関係性、ナラティヴを揺り動かすこと、批判的総合、である。

さらに学びたい人のために

- Polkinghorne, D. E. (1988). *Narrative Knowing and the Human Sciences*. New York: SUNY Press.
  　現象学的伝統から派生したナラティヴ研究についての古典的テクスト。
- Ricoeur, P. (1965). *De l'interpretation: Essai sur Freud*. Paris: Seuil.〔訳注：原著では英訳版が掲載されているが、ここではフランス語版原著に改めた。〕（邦訳：ポール・リクール (2005).『フロイトを読む――解釈学試論』久米博（訳）新曜社.）
- Ricoeur, P. (1990). *Soi-même comme un autre*. Paris: Seuil.〔訳注：フランス語版原著に改めた。〕（邦訳：ポール・リクール (2010).『他者のような自己自身』久米博（訳）法政大学出版局.）
  　リクールが生涯で残した作品のうち最も重要なのがこの2冊であろう。前者は、意味・追想の解釈学と懐疑の解釈学の区別に触れるとともに、テクストの意味を十

分に理解するには両者が共に必要だと論じている。後者は、リクール自身のナラティヴへの移行と分析哲学との関わりを扱っている。またこの書は、重要なことに、リクールによるナラティヴ・アイデンティティ概念の詳細と、ナラティヴの伝統にもとづく倫理学創造の試みを含んでいる。

・Ricoeur, P. (1981). *Hermeneutics and the Human Sciences* [ed. and trans. J. B. Thompson]. Cambridge: Cambridge University Press.〔訳注：本書は選集で、フランス語版の原著はない。〕

おそらく最も読みやすいリクール作品のコレクション。社会科学には最も関連が深い一冊である。疎隔化、イデオロギーの批判、説明対了解、テクストおよびナラティヴとしての人間的行為について、重要なエッセイがこのコレクションに収録されている。

【訳者補足】日本語で読める文献

・ジェローム・ブルーナー (1999).『意味の復権 —— フォークサイコロジーに向けて』岡本夏木・仲渡一美・吉村啓子（訳）ミネルヴァ書房.

ブルーナーは心理学者として早くから意味の問題に注目し、ナラティヴへの転回を準備した。本書では意味との関わりにおいて人がいかに自己物語を紡ぐかが論じられる。

・イブ・コゾフスキー・セジウィック (1999).『クローゼットの認識論 —— セクシュアリティの20世紀』外岡尚美（訳）青土社.

イデオロギーとしての異性愛主義の成立を19世紀末にたどり、ニーチェやプルーストの作品を読み解きながら、異性愛と同性愛の分断の恣意性を暴くことを試みた書物。

9章　鍵になる論点、論争、反論

【この章の目的】
- ●現象学的心理学をめぐって鍵になる論点と論争について批判的に論じる
- ●現象学的研究における妥当性の議論を詳しく紹介する
- ●記述と解釈の違いを探求する
- ●現象学的心理学にとって可能な未来 ── ポスト現象学 ── の輪郭を示す

　現象学は、あるいは現象学的心理学でさえ、一部の人々にとってはつねに過去形で語られる何かである。つまり、それはヨーロッパ大陸の哲学史に属する何かであって、専門分野における同時代の議論や発展において果たすべき役割はほとんどないかまったくない、ということである。〔ただし〕私が本書を書いたという事実、そしてあなたが（おそらく）本書を読み終えたという事実が明らかに示しているように、これは物語のすべてではない。社会科学において現象学的哲学の応用を考えるなら特にそうである。現象学的哲学は賞味期限が切れているように見えるのもある面では本当だが、その理由や、社会科学においてこのアプローチが復活する可能性は、詳しく問うてみるに値する。本章ではこの種の検討を行うとともに、現象学的心理学に対して特に持ち上がるいくつかの批判も検討し、それらに応答したい。現象学的心理学にはもちろん限界もあるが、乗り越えられないものではない。現象学的心理学は、社会科学における質的研究にとって厳密かつ体系的な ── 理論に根ざした ── アプローチを提示している。だからこそ、これらの限界に注意深く言及することが求められるのである。

9.1　既存の物の見方への挑戦

　少なくともイギリスでは、現象学的心理学は、そのさまざまな形態のすべてにおいて、社会心理学と応用心理学で最も広がりを見せていることは間違いない。これは驚くことではない。認知心理学では、また、認知心理学ほどでなくても発達心理学では、現象学的アプローチを採用すれば、（ほとんどの）研究者

にとって現在の研究法を完全に拒否することになる。しかし、社会心理学と応用心理学では質的方法が発展してきており、現象学的方法もそこに住処を見出したのである。イギリスにおいて質的研究は相当な発展を見たものの、それを無視するかのように、アメリカでは事情は同じではなかった。心理学における質的方法はアメリカでも重要な発展を見た（そして今も続いている）が、量的方法が依然として支配的であり、近い将来も変わりそうにない。イギリスにおける質的方法の発展は、今日「社会心理学の危機」と呼ばれるものとともに事実上始まった。これは1970年代のことで、もっぱら量的な社会心理学だった主流への批判的挑戦がはっきりと現れた時期である。危機は、大半の量的社会心理学を支える仮説――特に、主として実験社会心理学が持つ、非・歴史的／非・文化的、本質主義的、二元論的、科学主義的な性質――に対する、哲学的で方法論的な挑戦から始まった。批判は1970年代に始まり、第一に問われたのは、多くの社会心理学、とりわけ認知社会心理学が持っていた、非・歴史的で非・文化的な人間概念を信頼する傾向だった。人間の生はすべて、最も根源的なしかたでそれを形成する特定の歴史と文化に埋め込まれているが、そのことを認識するのに失敗しているというわけである。第二に問われ、今でも問われ続けているのは、人間性の中心には本質的な（情報処理の）システムがあるとする、大半の社会心理学にとっての中心的見方である。第三に論じられたのは、2章で検討したように、大半の社会心理学にとっていまだ中心的な心と身体、人と世界の二元的分離が哲学的に見てナイーブだということである。最後に議論がなされ、今も続いているのは、自然科学的方法を人間科学分野に用いることで、研究対象に十分配慮するのに失敗しているという点である。すなわち、客観ではなく主観（人々）に科学的方法を適用しても、人間の主観性に備わる複雑性を適切に説明することはできないということである（以上の諸批判について詳しくは以下を参照。Burr, 2003; Butt, 2004; Gergen, 1999, 邦 2004; Harré & Gillett, 1994; Henriques et al., 1984; Parker, 1992; Potter & Wetherell, 1987; Smith, Harré & Van Langenhove, 1995）。

　これらの挑戦は膨大なものであり、論駁されたわけでもないのだが、認知社会心理学はいまだ支配的なままである。ただ、伝統的な社会心理学と応用心理学を覆したわけではないにしても、少なくともイギリスにおいてはこの挑戦が一定のインパクトを持ち、代案のための場所を開いた。そして、新しいものではないにもかかわらず、最も成功を収めた代案が、現象学的哲学にもとづく質的研究だったのである。

9.2 妥当性と現象学的研究

　量的研究の妥当性を判断する基準は十分に確立されているが、それに比べて、質的研究の妥当性を判断する基準については議論が多い。質的研究を通じて得られる知見の妥当性は、心理学のこの下位区分の内部でも外部でも重要なトピックである。単に質的研究に従事する人々が最善の実践を行うためのガイドラインを策定することだけが大事なのではない。その種のガイドラインを、質的研究に関心を持つ量的心理学者にも利用可能にし、彼らが研究水準を評価する明確な基準を持てるようにする必要がある。現在進行中の論争は多くの点で、質的方法が —— 特に心理学においては —— 比較的新しいことに由来する。だが、より問題含みなのは、論争が方法論の多様性に由来し、明らかにすべての方法論が異なった審査方法を要することである（Yardley, 2000）。ヤードリーが指摘しているように、この多様性は質的方法論にとって必要でもあるし、その強みでもあり、したがって、妥当性を判断するやり方もまた同様に多様で、かつ方法論的に的確なものでなければならない。

　　質的研究者たちは、1つに集約された方法、仮説、研究目的にまとまることを好まない。このことは、彼らの研究の妥当性について混乱と懐疑を生じかねない。だが、多元主義的な気風こそ、大半の質的研究を基礎づける非実在論的な哲学の伝統にとっては中心的なのである……。もしそうだとすると、真理と知識を確立するうえで、いかなる固定された基準もあろうはずがない。というのも、真理のための基準を設けることは、知の可能性を制約することを意味するであろうし、その真理の基準を「正しい」とみなす特定の文化集団の観点を特権化することにもなるからである。(Yardley, 2000, p.217)

　現象学的心理学における妥当性について特別に論じたものはそう多くない。これまでに書かれたものは、妥当性に関するフッサールの立場を強調する傾向がある（たとえば Giorgi, 2002; Moustakas, 1994）。すなわち、知識はそれ自体において存在するのではなく主観性に相関しているのだから、主観が世界を了解している文脈においてのみそれを主張できるということである。そこで、ジオルジ（2002）が答えようとする問いは次のようになる。了解され、主張されている知識が妥当であり —— まさにその通りに了解されており —— 主観性の過度な強調によって歪められ、妥当でないということはないと、私たちはどのよう

にして知るのか、ということである。フッサールにとって、そしてまた、全員ではないものの多くの記述的現象学者にとって鍵となるのは、記述される経験の構造的理解を研究者が引き出せるほどに、探求する現象に研究者が十分立ち会うことである。妥当な知識というのは、それ自体において明証的であって、誰かが何かを自己明証的なものとして経験するなら、他の誰かがそれを馬鹿げたものとして経験することはありそうにないということである。現象学的還元（フッサールにとってより正確には「諸還元」）は、経験についての私たちの知識——特にその構造的特性についての知識——が自己明証的となるようなしかたで経験に立ち会うための鍵である。ポーキングホーン（Polkinghorne, 1989, p.57）は、ある程度この立場にもとづいて、妥当性のための5つのガイドラインから成るリストを作成している。

1. インタビュアーが主体による記述内容に影響を与え、主体の実際の経験を真に反映しない記述になっていないか？
2. トランスクリプトは正確か？　またトランスクリプトは、インタビュー中に口頭で示された意味を伝えているか？
3. トランスクリプトの分析において、研究者が提示した結論以外に、引き出しえた結論があるか？　研究者はそれらの代替となる結論を認識し、確定した結論よりもなぜそれらの可能性が低いのかを明示しているか？
4. 一般的な構造記述からトランスクリプトに移行し、オリジナルな経験の諸事例に見られる特定の内容や連続性を説明することができるか？
5. 構造記述は状況特定的なものか、それとも、他の状況における経験にも全般的に当てはまるものか？

ジオルジ（2002）やポーキングホーン（1989）によるガイドラインは記述的現象学の文脈では役に立つだろうが、解釈派寄りのアプローチやナラティヴ・アプローチではまったくと言っていいほど適切ではない。それに、現象学的伝統の外部で仕事をしている研究者（あるいは、私を含めて、伝統の内部にいる多くの研究者）を納得させるものでもない。というのも、彼らは自らを根拠づけるうえでフッサールの哲学的視座だけに依拠しているからである。現象学それ自体について、特にフッサール現象学について疑念があれば——この見方の外部にいる研究者の間では往々にしてそうだろうが——妥当性に関するこれらの議論はさほど疑念を和らげないだろう。

　ヤードリー（Yardley, 2000）は、健康心理学の文脈で書いているが、さまざ

まに異なった方法論から質的研究の妥当性を判断するうえで、大変有用な一連のガイドラインを作成している。彼女は、すべての質的研究者にとって重要なことが多い4つの主要なトピックを取り上げる。文脈への感受性、関与と厳密性、透明性と一貫性、インパクトと重要性、である。文脈には、質的研究過程の多くの異なる側面が含まれる。第一に、類似する方法を用いた先行研究や類似するトピックについての先行研究の所見と成果がなす理論的文脈への感受性を持たねばならない。既存の文献を理論的に批判する必要がしばしば生じるからというのがひとつの理由だが、使用されている方法論を支える哲学にしっかりつながっていることも重要だからだ。さらにヤードリー（2000, p.220）は、広範な社会文化的文脈への感受性を持つこと、「規範的、イデオロギー的、歴史的、言語的、社会経済的な諸影響」が参加者と研究者の信念と行動に相互作用するしかたへの感受性を持つことがいかに重要かを指摘している。最後に、妥当性のこの最初の側面〔文脈への感受性〕についてヤードリーが論じるのは、権力のバランスも含め、研究者と参加者の関係性がデータ収集やそこでの意味に影響を与えるしかたに気づいていることが重要だという点である。

　2番目と3番目の基準は、関与と厳密性、透明性と一貫性を示す必要に関わっている。これらは主として、研究過程との関連、またデータ収集・分析・結果の報告を徹底する必要との関連で、なじみのある概念である。関与は、研究者の能力とスキル、トピックに関わる時間（長期的に、特定の研究の文脈において）に関係する。ヤードリーにとって厳密性の鍵となる基準は、どんな標本であれ、それが課題にとって適切かどうかという観点から見た場合のデータの完全性、そして、その解釈の完全性である。すなわち、データ収集過程もその分析も徹底的かつ体系的なものでなければならず、表面的な理解を超えるやり方でデータの複雑さを説明する必要がある。透明性と一貫性は、基本的には結果の提示に関わるもので、それが明確かつ的確でなければならないということである。この点は、他の研究者にとっても、調査トピックについて知る可能性のある人々にとっても、その研究結果が説得的である必要を含む。ヤードリーは妥当性のこの側面について多くを述べていないが、私はこの点が最も重要な基準のひとつであると考える。リアリティの本質について壮大な真理を主張する能力がなくても、自分たちの所見を研究者仲間に伝達し、批判的な検討を受けることは、研究プロセスの死活的な一部である。リクール（1981）はこの過程を司法の審判に喩え、人は審判を仰ぐべく証拠を法廷に提出すると述べている。事例は内的に一貫しており、あらゆる可能な解釈のうち最も妥当性が高いものでなければならない。もしそうでなければ、異議が生じることになる。言

い換えると、事例は反証可能でなければならないが（Popper, 1963, 邦 2009）、だからこそ、単にありそうなデータの解釈にとどまるのではなく、最もありそうな（すなわち最も説得的な）解釈でなければならない。リクールにとって、妥当性のこの基準を支える核となる原理は、テクスト（そしてすべてのデータ）はさまざまなしかたで読むことができるが、その解釈は無制限ではないということである。透明性の必要もこの考えに関係する。というのも、以下の点が読者に見えるようになっていれば、事例はより説得的になりやすいからである。(1) データの収集と分析がどのようになされたか、(2) 主張を支える根拠が、原データ（トランスクリプト）の部分的提示の形で示されているか、(3) 結果を得るうえで研究者が与えた影響が、反射性の議論を通じて示されているか（5章参照）。

　ヤードリーが論じる最後の基準であり、彼女にとって決め手となるのは、研究結果のインパクトと重要性（すなわち有益性）に関することである。人々の信念と行動に影響を与えるという観点から見て、広い世界にインパクトをもたらすことが、ヤードリーにとって、研究例の価値を判断する究極の方法である。インパクトはもちろん遅れてやってきたり間接的であったりすることを彼女は認めるが、それでも一定のインパクトがなければならないと主張する。この基準については、私はそれほど確信を持っていないし、研究が役に立つべきだ（役立つことが明白で、評価にも適しているというような形で）という点には慎重でもある。ヤードリー自身は次の点を論じていないが、知の商品化の拡大や、研究所見が実用的な —— 不幸なことにそれは結局のところ金銭的な —— 価値を持たねばならないというプレッシャーの強まりを考慮すると、この基準は、応用研究を不必要に強調することにつながると私は思う。もちろん、応用研究やそれがなす貢献に異議があるわけではない。あらゆる研究が応用的でなければならないという（主に財政支援団体からの）プレッシャーが増大していることを危惧しているのである。この点を念頭に置くと、研究上の発見が研究者以外の人にとって重要であるべきだ —— そして彼らの思考にインパクトを与えるべきだ —— というのは当然としても、直接であれ間接であれ、研究が実用的なインパクトを持つべきで、しかも、こうした観点から研究の妥当性を判断できるということについては、疑念が残る。

9.3　記述 対 解釈

　フッサールの仕事に直接由来する現象学への古典的アプローチ（たとえば記

述的現象学）では、心理学研究における記述的アプローチの必要性が強調される。この点にもとづいて批判者が論じてきたのは、心理学研究への現象学的アプローチは過度に記述的で、参加者が表現した通りに意味を記述することに寄り添いすぎており、解釈を通じて意味を展開するのに失敗していることである。言葉を換えて分析的に言うと、記述的現象学は、多くの質的研究者の要求を十分に満たしていないのである。

　この批判には多くの応答があるが、記述と解釈の違いについてやや詳しく述べておくことが先決である。リクール（1970）は、記述と解釈の違いを明確にしており、ここでの議論の文脈にとって特に有益である。4章で私は、意味・追想の解釈学と懐疑の解釈学の考え方の概要を示した。現象学にとって古典的アプローチは意味・追想の解釈学であり、研究者は参加者のそばにとどまり、自身の声は最小限にとどめて参加者の経験に声を与えようとする。これは、エポケーの概念に研究者が十分に関与しているとしても、不完全な実践である。言うまでもなく、現象学的心理学は前者〔意味・追想の解釈学〕を特別扱いし、たとえば、精神分析にもとづく心理社会的方法（たとえば Hollway & Jefferson, 2000, 2005）が後者〔懐疑の解釈学〕を特別扱いするのとは異なっている。

　この区別を受け入れるなら、物事を現れるがままに記述することはそれ自体妥当な企てであるし、そこに解釈を要求すれば、記述と理解より解釈と説明を特別視する誤った科学的言説を引き寄せかねない。フッサールは結局のところ、記述を通じて、学問の基礎を確立することの必要性を強調したのである。人間性の複雑さへの簡便な答えを求めて記述から解釈へと移行することは、あまりに安易だし、単に人目を引くだけであろう。現象学は経験の理解に関わるものであり、この分野にいる多くの者は、現象学がこの先長年にわたって心理学を占拠するに足る力を持つと信じている。2章と6章を読んで読者にも理解していただけたと思うが、経験のそばにとどまることは、哲学的に正当であるとともに、方法論的にも健全なことなのである。

　しかしながら、すべての現象学的心理学者が、現象学のプロジェクトについてこのような特定の理解を受け入れる準備があるわけでもない。後の時代の現象学的哲学者にしたがって、より解釈派に近い現象学的心理学の可能性を探求することを選ぶ者もいる。これらの現象学的心理学者が受容している議論によれば、記述的現象学的心理学は過度に記述的で、より解釈的な観点を研究プログラムに組み込もうとしていない。IPA（解釈的現象学的分析）、TA（鋳型分析）、解釈学的現象学は、現象学にもとづきながらも、古典的で記述的なアプローチと比べて明らかにより解釈的であろうとしたアプローチの良い例である。たと

えば、IPA はいまだ適切に理論化されておらず、二元論的認知の立場を採用してしまいがちではあるが、明らかにより解釈的にデータと取り組む試みである。実際、この点が、この分析的メソッドを創出するうえでの特別な目標だったのである。

　研究を遂行することは、研究者がそこで積極的な役割を果たすダイナミックな過程であると IPA もまた強調する。参加者の個人的世界に接近し、「当事者の観点」に立つことを試みるのだが、それは直接的に可能でもないし、完全に可能でもない。アクセスは研究者自身の考え方に依存するし、それによって込み入ったことにもなる。とはいえ、解釈活動の過程を通じて他人の世界を理解するうえで、それらが必要なのである。それゆえ、二段階の解釈過程もしくは二重の解釈学が必要となる。参加者は自らの世界を理解しようとする。研究者は、世界を理解しようとする参加者を理解しようとする。(Smith & Osborn, 2003, p.51)

　CNA はもう一段前に進んで、特にリクールによる意味・追想の解釈学と懐疑の解釈学の区別にもとづきつつ、両者を適用してデータと解釈的に取り組む。CNA は、いかなる解釈派の現象学を用いても見出しうるような、参加者が感じた意味にもとづく分析を含むだけでなく、特定の懐疑の解釈学にもとづく分析も含む。ただし注意すべきなのは、ここで擁護される懐疑の解釈学は精神分析のような深層解釈学ではなく、「想像」解釈学だということである。そこでは、研究者が批判的社会理論に取り組み、用いられたナラティヴ（特に規範的ナラティヴ）を理解するさいに、パースペクティヴの転換をもたらすことが目指される（8章参照）。現象学的分析が過度に記述的であるとの批判は、ここでは意味を失う。実際、その批判は記述的現象学にのみ該当するもので、今それを繰り返すなら、この分野における今日的展開についての知識を欠いていることになる。懐疑の解釈学を用いることについて、現象学的心理学者の間で議論がないわけではない。これを、経験の記述こそが現象学であって、フッサールの核にあるプロジェクトからの離反だと見る者もいる。注意は必要だが、想像的懐疑の解釈学を意味・追想の解釈学の補助に用いるのであれば、両者と弁証法的に取り組むことは可能であると私は考えている。ハイデガーが示したようにあらゆる記述は解釈であり、そのため、記述を生み出す人間の解釈枠組みに汚されていない、純粋な記述であるような何かにたどり着く方法はないのである。懐疑の解釈学を採用することで記述への焦点から逸れることになるが、その点については8章で十分にその根拠を示したと思う。私たちが自身の世界内

存在を物語るそのしかたに社会的世界が影響することを考慮に入れたうえで、現象についてより広範な理論的観点から見ることが必要なのである。

9.4　ポストモダニズムと言語への転回

　私たちはポストモダンの時代に向かっているか、すでにその時代にあって、西欧における生の大半の確からしさは疑問に付されている。こうした主張を受け入れるとすると、ポストモダン的転回が現象学的心理学にとって持つインパクトを検討することが重要になる。ポストモダニズムはまったく新しい世界—— そこには、真理（科学）、正義（倫理）、美（感性）についての、超越論的で普遍的な基準は何もない —— を宣告する。知識が進歩し、理解、解放、完全性が増してゆくという「大きな物語」についての合意が退潮するとともに、啓蒙、理性、合理性の哲学も後退する。知識と真理の統一的な体系を信じることの拒否、「知への意志」の強調〔訳注：ニーチェに由来する言葉でフーコーが強調した。ある特定の枠組みのもとで諸言説を「真理」の内部に位置づけようとする構造的な力のこと〕、生のあらゆる領域における多様性の認識と賞賛は、ポストモダニズムと結びつくいくつかの本質的要素をとらえている（Lyotard, 1979, 邦 1989）。しかしながら、少なくとも方法論に関係する範囲で言うと、ポストモダニズムにまつわる最も重要な転換は言語への転回である。

　ディスコース心理学の興隆（Henriques et al., 1984; Parker, 1992; Potter & Wetherell, 1987）はポストモダン的転回を反映して、会話の最中に生じていることを理解する試みのなかで言語が果たす役割を考え直すよう、社会心理学者と応用心理学者を促した。これは、人の内的なリアリティを表現する一手段としてのみ言語をとらえることが、もはや多くの者にとって受け入れがたいということである。ディスコース心理学者は、ウィトゲンシュタイン、オースティンからフーコー、デリダまで、さまざまな哲学の流派を参照しつつ、自明視された仮説に疑問を投げかける。言語とは、発話者がそこで単に（内的で心理学的な）内容を伝達する透明な媒体である、とする仮説である。実際、この点は多くのディスコース心理学者にとって、言語の内容から言語の機能を理解することへのほぼ全面的なシフトを意味した（たとえば Potter, 2005）。（認知ではないにせよ）経験を伝達するものとして言語を信頼しているのなら、この点は現象学的心理学にとっても明らかにひとつの挑戦となる。言語を通じた意味の構築を説明することの必要性について、現象学はナイーブなわけではなかった。しかし、現象学的心理学は言語の複雑性を説明できていない（だから、ポスト

モダンの挑戦を受けて立つことができず、かたくなに過去にこだわっている）との指摘があり、それに対する多くの応答も見られた。

　これらの応答のあらましを述べる前に、心理学における言語への転回を推進するのに最も中心的に関わっている人々——全員ではないが一定数の者——が主張することに共通の問題点を指摘しておきたい。ディスコース心理学の議論に私は比較的共感しているが、それは端的に言って言語への転回——より正確にはテクストへの転回——が大陸哲学の多くで見られたからである。ただ、だからといって、大陸哲学の全展開が進歩を代弁するかのように（それ自体が啓蒙主義的な考え方である）、それに対応するステップが心理学でも踏まれねばならない、ということにはらない。哲学は論争の学であるし、しかも、ポストモダニストの主張を真剣に受け取るなら、より新しいものがより良い——より的を射ている——とは限らないし、流行しているものが流行していないものと比べてより優れているとも限らないであろう。最も相対主義的な心理学者が一握りの大陸哲学者（しかもほんの一握りの）を疑問なく鵜呑みにして、方法論的な優位性を心理学に押し付けようとする様子は、じつに皮肉だと私は思う。その一例がポッターとヘップバーンである。彼らは、意味を特定する他の手段を考慮することさえなく、インタビューを放棄しよう、そして、ディスコース分析・会話分析の観点からデータを扱おう、と近ごろ呼びかけている。彼ら自身の論文に対する批判への応答において、彼らはこう主張する。

　　どのような理論的枠組みの内部で、どのような心理学的存在論（ナラティヴ、無意識、現象学など）にもとづいて分析を行う研究者にとっても、CA（conversation analysis 会話分析）とDP（discursive psychology ディスコース心理学）は、論点を提供するインタビュー相互作用の特徴を際立たせるのに役立つ。（Potter & Hepburn, 2005b, p.319）

　この主張の最も驚くべき点は、その主張についての著者の確信の強さである。著者の信奉する相対主義的な存在論が省みられることなく、極端な実在論に見える。彼らは真理を発見したのであり、他の質的心理学者がこれに従わないのなら——研究参加者の語りのミクロな会話的側面の分析を最初にやらないのなら——その研究は妥当でないし意味もない、というのである。私はもちろん、ディスコース心理学による一定の所見は洞察に満ちており、妥当なもので、有益であると思う。ただし、現象学的心理学による所見が真理を代弁する以上に、それが真理を代弁するわけではない。私たちが言い立てる「真理とは、それが

錯覚であることを忘却されてしまった錯覚……使い古された隠喩……なのである」(Nietzsche, 1979, p.314)。(一部の)ディスコース心理学者が伝道師になろうとする願望のあまり、このことをあまりにあっけなく忘れてしまっているのは信じがたい。

　実存主義的現象学や解釈学的現象学の哲学者は、言うまでもなく、言語の役割、言語を通じて意味が伝達される道筋、さらに近年では、ポストモダニズムが現象学にとって意味するところについて考察を加えている。ハイデガー(Heidegger, 1927, 邦 2013)は『存在と時間』において、言語の ── というよりは言説の ── 問題を取り上げ、私たちが自己自身を談話的実体(discursive entities)として理解することの必要を認めている。ここでより重要なのは、私的領域にかかる橋としてハイデガーが言語行為を考察していないことだ。ウィトゲンシュタインと同様にハイデガーも、人の私的認識にアクセスする手段を言語が提供するのではないと考えた。ただしそれは、ウィトゲンシュタインとは違って、言語ゲームしか存在しないという理由からではない ── 言語ゲームでは、語や句の意味は、現実の生における表現の使用法を支配する(インフォーマルな)ルールの集合以上のものではない。むしろ、私たちがすでに「外部」の有意味な世界に巻き込まれているという理由からである。この観点からすると、言語とは、より特定してコミュニケーションとは、世界についての共有された経験をより明確に示すひとつの方法にすぎない。ハイデガーは後に「ヒューマニズムについての書簡」(1947, 邦 1997)において言語の要求を再び取り上げ、詩に焦点を当てて論じている。言語に関する彼の最も有名なフレーズ ──「言語は、存在の家である」── が記されたのはここにおいてである。ハイデガーにとって言語とは、曖昧な意味を伝達する道具として固定されるような何かではない。意味というものが文化や歴史に付随するものだとすると、普遍的で明晰な言語なるものはハイデガーにとって不可能なのである。単純な語句でさえ、異なった文化や、歴史のなかの異なった時代においては、さまざまな意味を持つ。しかも、言語は意味を伝達する単なる道具ではない。世界を、そして世界と私たちとの関係を明らかにするうえで言語は根源的である。ハイデガーにとって、(日常的な散文というよりも)詩的言語は、それが世界を開示する最も基本的な方法である点において、根源的なのである。

　　……比較的本源的で創造的な意味やそこから作り出された言葉も、いったん発声されたならば、むなしい会話へと追いやられる。一度発声されれば、言葉は誰にも属し、繰り返されても元の本源的な理解が保たれる保証はない。けれども、真

にディスコースに分け入る可能性は存在している……ディスコースは、とりわけ詩作は、「現存在」としてあることの新たな可能性を解き放つことさえできる。(Heidegger, 1925, 邦 1988)〔訳注：邦訳を参照したが細部は本書に合わせて修正した〕

　たいていの存在は非本来的で派生的であり、だからたいていの会話は無為な無駄話である。個人にとっても人々の歴史にとっても、啓示の瞬間はきわめて限られている。しかし、詩的言語は、本来的かつ本源的な生を示す手段である。どこかロマン主義的性格を持つハイデガーの主張ではあるが、言語において言語を通じて構成される私たちの実存そのものについて、また、存在を開示する手段である詩について、重要な指摘が見られる。「言語は単なる人間の構築物や人間の行為ではない。それは、表示（showing）── 開いて示す出来事 ── としてつねに理解されるべき、より深い「語り（Saying）」なのである」(Polt, 1999, p.178)。

　ガダマー（Gadamer, 1975, 邦 1986-2012）はハイデガーに触発されながらも、存在を開示する詩に焦点を合わせるのではなく、問いと答えという対話的行為を通じて構築される言語の共通性を強調する。彼以前にハイデガーにとってそうだったように、ガダマーにとって、言語、存在、文化、歴史は固有のしかたで──「伝統」を通じて──相互に関係しており、したがってすべては、その理解（了解）において絡み合っている。ガダマーにとって、会話は理解（了解）に至る鍵である。というのも、個人によってとか個人に対してではなく、むしろ人々の間で経験が生じるのであり、その経験が語りにおいて露わになるのは、会話においてであるからだ。理解（了解）は実存の核心であり、理解（了解）は間主観的に ── 人々の間で ── 言語の「遊び」において生じる。そこでは、ウィトゲンシュタインと同様に、共有された言語の社会的性質が鍵となる。もっとも、ガダマーの哲学には限界もある。顕著なのは、どのような合意の上の了解であれ、その「真理」を決定する手段を提供できていないこと、決定的なのは、対話が権力と抑圧をともないうる、その道筋を説明できていないことである（この点については Moran, 2000 を参照）。私が思うに、これらの論点をめぐるガダマーとハーバーマスの論争に対するリクールの仲裁は、伝統と批判として言語をとらえる、最も洗練された解釈学的現象学的哲学の立場を表している（この論争の詳細と、リクールの考えの心理療法への応用については、Langdridge, 2004b を参照）。リクールの哲学については 4 章である程度論じたが、主にリクールの哲学にもとづいてドン・アイディが展開するポスト現象学につ

いて以下で議論するに当たって、その鍵となる一側面を繰り返しておく。

　また、ポスト現象学の議論に進む前にここで手短かに強調しておくべきだと思われる言語への転回に対するひとつの批判は、心理学の研究プロジェクトから身体が失われたことである。現象学的心理学はおそらく、あらゆる心理学の見方のなかで、身体性を真剣に取り上げ、それを研究プロセスに組み入れるのに最も熱心だった（3章参照）。多くの現象学的心理学者にとっては ── メルロ＝ポンティ（Merleau-Ponty, 1945, 邦 1967-74）にならって ── 前反省的であるがゆえに言語の外にあるものがたくさんある（この点について詳細は Butt & Langdridge, 2003 を参照）。言語を通じて反省する時間が流れる前から、私たちは社会的世界に巻き込まれているということなのである。誰かにくすぐられると、私たちは即座にまた反省以前にこれを快感として（または快感でないものとして）感じ、後になってからこれについて反省し、その感覚を不完全ながらも言語によって表現しようとする。解釈派の現象学やナラティヴの近年の研究では、理解したことを伝達するうえでの言語の重要性が認識されたが、これによって、言語の外に有るものすべてが失われることにはならない。メルロ＝ポンティ[1]（1945, p.408, 邦 1974, p.303）と、彼に触発されたすべての現象学者は、たとえば、身体を持つ主体から身体としての主体へと移行するにともなって、生きられる身体を中心に据えて理解するようになっている。

　　……主観性の本質を反省してみると、それが身体の本質および世界の本質と結びついていることがわかるが、それというのも、主観性としての私の実存は、身体としての私の実存および世界の存在と一体となってしまっているからであり、けっきょく、私自身である主観は、これを具体的に見れば、この身体ならびにこの世界と、不可分だからである。われわれが主観の深部に見出す存在論的意味での世界ならびに身体は、理念における世界または理念における身体ではない。それらは、包括的な把握のなかに縮約された世界そのもの、ならびに《認識する＝身体》としての身体そのものなのである。（Merleau-Ponty, 1945, 邦 1974, pp.303-304）

　ドン・アイディ（1993）は『ポスト現象学』と題する著作において、多くのポストモダン哲学者、特にジャック・デリダに顕著に見られるテクストへの転

---

　[1]　グロス（Grosz, 1994）の4章を参照。身体性に関するメルロ＝ポンティの議論を周到に解説しており、後期の「肉」をめぐる難解な仕事を論じるとともに、フェミニストによる批判も含んでいる。

回に関する哲学論争に直接取り組んでいる。フーコー（Foucault, 1966, 邦 1974）の『言葉と物』におけるエピステーメーの描写を戯れぎみに論じながらアイディが第一に記すのは、多くのポストモダン哲学者による言語への転回 —— より適切には、テクストへの転回 —— が、いかにして実際のところプレモダンへの回帰となるか、ということである。

　私が指摘したいのは、「書物の隠喩」それ自身が、より旧式で、本質的に科学以前の伝統への回帰であり、そのルーツは中世および初期ルネサンスの伝統に見出されるということである。欧米哲学のこの漂流者は、分析的本質主義の中にいるいとこたちとは違って……中世の論理学に新たな関心を見出したのだが、読み書きの優位性の復権と同じく、ヨーロッパ大陸の文脈のなかにいる、ということなのだろうか？（Ihde, 1993, p.73）

　アイディ（1993）は現象学、特にリクールの仕事にもとづき、さらに進んで代案のポスト現象学を主張する。そこでは、再び発話に優位性が置かれ、知覚が復権される。リクール（1981）は構造主義に関する論争に関わっており（4章参照）、それは今日ではポスト構造主義に関する論争へと変化しているのだが、通時態より共時態を強調することが問題だと論じている。最近になってもリクール（1984, 邦 2004; 1985, 邦 2004; 1988, 邦 2004; 1992, 邦 2010）は再び論争に関わっているが、今度はテクストへのポストモダン的転回をめぐるものである。晩年の仕事においてリクール自身も言語の重要性を認めており、彼自身のナラティヴへの転回においてこの点を振り返っている。ただし、アイディ（1993）が指摘するように、彼の決断がテクストよりもむしろナラティヴへの転回であることは、それ自体教訓を含んでいる。というのも、ナラティヴはテクストより主体的で力動的なプロセスを（意図的に）示唆するものだからだ。リクールは典型的に現象学的であって、彼の焦点は、ナラティヴの核心にある人間と世界の関係性に置かれている。それゆえ、構造主義ではなく、ハイデガーの実存主義的伝統におけるように、ある指示的性質が言語に残されている。すなわち、何らかの内的状態を反映する言語の文章的性質ではなく、むしろ、隠喩の複数次元および人と世界の（公的な）関係性のうえに築かれた指示性である。したがって、ノエマとノエシスの相関は書くことと読むことの相関へと転換される。世界がテクストに還元されるという意味でそうなのではなく、了解する行為が解釈学的であるという意味においてそうなのであり、これは、構造主義的なテクストの分析にもとづくのではなく、読むことの現象学にもとづくのである。

アイディ (1993) は、読むことと書くことの現象学における決定的プロセスとして知覚を付加することで、リクールの仕事をさらに補完する。知覚すること —— 特に、歴史を通じて、文化を越えて読むこと —— の分析を通じて、知覚の多形性を強調しつつ、彼はこのように論じる。

　……読むことに幅広く隠喩を活用するのは大いに理にかなっているが、物理的世界における知覚と身体行為という話されも書かれもしない領域に隠喩が含まれることを忘却するのはまったく理にかなっていない。(Ihde, 1993, p.102)

　私たちはここに、ポストモダン的なテクストへの転回に対する現象学的な代案、ポスト現象学を見ることができる。ポスト現象学では、「存在の家」としての言語の死活的役割が認識されており、語る主体も失われていない。この立場を発展させるには相当量の仕事が残っている。哲学的に言って現象学が死んでしまったとしても、ポスト現象学が現象学的心理学を活気づけ、現象学的伝統に根ざす新たな方法の発展を促しうるという可能性がある。
　現象学は、またそこから窺えるように現象学的心理学は、探求する対象が埋め込まれている社会文化的条件に十分な注意を払っておらず、政治的にナイーブだ、という至極まっとうな批判をしばしば受けてきた。あらゆる生がイデオロギー的であるというポストモダンの批判が正しいとすれば —— 私は正しいと思っているが —— どんな分析も政治に、そして、研究者と研究参加者が文化的および歴史的に位置づけられた性質を持つことに、注意せねばならない。現象学的アプローチがこの批判と十分に取り組むには、長い道を行かねばならない。たとえば、ドゥルーズとガタリ (Deleuze & Guattari, 1984, 邦 2006) は、あらゆる心理療法（その延長であらゆる心理学と言ってよいだろう）が、周縁的、破壊的、潜在的に革命的である点で本来的に政治的だと主張している。だから、心理学者が中立的であろうとしても（またそう主張しても）、それは心理学者が政治的選択 —— 伝統的で、おそらく保守的なイデオロギーを支持する選択 —— をしているとドゥルーズとガタリは言うのである。記述的な（それよりはましだが、解釈的な）現象学的心理学は、たいていの場合、研究への個人主義的なアプローチであり、心理社会的主体の創出に含まれるより広い社会的諸力に取り組み、関わるということを驚くほどしない。もちろん、批判的ナラティヴ分析はその例外で、社会的研究にともなう政治と、より広い社会文化的文脈を、熟慮しつつ取り上げる。このアプローチでは、研究者の政治的目的や志をカッコ入れして単に無視できるとは見なさず、開かれたしかたで政治的に関与すべく

熱心に取り組む。政治を持ち込めば現象学的心理学が混乱するのは確かである。ここではもっと多くのことが問われており、もっと多くの審判判定が必要になる。しかしこの複雑さをもって、生きられるがままの生の政治的現実を認識することができるのである。

9.5　方法の成文化 ── 多様化／統合、創造性、そして方法崇拝

　本書では現象学的心理学の多くの「純粋」な形態について詳述したが、現存する諸方法を修正したり、そこに新たに付け足したり、あるいはひとつの研究プロジェクトにおいてそれらを組み合わせたりすることは十分に可能である。ひとつの可能性としては、たとえば、IPA研究を実施した後で、シェフィールド学派が用いる生活世界の7つの断面をヒューリスティックとして活用しつつ、その分析を補足するというやり方がある。これらの断面は批判的ナラティヴ分析のテーマ検討段階〔訳注：分析の第四段階。8.3.4を参照〕でも同様に用いることができる。現象学的な研究プログラムの良質な例を描写した論文として、研究ボックス9.1を参照するとよい。そこでは、研究を豊かなものにするために複数の方法が取り入れられている。他のやり方としては、理論的または実践的な理由から、生活世界の諸条件を1つか2つに絞って焦点化することもできるだろう。たとえば、ヴァン＝マーネン（1990, 邦2011）は、7つではなく4つの条件のみを語り、それらが記述的現象学において利用できることを示している〔訳注：空間性・身体性・時間性・関係性の4つ〕。現象学の伝統の外にある方法や、その特定の側面を組み入れたりするのも適切かもしれない。実際、ナラティヴの研究にはきわめて多様なアプローチが見られる（Mishler（1995）による秀逸で理論的な ── 部分的であり、今日では時代遅れの誹りを逃れられないが ── レビューを参照）。ある研究の文脈においては、2つの異なる分析モデルを一緒にして取り組むのが適切であろう。このような多様化／統合にはもちろん、哲学的にも（認識論的な観点から見て）方法論的にも、複数の方法が矛盾する可能性があるので、よりいっそうの注意が求められる。しかし、可能性はまったく限定されていないし、本書で紹介したすべてのアプローチに長所がある。多様化／統合が妥当で理論的にも正当化しうるものである限り、どのようなやり方も禁じ手と見るべきではないし、あらゆるやり方に修正の余地があると考えるべきである。

◀研究ボックス9.1▶

質的研究の広さと深さを共に追求する —— アルツハイマー病を持つ妻のケアに携わる経験の研究による例

Todres, L. & Galvin, K. (2005). Pursuing both breadth and depth in qualitative research: illustrated by a study of the experience of intimate caring for a loved one with Alzheimer's disease. *International Journal of Qualitative Methods*, 4 (2), www.ualberta.ca/~ijqm (accessed 14 March 2006).

　本論文は、一人だけの経験 —— 進行性のアルツハイマー病を持つ妻をケアしてきたM氏の経験 —— を研究するプログラムで用いられた方法論を記述している。参加者は、研究者たちの仕事を知って、自発的に参加することを申し出た。研究者たちは研究プログラムに2つの段階を設定した。段階1：ケアのナラティヴの（幅広い）テーマ分析を行うべく計画したインタビュー調査の実施。段階2：ケアにまつわる数多くの具体的な経験についての、記述的現象学的研究を行う。段階1では、オープンエンドで包括的な質的インタビューを実施した。研究者たちは、インタビューイーの物語を全体として理解するため、最大限自由に語らせている。インタビューの分析は2段階で行われた。まず、テーマ分析がなされ、次に、彼自身の変化するアイデンティティと役割についてのナラティヴ分析が行われた。研究のこの段階での発見はすでに発表されているので（Galvin, Todres & Richardson, 2005）、ここでは簡潔に報告している。著者たちはテーマには3つの群があると述べ、次のように名前を付けている。「何かがおかしい」「共に歩む困難な旅 —— 介護者であること」「意味づけを通して対処する —— 代弁者」。彼らはまた、Mが公的世界と私的世界の複合的な媒介者として振る舞い、「親密に関わる者でありかつ通訳」であるような者としてMのアイデンティティが構築される様子について、ある程度詳しく述べている。研究プログラムの段階2では、最初のインタビューで特定された6つの体験に焦点を当て、それぞれを独自の生きられた経験として考察する。これを実現するため、研究者たちはさらに記述的現象学的インタビューを実施した。インタビューは焦点を絞り、経験について可能な限り具体的な情報を集めるよう計画された。彼らが焦点を当てた6つの経験とは、以下のものである。Lの記憶喪失とともに生きること、さらに限定された地平に適応する経験、セルフケア行動と日課における変化に配慮しつつケアをすること、2人の情動的な関係性における変化、別居への移行、情熱と熟練によって維持される支援行為。本論文では、紙幅の制約のため第一の経験だけが詳述される。著者たちは、このプログラムの各段階についてのプラスマイナス、これら2つの似て非

> るデータ収集と分析の方法を通じて到達しうる射程と深さ、そしてどちらか1つを用いるよりも生きられた経験の複雑さを研究者がよりよく理解しうる可能性、について省察している。

　同時に重要なのは、私はきわめて明確かつ構造化されたガイドラインを提示するよう努めたが、融通のきかないやり方でこだわる必要はないということである。現象学的方法の持つひとつの驚異は、データ収集と分析において創造性へと向かう潜在力であり、おそらくそれが最もよく該当するのは、結果の提示においてである。この点で、書くことが分析過程の不可欠な一部であり、それが創造性をもたらすということを強調するマックス・ヴァン＝マーネン（1990, 邦 2011）は、現象学におけるきわめて重要な人物である。彼は、言葉の持つ精妙さに気づくこと、「我々の聴き慣れた範囲からは通常こぼれ落ちてしまうような言語の深い音色」（p.111, 邦 p.178）に、またとりわけ「彼らの生活世界の中で事物によって語られる言語、事象が、その世界内で意味していること」（p.112, 邦 p.178）に耳を傾けることが重要であると指摘する。ここには、沈黙に耳を澄ますことの必要性も含まれる。

> 　当然とみなされているもの、自明なものほど静かに沈黙しているものはないと現象学者は好んで言う。……沈黙は、話や言語が不在というだけのものではない。ちょうどよいことばを探しているとき、自分の個人的な言語の限界を感じるというのも本当である。また非常に深遠で雄弁な詩においても、その詩の深い真理はことばを超えたところ、言語の向こう岸に横たわっているように思われる。話は沈黙から生まれ、沈黙へと帰っていく（Bollnow, 1982）。建築家が、あらゆる建築がそこから生じてくる空間、あるいはそれを背景にすることで生じてくる空間の本性を常に意識している必要があるというのと、人間科学者が、すべてのテキストがそこから構成される、あるいはそれを背景にすることで構成される沈黙を意識している必要があるというのとは、似ていなくもない。（van Manen, 1990, p.112, 邦 2011, pp.178-179）

　ヴァン＝マーネン（1990, 邦 2011）はまた、人間科学研究の持つ物語的性質について、また、「人間存在が世界とのある種の会話的関係の中に立っているということだけではなく、人間存在が本当はこの関係なのだということ」（p.116, 邦 p.185）を**逸話**（anecdotes）が示す様子について、多くを語っている。

それゆえ、逸話というものは、単に何か退屈な文章を活気づける方法ということではなく、事前に隠されたものを露わにする方法（たとえば Heidegger, 1927, 邦 2013）、何かを了解可能なものにする方法なのである。他の多くの作家を引き合いに出しつつ、ヴァン＝マーネン（pp.119-120, 邦 pp.189-191. 以下簡略化して示す）は、現象学的に書くことにおける逸話の複数の機能を取り出している。

1. 逸話は、抽象的な理論的思考との釣り合いをとるための具体的なおもりを形成する。
2. 逸話は、生と理論的命題とがどのように結びついているかを示すことができない学者たちの疎外された、ないしは疎外されているディスコースに対する、ある種の侮蔑を表す。
3. 逸話は、書き留められなかったある種の教えや教義についての説明を与えてくれる。
4. 逸話は知恵、敏感な洞察、格言的真理を具体的に示すものとして出会われる。
5. ある事件、出来事についての逸話によって範例的な特徴の持つ意義が獲得される。

このように、逸話は、特定の出来事に関与していく物語を通じて根本的な真理を示すものであり、現象学的に書くことにおいては特別な価値を持つ。逸話は、現実的かつ個人的なしかたで論点について注意し反省するよう読者を促し、その過程を通じて読者を変容させるような力に満ちた方法なのである（van Manen, 1990）。書くことは研究過程の不可欠な一部であり、研究者の発見を単に反映するだけのものと見なすべきではない。というのも、人は書くことにおいて、世界を、すなわち現象学的プロジェクトの核心を明らかにするのであり、その人の書き方は、そこで明らかにされることや、どのくらい明確に了解されるかということに影響するだけでなく、テクストのなかで提示される現象へと向かう読者の気分（たとえば Heidegger, 1927, 邦 2013）にも影響を与えるからである。

最後に強調したいのは、どんな方法も全質問に全解答を見出す道具を提供しはしない（それらの質問を問うだけの知識と洞察力が私たちにあるとしても）、ということである。それゆえ、方法論に囚われすぎないようにすることも重要である。心理学では特に、特定の方法に厳密に従うことで良質な（すなわち妥当な）研究を行えると考える傾向がある。これは量的研究には当てはまるかもし

れないが（もっともその場合も、この考え方は疑わしいと私は思う）、質的研究には決して当てはまらない。質的研究では研究者の役割は中心的で、理解、反省、洞察が不可欠である。厳密かつ体系的であることは重要であるが、それは、無批判に硬直したやり方で方法を採用することを意味しない。方法論と方法をめぐっては、あたかも真理についてより優れた主張がなしうるかのように、非生産的な議論がしばしばなされる。ジェインジック（Janesick, 1994, p.215）は「方法崇拝（methodolatry）」（方法 method と偶像崇拝 idolatry を組み合わせたもの）という造語によって、「方法の選択とその擁護に専心するあまり、語られる物語の実質を排除してしまう」ことに言及している。この造語とジェインジックの懸念がよく反映しているように、方法への関心は強迫的になりうるし、その結果として発見の意味を見失いかねないのである。重要なのは端的に、方法が目的に適していることと、方法が —— それ自身の観点に沿って —— 厳密に用いられることであり、その結果、世界が可能な限り実り豊かなしかたで明らかになることである。

9.6　現象学的心理学にはどんな未来があるか？

　現象学的心理学にとって、未来は有望なものに見える。質的方法の急成長、特に社会心理学と応用心理学におけるそれは、明らかに理解（了解）を優先し、参加者の経験の意味に焦点を当てるアプローチの必要性を示している。しかもこの急成長は、心理学だけに限られたことではない。近年とくに、看護と教育において、現象学に多大な関心が寄せられている。これらの分野から相当量の知が現れつつあり、この分野の内外をとわず、研究者、理論家、実践家の関心に応えるものとなっている。記述的現象学は、非常に幅広いトピックに対して安定的かつ継続的にその方法を応用することを通じて、その価値と影響力を示し続けている（近年の研究については Journal of Phenomenological Psychology および Indo-Pacific Journal of Phenomenology（www.ipjp.org）を参照）。一方、新たなヴァリエーションが、変化への活力と意欲を示している（たとえばシェフィールド学派がそのうちのひとつである）。IPA、解釈学的現象学、TA など、現象学的心理学の解釈派の方法は、特に応用心理学者の間で、近年急速に取り入れられるようになってきている。多くの仕事が質的健康科学の学術誌だけでなく、より主流に近い社会心理学の学術誌に載りつつある。現象学的心理学へのこの特定のアプローチは右肩上がりの勢いである。

　現象学はもはや、それほど活発な哲学の形ではないかもしれないが、大陸哲

学における発展——ナラティヴへの転回のような——が現象学的心理学者によって取り上げられ、社会科学と人間性研究の必要に適した探求方法をさらに発展させるのに用いられている。批判的ナラティヴ分析はその一例にすぎない。ナラティヴ研究の興隆、もっと一般的に見ると、この主題に関する書籍の刊行点数の増加、このトピック専門の学術誌（Narrative Inquiry——以前は Journal of Narrative and Life History の名称だった）、ナラティヴを扱う諸カンファレンスはすべて、人間科学研究へのこのアプローチが活力にあふれ成長しつつあることを示している。経験とナラティヴの記述または解釈に焦点を当てた研究の新たな時代の幕開けに私たちは立ち会っているのであり、現象学にとっての未来は実際にきわめて明るい、そう私は確信している。

要 約

現象学は過去に属する何かだと考える者もいるかもしれないが、近年の関心の高まりが証明しているように、生きられた経験に焦点を当てる心理学的な観点には現実の需要がある。心理学への現象学的アプローチは、他の大半のアプローチとは比べものにならないほど、人間性への洞察をもたらす。ただし、こうした発見の妥当性は評者を困惑させるものでもある。私は本章で現象学的発見の妥当性を評価する数多くの方法について論じたが、これにより、最も厳しい批判者でも納得するよう願っている。批判者はまた、現象学的心理学が過度に記述的であるとして批判してきた。この批判は記述の価値を見落としているだけでなく、現象学的アプローチは幅広いものであって、その一部は敢えてより解釈的な研究方法に取り組んでいる（たとえば批判的ナラティヴ分析）ことも見過ごしている。本章の核心は、ポストモダン哲学に取り組み、その考え方を心理学に応用することにあった。それがより優れた哲学であると単純に認めるのではなく、ポール・リクールとドン・アイディの哲学を引用しつつ直接的な反論を提示し、その過程で、現象学的哲学と心理学にとってのひとつの可能な未来をもたらす、ポスト現象学を素描することを目指した。

さらに学びたい人のために

・Creswell, J. W. (1998). *Qualitative Inquiry and Research Design: Choosing Among Five Traditions*. London: Sage.
　　質的研究の5つの伝統についてのきわめて包括的な比較。記述的現象学、伝記的研究、グラウンデッドセオリー、エスノグラフィー、事例研究の微妙な相違点を把

握するのに非常に有益。
- Ihde, D. (1993). *Postphenomenology: Essays in the Postmodern Context*. Evanston, IL: Northwestern University Press.

  現代の指導的な現象学的哲学者の一人による、知覚、テクノロジー、ポストモダニズム、テクストへの転回に関する、きわめて明晰で洞察に満ちた探求。
- Kvale, S. (ed.) (1992). *Psychology and Postmodernism*. London: Sage.

  ポストモダニズムと心理学についての興味深いエッセイ集。ケネス・ガーゲン、クヴァール、ポーキングホーンによる各章が特筆に値する。

【訳者補足】日本語で読める文献

- マルティン・ハイデガー (1997).『「ヒューマニズム」について ── パリのジャン・ボーフレに宛てた書簡』渡邊二郎（訳）筑摩書房.

  本文にも引用されている「言語は、存在の家である」というフレーズを含む。人間中心主義としてのヒューマニズムを批判し、詩作を通じた「存在の思索」の重要性を説く。3章の巻末を参照。
- ジャン＝フランソワ・リオタール (1989).『ポスト・モダンの条件 ── 知・社会・言語ゲーム』小林康夫（訳）水声社.

  現代社会の特徴を「大きな物語の凋落」という概念によってとらえ、モダンからポストモダンへと移行する時代として描く。ポストモダン論の古典。
- マックス・ヴァン＝マーネン (2011).『生きられた経験の探求 ── 人間科学がひらく感受性豊かな〈教育〉の世界』村井尚子（訳）ゆみる出版.

  7章の巻末を参照。

『現象学的心理学への招待』訳者解説

田中彰吾

　翻訳書を手に取るときは「訳者あとがき」から読み始める人もきっと多いだろう。本書の読者にもそんな人が多いかもしれないので、本文への橋渡しになるような解説をここに記しておく。

本訳書出版の経緯

　本書は Darren Langdridge (2007). *Phenomenological Psychology: Theory, Research and Method.* Harlow, UK: Pearson Education. の全訳である。本書を翻訳する企画は、ちょっとした立ち話から始まった。2013年8月、国際人間科学研究会議（IHSRC）に参加するためにデンマークのオールボーに出向いたときのこと。たまたま入ったレストランに原著者のラングドリッジ氏（訳者はこれ以後個人的なやりとりが増えたのでファーストネームで「ダレン」と書きたいところだが、ここでは距離を保って「ラングドリッジ」と記す）がいて、そこでデンマークの地ビールを片手に雑談とも議論ともつかない立ち話をする機会があった。その際、本書の内容にも話が及んで、本書はこの分野の教科書としてよくまとまっているし、日本は翻訳大国でもあるから、邦訳出版したいというオファーがいずれあるかもね、という話になった（洋書も和書も、現象学的心理学は目配りがきいていてコンパクトにまとまった良い教科書が少ないのである）。驚いたことに、会議が終わって日本に帰ってきたら、その翌日に原著出版元のピアソンの編集者から著者の元にメールが届いた。本書をぜひ日本でも出版したいので出版社を探してほしい、との依頼だった。そして同日、間髪入れずにラングドリッジ本人からも同じ趣旨のメールがあった。

　少し面倒なことになったなぁと思いつつ（翻訳は手間がかかるのだ）、でも著者本人が出版元を動かすくらいやる気になっているのなら私も手伝うしかないか……などと思っていた矢先、新曜社からアメデオ・ジオルジの『心理学における現象学的アプローチ ── 理論・歴史・方法・実践』が出版され、訳者の吉田章宏先生が直々に贈ってくださった。巻末の「やや長い訳者あとがき」と題された一文を読むと、訳文をめぐって訳者と編集者の間で複雑なやり取りがあったらしいことが窺えるのだが、私は一読して訳文に好感が持てた。ジオル

ジの英語の透明感（と形容していいかどうか分からないが）が残されており、かつ、日本語として一定の読みやすさを保っていたからだ。こういう翻訳書を手がけることのできる出版社なら本書の出版元としてもいいのではないか、という話を（しかし複雑な経緯を思うと吉田先生にこのときは言い出せなくて）、IHSRCの常連でもある渡辺恒夫先生に、これまた予期せずお目にかかった9月の日本心理学会の折にお伝えした。

その後、渡辺先生が本書を新曜社の社長、塩浦暲氏につないでくださり、今度は塩浦氏が翻訳のための版権の獲得に動いてくださったのだった。そんなこんなで、2014年の比較的早い段階で、日本でも翻訳・出版する方向で話がまとまっていた。さまざまな方のご尽力があったことはもちろん訳者として大変ありがたく思っているのだが、それにしても、こうして偶然が重なってとんとん拍子に事が運んでしまうとは、本書も幸運な書物である（それにひきかえ私の単著たるや……）。いや、書いているうちに思い出したので付け足すが、昔、批評家の柄谷行人がどこかでこんなことを書いていた。7年の月日が流れると、あるテクストを取り巻いていた社会的文脈は一変してしまう。だからそれ以後、そのテクストは自らに力を備えていなければ存続できない、と。最初の出版からちょうど7年経って異なる言語に翻訳・出版される方向で話がまとまってしまったのは、たんなる幸運というより、本書に備わる力と見るべきなのだろう。

心理学会でのシンポジウム

その後、翻訳の準備のために本書を丁寧に再読するうち、出版に先立ってラングドリッジ本人の仕事をもう少し日本で紹介するほうがいいと思い始めた。本書は現象学を出発点とする心理学の諸派をバランスよく紹介しているが、彼自身のオリジナルな立場（批判的ナラティヴ分析）も含んでいるからだ（詳しくは8章を参照）。そこで、翌2014年9月の日本心理学会で「社会的認知と現象学」と題するシンポジウムを企画し、本人にも話題提供者の一人として加わってもらうことにした。日本では2010年代に入って、現象学と心の科学の接点で続々と書籍が刊行されている。先のジオルジの訳書がそうだし、他にも、認知科学および心の哲学と現象学の対話を試みたギャラガーとザハヴィの『現象学的な心』（邦訳2011年）、解釈学的現象学の方法で人間科学を確立したヴァン＝マーネンの『生きられた経験の探求』（邦訳2011年）、独我論的体験の現象学的解明を試みた渡辺恒夫氏による『フッサール心理学宣言』（2013年）などがある。

これらの書でもそれぞれのしかたで次の点が問題にされている。現象学はも

ともと哲学として始まっており、生きられた経験をありのままに記述し、記述を通じて経験の構造を解明することを強調する。この点で、経験主体の一人称的なパースペクティヴを重視する立場である。ただ、このような方法を心の科学において展開するには、そもそも「他者の心」や「他者の経験」をどのように理解しうるのか、という根本的な問いを避けて通れない。心理学だけでなく、広く人間を対象とする人間科学において、さしあたり研究対象となるのは他者だからである。「社会的認知」とシンポジウムのタイトルに入れたのは、このような問題意識を含め、現象学と経験科学の接点で他者問題を考える機会を設け、ラングドリッジ自身の立場も紹介するのがよいと考えたからである。(ここでの「社会的」は、自己と他者の二人称関係から、集団や組織など自己を取り巻く大きな関係性までを含む)。

このときは残念ながら、近しいご家族の一人がご病気になられた関係で、彼は直前になって来日をキャンセルせざるをえなかった。しかし大会運営委員会のご配慮で、スカイプによる登壇を認めていただいた(記して感謝する)。当日は彼の他に、本書の訳者チーム(渡辺恒夫氏、植田嘉好子氏、私の三人)が話題提供と指定討論を分担して行った。塩浦暲氏にもご来場いただいた。シンポジウムでのラングドリッジの主張の骨格は明確だった。本書の内容にも深く関わるので概要を説明しておこう。フッサール(そして元をたどるとブレンターノ)が強調する志向性という考え方は、意識が「何かについての意識」であるということを明らかにした点だけに意義があるのではない。意識がつねに何かに向かう性質を持つということは、意識が志向対象との関係において成立しているということである。何ものにも向かわず、それ自体において単独で存在するような意識はない。

このような現象学の見方は、心理学の文脈では次のように展開することができる。従来の心理学はともすると、単独で存在する意識のように、心の作用を外界から独立した「内面」(イントラサイキックなもの)として理解しようとする傾向が強い。しかし志向性を重視するなら、心の作用は最初から対象に向かっていく過程として理解されねばならない。ここでいう対象は、イメージのような(それこそイントラサイキックな)想像上の対象や、物体のような知覚の対象だけでなく、他者や社会的環境まで含む。したがって、心の作用は、内的な作用としてだけでなく、他者との関係、またその関係に影響を与えるさまざまな社会的諸力(政治的、経済的、文化的など各種のものを含む)を考慮しつつ理解すべきなのである。やや大雑把な言い方になるが、私たちが「心的」とみなしてきた経験の多くは、じつは社会的諸力が織り成すさまざまな文脈のうえ

で生じているし、そのようなものとして理解すべきである。

エポケーから始める

　シンポジウムでの彼の主張はさらに続いたが、それは後で触れることにして、本書の内容を念頭に置いた解説を続けよう。先述したように、現象学は基本的に「生きられた経験」をできるだけありのままに記述し、その記述を通じて、当の経験の意味と構造を明らかにすることを目指している。現象学的心理学の場合は、経験を明らかにするさいのデータ源が「他者の経験」になる点で、現象学的哲学とは異なる。いずれにしても、生きられた経験を解明することがなぜ重要な学問的営みになるのかというと、私たちが経験を理解するそのしかたは、さまざまな価値観、物の見方、偏見、既有知識、前提、仮説的見通しなど（これらが総じて臆見＝ドクサと呼ばれる）によって覆われていたり、偏向していたりするからだ。2章でも論じられている通り、「事象そのもの」に接近するべく、これらを括弧に入れる作業がエポケー（判断停止）と呼ばれる。もう少し分かりやすく言うと、エポケーとは、私たちの経験が、さまざまな思い込みによってありのままから遠ざけられていたことに気づき、その思い込みを取り払っていく過程である。

　こんな経験を引き合いにだせば、もっと分かりやすくなるかもしれない。ある日、自宅のテーブルに置かれていた洋ナシを手に取ったら、軽くて「あれっ」と拍子抜けしたことがあった。その洋ナシは本物に似せて作った模造品で、よく見ると色合いにくすみが足りなかった（色合いが妙に鮮やかだったのだ）。ほんの一瞬のあいだに生じたこのできごとを丁寧に記述してみるとこうなる。私は最初、それを食べられる本物の洋ナシとして知覚した。それが目に飛び込んできた時点で、模造品かもしれないと疑ってみる余地はまったくなかった。また、そこに手を伸ばしたのは「おいしそうだ」という期待があってのことだった。しかし実際に洋ナシを手に取った瞬間に私の期待は裏切られた。洋ナシに特有の、あのずっしりとした重量感を手のひらに感じられなかったからだ。と同時に、こう思った。なぜ最初から模造品だと気づかなかったのだろう。この黄緑色の鮮やかさ、くすみのなさは、どう見ても人工的じゃないか……。

　この経験には、エポケーにつながる契機が含まれている。とくに知覚についてである。私たちの多くは、知覚が、外界から受け取った刺激を脳内で一定のイメージに組み立てていく過程である、という先入見を抱いている。しかし、ここでの経験は、色合い、大きさ、形などの断片的な個別の感覚を頭のなかで統合し、さらにそれを記憶の中にある「洋ナシ一般」に結びつけるようなしか

たで生じてはいない（だが、情報処理的観点に立つ心理学で知覚を説明するときは、おおむねこのような順序で説明がなされる）。むしろ私は、それが目に飛び込んできた最初の場面から、はっきりと洋ナシとして知覚した。だが、私が見たのとまったく同じ色合い、大きさ、形をした物体でも、それが街で見かけるショーウィンドウの向こうにぶら下げられていたとしたら、私はそれを本物として知覚しなかっただろう。きっと、最初からそれを模造品の洋ナシとして知覚したにちがいない。私がそれを本物の洋ナシとして知覚してしまったのは、それが、街中のショーウィンドウではなくて自宅のテーブルという場所に現れていたからだろう。

　つまり、知覚は、受け取られた断片的な刺激に由来する情報を脳の中で組み立てるということではなくて、一定の「地平」のうえに現れてくる「図」を特定の何かとして（洋ナシやその模造品として）受け止めることなのである。しかも、ここでの地平と図の関係は、たんに一枚の絵を眺めるときの背景と前景のようなスタティックなものではない。洋ナシの知覚を可能にした自宅のテーブルという地平は、そこで食べるという行為が可能になる場所である。知覚における図と地平の関係は、「そこで食べることができる場所」に「手を伸ばせばつかめそうな何か」が現れてくるような、ダイナミックな関係なのである。

現象学的還元と意識

　このエピソードは、別の角度からも補足しておく必要がある。エポケーを通じて、とくに知覚にまつわるドクサを括弧に入れるということは、じつは世界観に関係する重大な変更を含むからである。今検討したように、知覚は、外界に実在する対象からやってきた刺激を受け止め、それに対応する像を内界に組み立てることではない。そもそも、そのように考えてしまうのは、知覚主体に先行する客観的な世界があり、そこに実在する対象から刺激を受け取っている、と想定しているからである。エポケーの重要な役割は、こうした実在の世界にまつわる思い込み、すなわち「自然的態度」と呼ばれるものを括弧に入れることにある。フッサール自身は、括弧に入れるべき自然的態度を次のように記述している。

　　われわれは、この上なく重要な一点を、もう一度、以下の諸命題において、目立たせておこう。すなわち、私は、一つなる空間時間的な現実が、私に対して向こう側にあるものといったありさまで、恒常的に手の届く向こうに存在しているのを見出すのであって、その現実に私自身が属しており、また同じく、その現実の中に見

出されまたその現実に同等の仕方で関係している他のすべての人間たちも、その現実に属しているということ、これである。(『イデーン I-1』, 邦訳 p.133)

　ここで述べられているのは、おおむね次のようなことである。私たちは日ごろ、客観的に実在するひとつの現実というものがあって、そこから受け取った刺激や情報にもとづいて、現実に対応する世界像を心の内部に形成している、と素朴に信じている。また、私以外の他の人々も同じひとつの現実に関与しており、視点や観点は違うかもしれないが同じ現実を知覚しているだろう、と信じてもいる。フッサールは、実在に関するこのような信念をいちど括弧に入れて判断を停止せよ、と言っているのである。それは、世界が実在しないと想定することでもないし、現実が夢と区別できないと考えることでもないし、知覚と錯覚、知覚と幻覚の区別がないと主張することでもない。そうではなくて、誰にとっても客観的に同じ世界が実在するという信念を括弧に入れて、ありのままの経験に還帰せよ、ということなのである。

　あるがまま経験は、意外にもよく知られていない。それはたんに生きられていて、いざそれについて反省しようとすると、私たちは客観的に実在する現実を先に仮定して、そこから当の経験が生じてきた因果的な経緯を説明して満足してしまう。たとえば、睡眠中に見た夢を誰かに語るとき、たいていの人は前日に起こった出来事に関連付けて、「こういう出来事があったからこの種の夢を見たのだ」という言い方で「説明」しようとする。このような因果的な説明を施すことで、はたしてその夢が理解できたことになるだろうか。むしろ、夢の中ではどんな場所にいたのか、何を見聞きして、誰に会って、何を感じていたのか、夢見時の体感がよみがえってくるぐらいありありと追想し、それを「記述」することで初めて、おのずと気がつくような「意味」があるのではないだろうか。

　現象学的心理学が重視するのは、経験を外側から因果的に説明することではなく、経験の内側にとどまってそれをくまなく記述することであり、その記述を通じて、生きられた経験の意味と構造を明らかにすることである。本書ではほとんど触れられていない論点なので補足しておくが、現象学的心理学の方法は、19世紀末に心理学で盛んに行われた「内観」と呼ばれる方法とは違う。内観も現象学も「意識」を重視する方法なので混同されることが多いが、内観は、自然的態度を括弧に入れることをせず、心の外部に客観的な現実の世界が広がっているという世界観にも変更を加えない（自然科学が依拠している客観的な世界観をとくに問題視していない）。客観的な現実とは異なる領域として主観的

な心の現実が内面に広がっているという前提のもとで、意識の内部で生じていることを自己観察する作業である。文字通り、「内面」を「観察」するのが内観である。

　現象学でももちろん意識を重視するが、ここでいう「意識」は、世界全体から客観的な領域を引き算した後で残る主観的領域のことではない。自然的態度を括弧に入れることは、客観的な現実を優先する世界観そのものを変更することである。大小さまざまなドクサを括弧に入れるエポケーは世界観の変更まで推し進められることになるが、エポケーも含め、これら一連の方法論的な操作が「現象学的還元」と呼ばれる。現象学的還元の後で見出される意識は、外界に対する内界でもないし、客観的領域に対する主観的領域でもない。世界の一角に居場所を占める何かではなくて、世界に関するありとあらゆる経験が可能になる場所である。角度を変えて言うと、意識があるということは、現実についてであれ夢についてであれ、社会的なものであれ心理的なものであれ、何らかの経験が私に生じているということなのである。そのため、意識を重視するということは、これらあらゆる経験を重視する（しかも一切の先入見を抜きにして）ということに帰結する。

　なお、本書2章6節の「現象学的還元」は、以上の論点を飛ばして、心理学における応用を説明している。本文を読む際、読者は上記のことに留意されるとよいかと思う。

本書の「超越論的現象学」について
　もう1点、本書で展開されている現象学の解説について、訳者から指摘しておきたいことがある。それは特に2章から3章にかけてで、そこでは、フッサールの現象学、とくに中期の立場とされる「超越論的現象学」と、ハイデガーやメルロ＝ポンティが後に展開した「実存的現象学」が、おおむね次のような対比で論じられている。ラングドリッジの説明によると、両者はいずれも現象学であり、私たちの経験を理解することに目標があるのだが、フッサールの超越論的現象学は、「超越論的自我」に移行し、「経験の外側に出る」「世界を上空から見下ろす」ようにして「経験を神の目で見る」立場だという。それに対して、ハイデガーやメルロ＝ポンティの実存的現象学では、経験の主体は身体化されており、行為を通じて世界に実践的に関与しているため、「世界内存在」として世界に埋め込まれている。したがって、世界を上空から見下ろすようにして経験を理解できる立場は取らない、という。

　この整理のしかたにはやや問題がある。「世界を上空から見下ろす」とか

「経験を神の目で見る」といった表現はメルロ゠ポンティに由来するが、メルロ゠ポンティ自身は、このような言い方でフッサールを批判していたわけではない。世界すべてを見通せるかのような普遍的観点を取ろうとする近代哲学の思考を批判していたのである。また、フッサールにおいても、超越論的現象学というときの「超越論的」は、少なくとも『イデーンI』においては、「自然的態度」に対立する「超越論的態度」という意味で用いられている。先ほど指摘した通り、自然的態度とは、客観的に実在するひとつの現実を仮定する私たちの素朴な態度であって、これを括弧に入れたときに獲得されるのが超越論的態度である。

したがって、超越論的態度は、「経験の外側に出る」ことでも「世界を上空から見下ろす」ことでも「経験を神の目で見る」ことでもない（こんな書き方をすると超越論的とは逆の意味になってしまう）。そうではなくて、自己にとっても他者にとっても実在するとみなされている客観的な現実を括弧に入れ、現象学的還元を遂行してもなお残る純粋意識の領域へと還帰することなのである。もういちどフッサールから引用しておこう。

> この純粋意識こそは、求められていた「現象学的残余」として、残存し続けるところのものなのである。それが残存するということは、たとえわれわれが、全世界を、ありとあらゆる事物や生物や人間やわれわれ自身をも含めて、「遮断して」しまい、或いはもっと適切に言えば、括弧に入れてしまったとしても、なお残存する、ということである。（『イデーンI-1』、邦訳 p.215）

フッサールの主張する超越論的現象学とは、「現象学的還元」の手続きによって、自然的態度から超越論的態度へと移行し、全世界を括弧に入れてもなお残存する「純粋意識」の立場から、経験を理解しなおすことである。純粋意識の立場を強調するのは、結局のところ、私たちの認識の正しさを保証する究極の源泉がどこにあるのかを見極めるためである。フッサールの考えでは、客観的な現実が実在することを仮定する立場（＝自然的）より、純粋意識から出発する立場（＝超越論的）のほうが、知の体系として、より厳密に基礎づけられているのである。

原著者に代わって超越論的現象学と実存的現象学の違いを少しだけ補足させてもらうと、フッサールの超越論的現象学が「純粋意識」に認識の源泉を求めるのに対し、実存的現象学では、その意識が抽象的なものではなくて、具体的な場所で特定の行為に従事する主体に受肉している点を強調する。フッサー

ルも晩年になると、主体がそこで生を営んでいる世界（生活世界）を強調することになるので、両者の立場は近づくことになる（後期のフッサールについては、ラングドリッジ自身もそのように位置付けている）。ただ、いずれの立場も、自然科学が前提とするような客観的な現実を括弧に入れる点で、また、私たちの経験をありのままに記述することを目指している点では共通している。違いは、前者が「意識」を重視するのに対して、後者は「身体」やその身体が根を下ろしている「世界」を重視するということである。

他者の経験を理解することの難しさ

「現象学的心理学」と呼ばれる立場は、エポケー（そして現象学的還元）を実践し、可能な限りドクサを払いつつ改めて生の経験に迫ろうとする点で、フッサールの方法論を心理学に持ち込む立場であると言ってよい。だから、そこで問われるのは人々の経験である。とはいえ、「人々の経験」と一口に言っても膨大である。実際には、生活世界のある文脈に沿って取り出してくることができるような、特定の種類の経験に焦点を当てることになる。それでも多種多様な経験が研究対象になるのであって、本書でも、感染症に罹患する経験（6章）、他者に不信を抱く経験（7章）、ゲイ男性が子どもを持ちたいと願う経験（8章）など、さまざまな経験が取り上げられている。現象学的心理学では、特定の経験を持つ人々にインタビューを実施し、研究者がみずからのドクサを括弧に入れてデータに取り組むことで、これら「生きられた経験」の意味と構造を明らかにしようと試みる。

このような言い方をすると、あたかも中立的な立場から他者の経験を理解できるかのように聞こえるが、実際のところそれは難しい。自分自身の経験でさえ、それをありのままにとらえるのは困難である。「生きられた経験」は、まさに反省以前に生きられているので厳密な意味ではとらえようがないからである。ただ、経験の最中にはっと気づいて、今まで同じ経験をしていても得られなかった洞察が訪れることはあるし、経験の後で振り返りながらじっくり吟味することで、それまでの固定した見方を離れてその経験を理解し直すこともできる。

だが、先に指摘した通り、人間科学で問われるのは他者の経験である。インタビューのデータは、ある経験について、その経験の当事者が語る言葉を一次的な源泉としている。このデータを理解する過程に、難しいポイントが多々含まれるのである。思いつくままに列挙してみよう。まず、本人が経験を振り返って言葉にしている時点で、経験のある部分を忘れていたり、ある部分がう

まく言葉にならなかったり、語りに誇張が含まれていたりする。その言葉を聞き取る研究者の側も、相手の言葉をどのレベルで受け止めていいか迷ったり、語られたことがその経験のすべてだと思い込んでしまったり、相手の言葉は理解できてもそこに自分の実感がともなわなかったりする。

受け答えの次元だけではない。インタビューの現場では、言葉が重ねられてゆくうちに、相手の口から「感染症に罹患する経験」「他者に不信を抱く経験」「ゲイ男性が子どもを持ちたいと願う経験」など、当人の人生にとっても重大な意味を持つナラティヴが紡ぎ出されてくる。当然のことながら、それらは、聞き取る側の研究者にとって、知的な意味でも情緒的な意味でも、なかなか大きな負荷がかかる経験である。相手を十分に理解しないまま分かったつもりになる断定、よく分からない未知の経験に対する期待や恐れ、相手の能力に対する過大評価や過小評価、相手の生活世界の全貌のとらえどころのなさ、相手の人柄に感じる魅惑と反発、等々から、研究者は決して完全には自由になれない。また、そうしたものから自由になれたとしても、それが相手への共感を欠く単なる傍観なら、相手の語りを理解できたことにはならない。

インタビューを通じて聞き取ることができるのは、「生きられた経験」を語る他者のナラティヴである。ある経験を、他者によって生きられた通りに研究者が理解しようとすることは、ここに述べたような方法上の難しさを多々含んでいる。この点をめぐって、現象学的心理学の諸派もいくつかに分岐することになる。

批判的ナラティヴ分析の独創性

本書でラングドリッジは、現象学的心理学の諸派を分かりやすく三種類に区別している。(1) ジオルジに代表される記述的現象学のアプローチ、(2) IPAや解釈学的現象学に見られるような解釈派のアプローチ、(3) 著者自身の批判的ナラティヴ分析、である。

本書の6章から8章が、それぞれ (1)〜(3) の解説に当てられている。詳しくは本文に当たってもらう必要があるが、おおよその考え方の違いだけここで指摘しておこう。(1) 記述的現象学のアプローチは、インタビュー・データにできるだけ忠実に、生きられた経験を理解しようとする。「記述的」というだけあって、「説明」や「解釈」は排する。ジオルジは、他者の経験であったとしても、その経験は生活世界という場所で生じているのだから本人以外にも共有可能であり、自分を相手の立場に重ねることで他者の経験を理解できる、と考えている（詳細は、ジオルジ『心理学における現象学的アプローチ』も参照する

とよい)。したがって、相手の立場に沿ってデータを読み込みながら、そこに含まれる経験の本質を導き出していく分析の進め方になる。

これに対して、(2) IPA を始めとする解釈派のアプローチは、データを読み込む研究者が、自分自身の物の見方から自由ではありえないことをより強く自覚する。他者の語りを理解するさい、研究者は、それに先立って自分のなかで出来上がっている見方(「先行理解」)を持ち込まないと理解の手がかりさえつかめない。そこで、先行理解から始めて、語りを理解する手がかりとなる重要なテーマを見つけ出し(「テーマ分析」)、今度はそのテーマに沿ってデータ全体が理解できるかどうか検証する。こうして、インタビュー・データをめぐる「解釈学的循環」を続けながら、生きられる経験を理解するのに不可欠な要因を探り当てていくことになる。

ラングドリッジ自身の方法である (3) 批判的ナラティヴ分析は、インタビュー・データをより明確に「ナラティヴ」として位置付ける。インタビューは、「生きられた経験」についての他者の語りであり、それは「物語(＝ナラティヴ)」という形式を備えていることが多い。とりとめのない雑談やマニュアルに沿った指示説明などとナラティヴが異なるのは、それがいろいろな経験の要因を一定の筋書きに沿って提示する点である。ナラティヴは、種々の断片的な情報を有機的にまとまったストーリーとして提示するのである。人々は、自己の人生に生じるさまざまな経験をナラティヴとして他者に語ることで、自身のアイデンティティを維持している(「ナラティヴ・アイデンティティ」)。批判的ナラティヴ分析の最大の特徴は、語りの当事者のナラティヴが依拠している物の見方と、研究者自身の物の見方を、関連する社会理論に照らして批判的に吟味していくことにある。

相手の語りに寄り添い、アイデンティティの次元に踏み込んでナラティヴを理解することは、先の (1)(2) の立場でも決して不可能ではない。しかし、これでは「インタビューで語られたこと」以上のことは決して明らかにならない。ラングドリッジがリクールの解釈学に学び、インタビューの分析方法を通じて迫ろうとしているのは、「語りの向こう側にあるもの」である。ただし、精神分析がかつて盛んに試みたように、本人の語りに直接には現れない無意識の心の動きを読み取ろうとするのではない。心理学会での彼の主張に話を戻すと、志向性にもとづいて生じる心的経験は決して「内的」な領域に閉じてはいない。それは、社会的な諸力が織りなす文脈から切り離せないしかたで生じてくる。人々の語りが内蔵するナラティヴ・アイデンティティには、この点がもっとも濃密に反映されるのである。

ラングドリッジは本書の8章で、批判的ナラティヴ分析の事例として、父親になりたいゲイ男性のインタビューを取り上げている。ここで彼が浮き彫りにしているのは、「同性愛者には子どもはできない」という社会的通念、「自分は子どもを持たないだろう」というゲイ・コミュニティ内での多数派の見解、「兄と同じように孫の顔を母親に見せたい」という家族関係にまつわる願望など、若いゲイ男性のアイデンティティが、彼を取り巻く社会の影響によって複雑に構成されている様子である。また、それと並行して、「自分には生殖能力があるし、それは自分が子どもを授かってもよいという証である」という生物学的理解に訴えることで、自らのアイデンティティを支えている様子である。このような当事者の自己理解は、「異性愛者と同性愛者は異なる存在である」とか「同性愛者に子どもはできないものだ」という、人々のあいだに流布するナラティヴによって強く拘束されている（これは、社会に流布するドクサである）。

　こうした多数派のナラティヴを批判的にとらえなおし、そこから自由になって自分自身を語り直すことができるなら、このゲイ男性にはきっと今とは違った自己理解が可能になるであろう。このように、私たちを拘束する社会的文脈に踏み込んで想像力をはたらかせることで、「想像可能なアイデンティティ」にまで踏み込んでインタビューを分析できることが、批判的ナラティヴ分析の眼目である。言い換えると、社会的文脈を批判的・想像的に変更してみた場合に「起こりうる経験」まで射程に入れながら、「ありのままの経験」を理解していく作業であると言える。現象学には「想像的変更」または「形相的変更」と呼ばれる手順がある（本書2章7節を参照）。想像力によって経験の条件をいろいろと変えてみることで、それでも変わらない経験の本質を見抜く作業である。ラングドリッジの独創性は、各種の社会理論を大胆に持ち込むことで、当事者のナラティヴに想像的変更を加える点にある。

　このような試みは、最終的にはほとんど心理学を超えてしまうと言ってよい。批判的ナラティヴ分析は、ありのままの経験を私たちが語ろうとするさいに、現状の社会的条件や、人々のあいだに流布するナラティヴによって、それが強く拘束されていることを明るみに出す。こうなると、現実の社会の問題点を指摘したり、社会の変革に向けて提言したりすることが、残された課題として浮上してくる。現象学的心理学者は、人々の語りに耳を傾けるだけでなく、ありうべき社会について考察すべきなのである（本書の最終章を参照）。

原著者の紹介

　本書の著者、ダレン・ラングドリッジはイギリス出身で、1998年にシェ

フィールド大学で心理学の博士号を取得している。1999年からハダースフィールド大学で講師（シニア・レクチャラー）を務めた後、2004年にオープン大学に移り、2011年から2014年まで同大学の心理学科で学科長を務めた。また、アメリカのシアトル大学、デンマークのオールボー大学でも客員教授を務めている。その一方で、2006年には英国心理療法協会の認定を受け、心理療法士として臨床活動も行っている。臨床家としては、現象学や実存主義に強い影響を受けた「実存心理療法」を自らのアプローチとしている。

　なお、2014年9月の日本心理学会では来日が叶わなかったのだが、2015年1月に訳者の所属する東海大学文明研究所の招聘で来日が実現した。このときは「セクシュアリティとシティズンシップ」というタイトルで講演を行っている。本書に見られる通り、ラングドリッジは、現象学、解釈学、質的研究を自らの方法論としているが、主な研究フィールドをセクシュアリティに置いている。とくに、LGBT（レズビアン，ゲイ，バイセクシュアル，トランスジェンダー）と呼ばれる性的マイノリティの理解と支援は、ほとんど彼のライフワークと言ってもよい。このときの講演は、本書8章の続きとして読める内容を含んでいた。ゲイ男性が父親になることをめぐって、近代社会、異性愛イデオロギー、性的シティズンシップ、クィア理論について論じるものだった（ウェブで公開されている東海大学文明研究所発行の雑誌『文明』で講演の翻訳が読めるので、興味のある方は検索するといい）。

　形式的な紹介だけに終わるのもどうかと思うので、少しは個人的なことも書いておくが、ラングドリッジはとても気さくで感じのいい人である。アカデミシャンとしての経歴を気取るところもないし、知的に難しい議論をふっかけるような人でもない。公の場面でも私的な場面でも、わりとにこやかな表情で、目の前の相手が何を言おうとしているのか丁寧に注意を向けていることが多い。かといって、相手に合わせ過ぎて自分がぶれるような人でもない。そういう意味では、議論のやり取りが非常に巧みな人でもあって、相手の主張を一方で受け入れつつ、洗練された表現のしかたで自分の主張をしっかりと返すのは上手である。言語的なやり取りの巧みさということでいうと、きっと臨床家としてもクライエントの扱いに長けた人なのであろう。

　ただし、訳者として少しばかり不満を書かせてもらうと、書き言葉においてはこの点がやや足を引っ張っているようにも感じられる。というのも、想定される読者からの反論を取り入れた文章を書く場面が増えるせいで、保留や但し書きを多用する冗長な文章になることが多いのである。本書の翻訳中も、「〜ではあるものの」「〜にもかかわらず」といった日本語の言い回しが多くなる

ことが気になって、二文に分けて訳出し読みやすさに配慮した箇所がままあった。とはいえ、レトリックのスタイルは本書の内容を損なうものでは決してないので、読者はそうした先入見を括弧に入れて本文に臨んでいただきたい。

訳文について

本書は当初、1章・8章・9章を田中彰吾が、2章・3章・4章を渡辺恒夫が、6章・7章を植田嘉好子が、5章は3人が分担して、まず各自で訳出し、訳文が揃ったところで田中が全体に目を通して調整した。その後、新曜社の塩浦暲氏の助言もいただきつつ田中がさらに全体の調整と校正を行い、最終的な訳文とした。したがって、翻訳者としての責任は田中にある。以下、凡例と訳語の選定について補足しておく。

【凡例】
・原著のイタリック箇所は太字で示した。
・原著者による補足は（　）で示し、訳者による補足は〔　〕で示した。
・原著者による引用文は、邦訳がある場合はそれに準拠した（ドイツ語やフランス語の原著から英訳されたものが引用されている場合も、原著からの邦訳に準拠した）。
・引用文献の表記は、邦訳がある場合は訳者が補記した。例えば、原著には（Merleau-Ponty,［1945］1962）という表記があり、これはメルロ＝ポンティによるフランス語原著が1945年に、英訳が1962年に出版されているということを示すが、訳文では（Merleau-Ponty, 1945, 邦 1967-1974）と表記した。邦訳が1967年から74年にかけて複数冊に分けて刊行されていることを示している。
・邦訳が複数ある場合（ハイデガーの『存在と時間』など）、最初に出版された邦訳の年数にはこだわらず、改訂版や新装版や文庫版など、読者に入手しやすい版の出版年を表記した。

【訳語】
・「同化（appropriate）」：解釈学の訳語としては「領有」「自己化」などの訳語もあるが、本書ではテクストの地平と読者の地平を融合する意味を強調して「同化」を採用した。
・「ケア，気遣い（care）」：「care」は、ハイデガーの文脈では「気遣い」としたが、その文脈を離れる場合は「ケア」として訳し分けた。
・「ディスコース，言説，語り（discourse）」：英語圏で発展したディスコース分析に近い文脈では「discourse」に「ディスコース」の訳語を当て、それ以外の文脈では「言説」の訳語を当てた。また、ハイデガーの文脈では「語り」とした。
・「記述（description）」：ジオルジの邦訳に合わせて「叙述」とする案も検討したが、現象学の主要なテクストでは「記述」とするのが慣例であり、ここでもそれに準じた。
・「解釈的（interpretative）」「解釈派の（interpretive）」「解釈学的（hermeneutic）」

を訳し分けた。本書では、interpretative が interpretive より狭い意味で用いられている。
- 「意味・追想（meaning-recollection）」：通常、recollection は「想起」と訳されるが、本書の文脈では他者のナラティヴを研究者が後追いして理解する作業を意味するので「追想」とした。
- 「ナラティヴ（narrative）」：解釈学では「narrative」を物語とする場合がもともと多いが、人間科学では「ナラティヴ」の訳語がほぼ定着しているので、本書ではその用例を優先し、必要最小限の場面で「物語」とした。
- 「反射性（reflexivity）」：他に「再帰性」「相互反映性」などの訳語もあるが、研究者が研究内容に反射的に映り込む点、研究対象についての言及が研究内容に影響を与えうる点を考慮して、本書では「反射性」とした。
- 「理解（了解）（understand）」：understand は通常「理解」であるが、解釈学と現象学ではもともと了解という訳語も用いるので、文脈に応じて「理解（了解）」と表記した。
- 現象学関連の訳語は原則として『現象学事典』（弘文堂）に準じた。

謝辞

　本書の翻訳を進めるうえで、多くの方々のお世話になった。本書の邦訳プロジェクトと直接は関係なかったものの、2015年1月には東海大学文明研究所の招聘でラングドリッジ氏の来日が実現した。原文の不明な点を原著者本人に直接確認したり、原著者と訳者一同で議論の場を持ったりできたのも、この招聘事業によるものである。当時の研究所所長、沓澤宣賢氏に感謝する。また、訳出の過程で、質的研究について能智正博氏に、現象学について河野哲也氏、西研氏、村田純一氏に、記述的現象学的研究について吉田章宏氏に、性的マイノリティについて元田州彦氏に、さまざまな機会にご教示いただいた。新曜社の塩浦暲氏には、訳文の調整、本文のレイアウト、参考文献の整理等、出版の全般にわたって親身にご協力いただいた。記して感謝を申し上げたい。

参考文献

Aanstoos, C. M. (1983). A phenomenological study of thinking. In A. Giorgi, A. Barton & C. Maes (eds.) *Duquesne Studies in Phenomenological Psychology*, Vol. 4. Pittsburgh, PA: Duquesne University Press.

Aanstoos, C. M. (1985). The structure of thinking in chess. In A. Giorgi (ed.) *Phenomenology and Psychological Research*. Pittsburgh, PA: Duquesne University Press.

Akrich, M. & Pasveer, B. (2004). Embodiment and disembodiment in childbirth narratives. *Body & Society*, 10 (2-3), 63-84.

Anthony, K. & Lawson, M. (2002). The use of innovative avatar and virtual environment technology for counselling and psychotherapy. www.kateanthony.co.uk/InnovativeAvatar. pdf. (accessed 1 November 2005).

Ashmore, M. (1989). *The Reflexive Thesis: Wrighting Sociology of Scientific Knowledge*. Chicago, IL: University of Chicago Press.

Ashworth, P. (2003a). The phenomenology of the lifeworld and social psychology. *Social Psychologocal Rewiew*, 5 (1), 18-34.

Ashworth, P. (2003b). An approach to phenomenological psychology: the contingencies of the lifeworld. *Journal of Phenomenological Psychology*, 34 (2), 145-156.

Ashworth, A. & Ashworth, E. (2003). The lifeworld as phenomenon and as research heuristic, exemplified by a study of the lifeworld of a person suffering Alzheimer's disease. *Journal of Phenomenological Psychology*, 34 (2), 179-205.

Ashworth, P., Freewood, M. & Macdonald, R. (2003). The student lifeworld and the meanings of plagiarism. *Journal of Phenomenological Psychology*, 34 (2), 257-278.

Austin, J. L. (1962). *How to Do Things With Words*. Oxford: Oxford University Press. (ジョン・L・オースティン (1978).『言語と行為』坂本百大（訳）大修館書店.)

Bajos, N. (1997). Social factors and the proces of risk construction in HIV sexual transmission. *AIDS Care*, 9, 227-237.

Bakhtin, M. M. (1986). *Speech Genres and Other Late Essays* [trans. V. W. McGee]. Austin, TX: University of Texas Press.

Bargdill, R. (2000). The study of life boredom. *Journal of Phenomenological Psychology*, 31 (2), 188-219.

Barthes, R. (1977). *Image-Music-Text* [trans. S. Heath] Glasgow: Fontana. (ロラン・バルト (1979).『物語の構造分析』花輪光（訳）みすず書房.)

Baudrillard, J. (1993). *Symbolic Exchange and Death* [trans. I. Grant]. London: Sage. (ジャン・ボードリヤール (1992).『象徴交換と死』今村仁司・塚原史（訳）筑摩書房.)

Becker, G. (1999). Narratives of pain in later life and conventions of storytelling. *Journal of Ageing Studies*, 13, 73-87.

Bell, D. & Binnie, J. (2000). *The Sexual Citizen: Queer Politics and Beyond*. Cambridge: Polity.

Billig, M. (1997). *Arguing and Thinking: A Rhetorical Approach to Social Psychology*. Cambridge: University of Cambridge.

Bollnow, O. F. (1982). On silence: findings of philosphico-Pedagogical anthropology. *Universitas*, 24 (1), 41-47.

Bruner, J. (1986). *Actual Minds, Possible Words*. Cambridge, MA: Harvard University press.

Bruner, J. (1990). *Acts of Meaning*. Cambridge, MA: Harvard University Press.（ジェローム・ブルーナー（1999）.『意味の復権――フォークサイコロジーに向けて』岡本夏木・仲渡一美・吉村啓子（訳）ミネルヴァ書房.）

Burr, V. (2003). *Social Constructionism*, 2nd edn. Hove: Routledge.

Butler, J. (1991). *Gender Trouble*. New York: Routledge.（ジュディス・バトラー（1999）.『ジェンダートラブル――フェミニズムとアイデンティティの攪乱』竹村和子（訳）青土社.）

Butt, T. (2004) *Understanding People*. Basingstoke: Palgrave Macmillan.

Butt, T. & Langdridge, D. (2003). The construction of self: the public reach into the Private sphere. *Sociology*, 37 (3), 477-494.

Chapman, E. (2002). The social and ethical implications of changing medical technologies: the views of people living with genetic conditions. *Journal of Health Psychology*, 7, 195-206.

Clark, S. H. (1990). *Paul Ricoeur* London: Routledge.

Cohn, H. (1997). *Existential Thought and Therapeutic Practice: An Introduction to Existential Psychotherapy*. London: Sage.

Colaizzi, P. (1971). Analysis of the learner's perception of learning material at various Stages of the learning process. In A. Giorgi, W. Fischer & R. von Eckartsberg (eds.) *Duquesne Studies in Phenomenological Psychology I*. Pittsburgh, PA: Duquesne University Press.

Creswell, J. W. (1998). *Qualitative Inquiry and Research Design: Choosing among Five Traditions*. London: Sage.

Dahlberg, K., Drew, N. & Nyström, M. (2001). *Reflective Lifeworld Research*. Lund, Sweden: Studentlitteratur.

de Beauvoir, S. ([1949] 1997). *The Second Sex* [trans. H. M. Parshley]. London: Vintage.（ボーヴォワール（2001）.『第二の性1～2』『第二の性』を原文で読み直す会（訳）新潮社.）

Deleuze, G. & Guattari, F. (1984). *Anti-Oedipus: Capitalism and Schizophrenia*. London: Athlone Press.（ジル・ドゥルーズ，フェリックス・ガタリ（2006）.『アンチ・オイディプス（上）(下)』宇野邦一（訳）河出書房新社.）

Edwards, D. (1997). *Discourse and Cognition*. London: Sage.

Edwards, D. & Potter, J. (1992). *Discursive Psychology*. London: Sage.

Elsbree, L. (1982). *The Rituals of Life: Patterns in Narrative*. Port Washington, NY:

Kennikat Press.

Finlay, L. (2003). The intertwining of body, self and world: a Phenomenological study of living with recently diagnosed multiple sclerosis. *Journal of Phenomenological Psychology*, 34 (2), 157-178.

Finlay, L. (2006). The body's disclosure in phenomenological research. *Qualitative Research in Psychology*, 3 (1), 19-30.

Finlay, L. & Gough, B. (eds.) (2003). *Reflexivity: A Practical Guide for Researchers in Health and Social Science*. Oxford: Blackwell.

Finlay, L., King, N., Ashworth, P., Smith, J. A., Langdridge, D. & Butt, T. (2006). 'Can't really trust that, so What can I trust?': a polyvocal, qualitative analysis of the psychology of mistrust. *Qualitative Reseach in Psychology*, 3, 1-23.

Fischer, W. F. (1974). On the phenomenological mode of researching 'being anxious'. *Journal of Phenomenological Psychology*, 4 (2), 405-423.

Fischer, W. F. (1985). Self-deception: an empirical phenomenological inquiry into its essential meanings. In A. Giorgi (ed.) *Phenomenology and Psychological Research*. Pittsburgh, PA: Duquesne University Press.

Fiske, S. & Taylor, S. (1991). *Social Cognition*, 2nd edn. New York: McGraw-Hill.

Flowers, P. & Langdridge, D. (in press) Offending the other: deconstructing narratives of deviance and pathology. *Blitish Journal of Social Psychology*.

Flowers, P., Smith, J. A., Sheeran, P. & Beail, N. (1997). Health and romance: understanding unprotected sex in relationships between gay men. *British Journal of Health Psychology*, 2, 73-86.

Flowers, P., Smith, J. A., Sheeran, P. & Beail, N. (1998). 'Coming out' and sexual debut: understanding the social context of HIV risk-related behaviour. *Journal of Community and Applied Social Psychology*, 8, 409-421.

Foucault, M. (1973). *The Order of Things*: An Archaeology of the Human Sciences. New York: Vintage Books.（ミシェル・フーコー（1974）.『言葉と物──人文科学の考古学』渡辺一民・佐々木明（訳）新潮社.）

Fuss, D. (ed.) (1991). *Inside/Out*. New York: Routledge.

Gadamer, H. ([1975] 1996). *Truth and Method*. London: Sheed and Ward.（ガダマー (1986-2012).『真理と方法 I-III』 I：轡田收（訳），II：轡田收・巻田悦郎（訳），III：轡田收・三浦國泰・巻田悦郎（訳）法政大学出版局.）

Galvin, K., Todres, L. & Richardson, M. (2005). The intimate mediator: a carer's experience of Alzheimer's. *Scandinavian Journal of Caring Sciences*, 19, 2-11.

Gergen, K. J. (1999). *An Invitation to Social Construction*. London: Sage.（ケネス・J・ガーゲン（2004）.『あなたへの社会構成主義』東村知子（訳）ナカニシヤ出版.）

Gergen, K. J. & Gergen, M. (1986). Narrative form and the construction of psychological science. In T. Sarbin (ed.) *Narrative Psychology The Storied Nature of Human Conduct*. New York: Praeger.

Gibbs, G. R. (2002). *Qualitative Data Analysis: Exploration with NVivo*. Buckingham: Open University Press.

Giddens, A.（1992）*The Transformation of Intimacy: Sexuality, Love and Eroticism in Modern Societies*. Cambridge: Polity Press.（アンソニー・ギデンズ（1995）.『親密性の変容――近代社会におけるセクシュアリティ，愛情，エロティシズム』松尾精文・松川昭子（訳）而立書房.）

Giorgi, A.（1985）. Sketch of a psychological phenomenological method. In A. Giorgi（ed.）*Phenomenology and Psychological Research*. Pittsburgh, PA: Duquesne University Press.

Giorgi, A.（1992）. Description versus interpretation: competing alternative strategies for qualitative research. *Journal of Phenomenological Psychology*, 23（2）, 119-135.

Giorgi, A.（2002）. The question of validity in qualitative research. *Journal of Phenomenological Psychology*, 33（1）, 1-18.

Giorgi, A. & Giorgi, B.（2003）. Phenomenology. In J. A. Smith（ed.）*Qualitative Psychology: A Practical Guide to Research Methods*. London: Sage.

Gough, B.（2003）. Deconstructing reflexivity. In L. Finlay & B. Gough（eds.）*Reflexivity: A Plactical Guide for Researchers in Health and Social Science*. Oxford: Blackwell.

Grenz, S. J.（1996）. *A Primer in Postmodernism*. Grand Rapids, MI: William B. Eerdmans.

Grosz, E.（1994）. *Volatile Bodies: Toward a Corporeal Feminism*. Bloomington, IN: Indiana University Press.

Guba, E. G.（ed.）（1990）. *The Paradigm Dialog*. Newbury Park, CA: Sage.

Gurwitsch, A.（1964）. *Field of Consciousness*. Pittsburgh, PA: Duquesne University Press.

Harré, R. & Gillett, G.（1994）. *The Discursive Mind*. London: Sage.

Heidegger, M.（[1925] 1985）. *History of the Concept of Time: Prolegomena* [trans. T. Kisel]. Bloomington, IN: Indiana University Press.（マルティン・ハイデッガー（1988）.『ハイデッガー全集第20巻：時間概念の歴史への序説』常俊宗三郎，嶺秀樹，L・デュムペルマン（訳）創文社.）

Heidegger, M.（[1927] 1962）. *Being and Time* [trans. J. Macquarrie & E. Robinson]. Oxford: Blackwell.（マルティン・ハイデガー（2013）.『存在と時間1〜4』熊野純彦（訳）岩波文庫.）

Heidegger, M.（[1947] 1993）. Letter on humanism. In *Basic Wtitings* [ed. by D. F. Krell]. London: Routledge.（マルティン・ハイデッガー（1997）.『「ヒューマニズム」について』渡邊二郎（訳）筑摩書房.）

Heidegger, M.（1978）. *Basic Wtitings*. [ed. D. F. Kiell]. London: Routledge.

Heidegger, M.（2001）. *Zollikon Seminars: Protocols-Conversations-Letters* [trans. F. Mayr & R. Askay]. Evanston, IL: Northwestern University Press.（メダルト・ボス（編）（1991）.『ハイデッガー ツォリコーン・ゼミナール』木村敏・村本詔司（訳）みすず書房.）

Henriques, J., Hollway, W., Urwin, C., Venn, C. & Walkerdine, V.（1984）. *Changing the Subject: Psycholgy, Social Regulation and Subjectivity*. London: Methuen.

Hinchliff, S.（2001）. *Female Experiences of the Body in Club Culture*. Unpublished PhD dissertation. Sheffield: Sheffield Hallam University.

Hollway, W. & Jefferson, T. (2000). *Doing Qualitative Research Differently: Free Association, Narrative and the Interview Method*. London: Sage.

Hollway, W. & Jefferson, T. (2005). Panic and perjury: a psychosocial exploration of agency. *British Journal of Social Psychology*, 44 (2), 147-163.

Hunt, D. & Smith, J. A. (2004). The personal experience of carers of stroke survivors: an interpretative phenomenological analysis. *Disability and Rehabilitation*, 26 (16). 1000-1011.

Husserl, E. ([1900] 1970). *Logical Investigations* [trans. J. N. Findlay]. New York: Humanities Press. (エトムント・フッサール (2015). 『論理学研究1～4』立松弘孝 (訳) みすず書房.)

Husserl, E. ([1931] 1967). *Cartesian Meditations* [trans. D. Cairns]. The Hague: Nijhoff. (エトムント・フッサール (2001). 『デカルト的省察』浜渦辰二 (訳) 岩波書店.)

Husserl, E. ([1936] 1970). *The Crisis of European Sciences and Transcendental Phenomenology* [trans. D. Carr]. Evanston, IL: North Western University Press. (エトムント・フッサール (1995). 『ヨーロッパ諸学の危機と超越論的現象学』細谷恒雄・木田元 (訳) 中央公論社.)

Hutchby, I. & Wooffitt, R. (1998). *Conversation Analysis: Principles, Practices and Applications*. Oxford: Polity Press.

Ihde, D. (1986). *Expelimental Phenomenology: An Introduction*. Albany, NY: SUNY Press.

Ihde, D. (1993). Postphenomenology: *Essays in the Postmodern Context*. Evanston, IL: Northwestern University Press.

Janesick,V. J. (1994). The dance of qualitative research design: metaphor, methodolatry, and meaning. In N. K. Denzin & Y. S. Lincoln (eds.) *Handbook of Qualitative Research*. London: Sage.

Kearney, R. (1994). *Modern Movements in European Philosophy*, 2nd ed. Manchester: Manchester University Press.

Kent, G. (2000). Understanding the experiences of people with disfigurements: an integration of four models of social and psychological functioning. *Psychology, Health & Medicine*, 5 (2), 117-129.

King, N. (1998). Template analysis. In G. Symon & C. Cassell (eds.) *Qualitative Methods and Analysis in Organizational Research*. London: Sage.

King, N., Carroll, C., Newton, P. & Dornan, T. (2002). 'You can't cure it so you have to endure it': the experience of adaptation to diabetic renal disease. *Qualitative Health Research*, 12 (3), 329-346.

King, N., Thomas, K., Bell, D. & Bowes, N. (2003). *Evaluation of the Calderdale and Kirklees Out of Hours Plotocol for Palliative Care: Final Report*. Huddersfield: Primary Care Research Group, School of Human and Health Sciences, University of Huddersfield.

Kvale, S. (1996). *InterViews: An Introduction to Qualitative Research Interviewing*.

London: Sage.

Kvale, S. (ed.) (1992). *Psychology and Postmodernism*. London: Sage.

Langdridge, D. (2003). Hermeneutic phenomenology: arguments for a new social psychology. *History and Philosophy of Psychology*, 5 (1), 38-45.

Langdridge, D. (2004a). *Introduction to Research Methods and Data Analysis in Psychology*. Harlow: Pearson Education.

Langdridge, D. (2004b). The hermeneutic phenomenology of Paul Ricoeur: Problems and possibilities for existential-phenomenological psychotherapy. *Existential Analysis*, 15 (2), 243-255.

Langdridge, D. (2005). The child's relations with others: Merleau-Ponty, embodiment and psychotherapy. *Existential Analysis*, 16 (1), 87-99.

Langdridge, D. & Butt, T. (2004). A hermeneutic phenomenological investigation of the construction of sadomasochistic identities. *Sexualities*, 7 (1), 31-53.

Langdridge, D. & Butt, T. W. (2005). The erotic construction of power exchange. *Journal of Constructivist Psychology*, 18 (1), 65-73.

Langdridge, D. & Flowers, P. (2005). Resistance habitus and the homophobic social psychologist. *Lesbian & Gay Psychology Review*, 6 (1), 53-55.

Langdridge, D., Connolly, K. J. & Sheeran, P. (2000). A network analytic study of the reasons for wanting a child. *Journal of Reproductive and Infant Psychology*, 18 (4), 321-338.

Latour, B. (1988). The politics of explanation: an alternative. In S. Woolgar (ed.) *Knowledge and Reflexivity: New Frontiers in the Sociology of Knowledge*. London: Sage.

Lydall, A.-M., Pretorius, G. & Stuart, A. (2005). Give sorrow words: the meaning of parental bereavement. *Indo-Pacific Journal of Phenomenology*, 5 (2), 1-12.

Lyotard, J.-F. ([1979] 2004). *The Postmodern Condition: A Report on Knowledge* [trans. G. Bennington & B. Massumi]. Manchester: Manchester University Press. (ジャン＝フランソワ・リオタール (1989).『ポスト・モダンの条件──知・社会・言語ゲーム』小林康夫 (訳) 水声社.)

Mann, C. & Stewart, F. (2000). *Internet Communication and Qualitative Research: A Handbook for Reseaching Online*. London: Sage.

McAdams, D. (1985). *Power, Intimacy, and the Life Story: Personological Inquiries into Identity*. New York: Guilford Press.

McAdams, D. P. (1993). *The Stories We Live By: Personal Myths and the Making of the Self*. New York: The Guilford Press.

Merleau-Ponty, M. ([1945] 1962). *Phenomenology of Perception* [trans. C. Smith] London: Routledge. (モーリス・メルロ゠ポンティ (1967, 1974).『知覚の現象学 1〜2』1：竹内芳郎・小木貞孝 (訳), 2：竹内芳郎・木田元・宮本忠雄 (訳) みすず書房.)

Mishler, E. G. (1995). Models of narrative analysis: a typology. *Journal of Narrative and Life History*, 5 (2), 87-123.

Moran, D. (2000). *Introduction to Phenomenology*. London: Routledge.

Morley, J. (1998). The private theater: a Phenomenological investigation of daydreaming. *Journal of Phenomenological Psychology*, 29 (1), 116-134.

Moustakas, C. (1994). *Phenomenological Research Methods*. London: Sage.

Muldoon, M. (2002). *On Ricoeur*. Belmont, CA: Wadsworth/Thomson Learning.

Murray, C. D. (2004). An interpretative phenomenological analysis of the embodiment of artificial limbs. *Disability and Rehabilitation*, 26 (16), 963-973.

Nietzsche, F. (1979). Werke. Band III. Munich: Ulstein. [Cited in Cooper, D. E. (1996). Modern European philosophy. In N. Bunnin & E. P. Tsui-James (eds.) *The Blackwell Companion to Philosophy*. Oxford: Blackwell.] (フリードリッヒ・ニーチェ (1980).「道徳以外の意味における真理と虚偽について」西尾幹二 (訳)『ニーチェ全集2 (第1期)』所収, 白水社.)

Parker, I. (1992). *Discourse Dynamics: Critical Analysis for Social and Individual Psychology*. London: Routledge.

Plummer, K. (2001). *Documents of Life 2: An Invitation to a Critical Humanism*. London: Sage.

Polkinghorne, D. E. (1988). *Narrative Knowing and the Human Sciences*. Albany, NY: SUNY Press.

Polkinghorne, D. E. (1989) Phenomenological research methods. In R. S. Valle & S. Halling (eds.) *Existential-Phenomenological Perspectives in Psychology: Exploring the Breadth of Human Experience*. New York: Plenum Press.

Polt, R. (1999). *Heidegger: An Introduction*. London: UCL Press.

Popper, K. (1963). *Conjectures and Refutations: The Growth of Scientific Knowledge*. London: Routledge. (カール・R・ポパー (2009).『推測と反駁——科学的知識の発展』藤本隆志・石垣壽郎・森博 (訳) 法政大学出版局.)

Potter, J. (2005). Making psychology relevant. *Discourse and Society*, 16 (5), 739-747.

Potter, J. & Hepburn, A. (2005a). Qualitative interviews in psychology: Problems and possibilities. *Qualitative Research in Psychology*, 2 (4), 281-307.

Potter, J. & Hepburn, A. (2005b). Action, interaction and interviews: Some responses to Hollway, Mishler and Smith. *Qualitative Research in Psychology*, 2 (4), 319-325.

Potter, J. & Wetherell, M. (1987). *Discource and Social Psychology: Beyond Attitudes and Behaviour*. London: Sage.

Pretorius, H. G. & Hull, R. M. (2005). The experience of male rape in non-institutionalised settings. *Indo-Pacific Journal of Phenomenology*, 5 (2), 1-11.

Propp, V. I. (1969). *Morphology of the Folk tale* [ed. L. A. Wagner]. Austin, TX: University of Texas Press.

Rapport, F. (2003). Exploring the beliefs and experiences of potential egg share donors. *Journal of Advanced Nursing*, 43 (1), 28-42.

Rapport, F. (2005). Hermeneutic phenomenology: the science of interpretation of texts. In I. Holloway (ed.) *Qualitative Research in Health Care*. Maidenhead: Open University Press.

Ricoeur, P. (1970). *Freud and Philosophy: An Essay on Interpretation* [trans. D.

Savage] New Haven, CT: Yale University Press.（ポール・リクール（2005）.『フロイトを読む――解釈学試論』久米博（訳）新曜社.）

Ricoeur, P. (1971). The model of the text: meaningful action considered as text. *Social Research*, 38, 529-562.

Ricoeur, P. (1981). *Hermeneutics and the Human Sociences* [trans. J. B. Thompson] Paris: Edition de la Maison des Sciences de l'Homme/Cambridge: Cambridge University Press.

Ricoeur, P. (1984). *Time and Narrative*, Vol. 1 [trans. K. McLaughlin & D. Pellauer] Chicago, IL: University of Chicago Press.（ポール・リクール（2004）.『時間と物語1――物語と時間性の循環／歴史と物語』久米博（訳）新曜社.）

Ricoeur, P. (1985). *Time and Narrative*, Vol. 2 [trans. K. McLaughlin & D. Pellauer] Chicago, IL: University of Chicago Press.（ポール・リクール（2004）.『時間と物語2――フィクション物語における時間の統合形象化』久米博（訳）新曜社.）

Ricoeur, P. ([1987] 1991). Life: a Story in search of a narrator. In M. Valdés (ed.) *A Ricoeur Reader*. Toronto: University of Toronto Press.

Ricoeur, P. (1988). *Time and Narrative*, Vol. 4 [trans. K. McLaughlin & D. Pellauer]. Chicago, IL: University of Chicago Press.（ポール・リクール（2004）.『時間と物語3――物語られる時間』久米博（訳）新曜社.）

Ricoeur, P. (1992). *Oneself as Another* [trans. K. Blamey]. Chicago, IL: University of Chicago Press.（ポール・リクール（2010）.『他者のような自己自身』久米博（訳）法政大学出版局.）

Ricoeur, P. (1996). *Lectures on Ideology and Utopia* [ed. G. H. Taylor]. New York: Columbia University Press.（ポール・リクール（G・H・テイラー編）（2011）.『イデオロギーとユートピア』川崎惣一（訳）新曜社.）

Ricoeur, P. (1998). *Critique and Conviction*. New York: Columbia University Press.

Ryle, G. (1949). *The Concept of Mind*. London: Hutchinson.（ギルバート・ライル（1987）.『心の概念』坂本百大・井上治子・服部裕幸（訳）みすず書房.）

Sarbin, T (ed.) (1986). *Narrative Psychology: The Storied Nature of Human Conduct*. New York: Praeger.

Sartre, J.-P. ([1943] 1956). *Being and Nothingness: An Essay on Phenomenological Ontology* [trans. H. Barnes]. New York: Philosophical Library.

Sartre, J.-P. ([1943] 2003). *Being and Nothingness: An Essay on Phenomenological Ontology* [trans. H. Barnes]. London: Routledge.（サルトル（2007）.『存在と無1〜3』松浪信三郎（訳）筑摩書房.）

Searle, J. R. (1969). *Speech Acts: An Essay in the Philosophy of Language*. Cambridge: Cambridge University Press.（ジョン・サール（1986）.『言語行為』坂本百大・土屋俊（訳）勁草書房.）

Sedgwick, E. (1991). *The Epistemology of the Closet*. Berkeley, CA: University of California Press.（イブ・コゾフスキー・セジウィック（1999）.『クローゼットの認識論――セクシュアリティの20世紀』外岡尚美（訳）青土社.）

Seidman, S. (ed.) (1996). *Queer Theory/Sociology*. Oxford: Blackwell.

Sherwood, T. (2001). Client experience in psychotherapy: What heals and what harms? *Indo-Pacific Journal of Phenomenology*, 1 (2), 1-16.

Smith, J. A. (1996). Beyond the divide between cognition and discourse: using interpretative phenomenological analysis in health psychology. *Psychology and Health*, 11, 261-271.

Smith, J. A. (1999). Towards a relational self: social engagement during pregnancy and psychological preparation for motherhood. *British Journal of Social Psychology*, 38, 409-426.

Smith, J. A. (2004). Reflecting on the development of interpretative phenomenological analysis and its contribution to qualitative research in psychology. *Qualitative Research in Psychology*, 1, 39-54.

Smith, J. A., Harré, R. & Van Langenhove, L. (1995). *Rethinking Psychology*. London: Sage.

Smith, J. A. & Osborn, M. (2003). Interpretative phenomenological analysis. In J. A. Smith (ed.) *Qualitative Psychology*. London: Sage.

Sokolowski, R. (2000). *Introduction to Phenomenology*. Cambridge: Cambridge University Press.

Spinelli, E. (2005). *The Interpreted World: An Introduction to Phenomenological psychology*, 2nd edn. London: Sage.

Suler, J. (1999). The psychology of avatars and graphical space in multimedia chat communities. www.rider.edu/~suler/psycyber/psyav.html#Physical (accessed 7 March 2005).

Todres, L. (2002). Humanising forces: Phenomenology in science; psychotherapy in technological culture. *Indo-Pacific Journal of Phenomenology*, 2 (1), 1-11.

Todres, L. & Galvin, K. (2005). Pursuing both breadth and depth in qualitative research: illustrated by a study of the experience of intimate caring for a loved one with Alzheimer's disease. *International Journal of Qualitative Methods*, 4 (2), Article 2. www.ualberta.ca/~ijqm (accessed 14 March 2006).

Todres, L. & Wheeler, S. (2001). The complementarity of phenomenology, hermeneutics and existentialism as a philosophical perspective for nursing research. *International Journal of Nursing Studies*, 38, 1-8.

Tumer, A. J. & Coyle, A. (2000). What does it mean to be a donor offspring? The identity experiences of adults conceived by donor insemination and the implications for counselling and therapy. *Human Reproduction*, 15, 2041-2051.

van Deurzen-Smith, E. (1997). *Everyday Mysteries: Existential Dimensions of Psychotherapy*. London: Routledge.

van Manen, M. (1990). *Researching Lived Experience: Human Science for an Action Sensitive Pedagogy*. Albany, NY: SUNY Press.（マックス・ヴァン＝マーネン（2011）.『生きられた経験の探求――人間科学がひらく感受性豊かな〈教育〉の世界』村井尚子（訳）ゆみる出版.）

Warnock, M. (1970). *Existentialism*. Oxford: Oxford University Press.

Wertz, F. J. (1985). Method and findings in a phenomenological psychological study of a complex life-event: being criminally victimised. In A. Giorgi (ed.) *Phenomenology and Psychological Research*. Pittsburgh, PA: Duquesne University Press.

Wetherell, M., Taylor, S. & Yates, S. J. (eds.) (2001a). *Discourse as Data*. London: Sage.

Wetherell, M., Taylor, S. & Yates, S. J. (eds.) (2001b). *Discourse Theory and Practice: A Reader*. London: Sage.

White, S. (1997). Beyond retroduction? Hermeneutics, reflexivity and social work practice. *British Journal of Social Work*, 27 (5), 739-753.

Wilkinson, S. (1988). The role of reflexivity in feminist psychology. *Women's Studies International Forum*, 11, 493-502.

Willig, C. (2001). *Introducing Qualitative Research in Psychology: Adventures in Theory and Method*. Buckingham: Open University Press.

Wittgenstein, L. (1953). *Philosophical Investigations*. Oxford: Blackwell. (ルートヴィヒ・ヴィトゲンシュタイン (2013).『哲学探究』丘沢静也 (訳) 岩波書店.)

Yardley, L. (2000). Dilemmas in qualitative health researeh. *Psychology and Health*, 15 (2), 215-228.

人名索引

■あ行

アイディ（Ihde, D.）　18-19, 226-229, 235, 236
アッシュワース（Ashworth, P.）　22, 76, 117, 143-145, 189
アリストテレス（Aristotle）　36, 183
アンストゥス（Aanstoos, C. M.）　118, 119
ヴァン＝マーネン（van Manen, M.）　59, 77, 109, 151, 170-175, 232-233
ウィトゲンシュタイン（Wittgenstein, L.）　223, 225
ウェザレル（Wetherell, M.）　2, 59, 216, 223
エドワーズ（Edwards, D.）　2, 58
エルスブリー（Elsbree, L.）　184
オースティン（Austin, J. L.）　63, 223
オズボーン（Osborn, M.）　76, 150, 222

■か行

ガーゲン（Gergen, K. J.）　184, 216
ガダマー（Gadamer, H. G.）　15, 31, 37, 55-58, 66, 68-72, 77, 150-151, 171-172, 174, 179, 193, 226
ガタリ（Guattari, F.）　229
カーニー（Kearney, R.）　39
ギュルヴィッチ（Gurwitsch, A.）　122
キルケゴール（Kierkegaard, S.）　30, 32-34, 48
キング（King, N.）　77, 78, 151, 152, 175-176
クヴァール（Kvale, S.）　236
グロス（Grosz, E.）　227
ゴフ（Gough, B.）　83-84, 114

■さ行

サール（Searle, J.）　63
サルトル（Sartre, J-P.）　15, 22, 31, 43-53, 143, 210
ジェインジック（Janesick, V. J.）　234
ジオルジ（Giorgi, A.）　76, 117-118, 120, 122, 125, 131, 146, 171, 217-218
シュライアーマッハー（Schleiermacher, F.）　36
スミス（Smith, J.）　76, 78, 149-150, 153, 155, 216, 222
スーラー（Suler, J.）　100
セジウィック（Sedgwick, E.）　209, 213

■た行

ダールバーグ（Dahlberg, K.）　30, 151
ディーケルマン（Diekelmann, N.）　77
ディルタイ（Dilthey, W.）　56
デカルト（Descartes, R.）　16, 71
デリダ（Derrida, J.）　223, 227
ドゥルーズ（Deleuze, G.）　229
トードレス（Todres, L.）　76, 78, 118, 171, 231
ドリュー（Drew, N.）　30, 151

■な行

ニーチェ（Nietzsche, F.）　30, 31, 34, 41, 63, 110, 225

■は行

バー（Burr, V.）　3, 216
ハイデガー（Heidegger, M.）　12, 15, 20, 22, 30, 31, 34-43, 50-52, 55, 56, 58, 59, 68, 71, 83, 97-99, 143, 144, 151, 222, 225-228, 233
パーカー（Parker, I.）　2, 58, 216, 223
バーグディル（Bargdill, R.）　118, 125
ハーバーマス（Habermas, J.）　69, 193, 226
バット（Butt, T.）　78, 106, 108, 196, 216, 227
バトラー（Butler, J.）　209
バフチン（Bakhtin, M. M.）　83, 191
バルト（Barthes, R.）　63
ハレ（Harré, R.）　58, 216
ピアジェ（Piaget, J.）　47

フィンレイ（Finlay, L.） 50, 78, 96, 114
フーコー（Foucault, M.） 223, 228
フッサール（Husserl, E.） 5-6, 12-31, 35, 36, 43, 51, 56, 57, 77, 117, 143, 150, 217-218, 220-222
フラワーズ（Flowers, P.） 78, 83, 151, 157
ブルーナー（Bruner, J.） 71, 182, 206, 213
ブレンターノ（Brentano, F.） 14, 16, 36
フロイト（Freud, S.） 60, 67, 72
プロップ（Propp, V.） 184
ヘップバーン（Hepburn, A.） 224
ボーヴォワール（de Beauvoir, S.） 15, 31, 43-44, 47
ポーキングホーン（Polkinghorne, D.） 78, 79, 182, 184, 218
ボス（Boss, M.） 37
ボードリヤール（Baudrillard, J.） 99
ポッター（Potter, J.） 2, 58, 216, 223, 224
ポパー（Popper, K.） 220
ホーリング（Halling, S.） 76

■ま行
マカダムス（McAdams, D.） 78, 182-183, 185
マルクス（Marx, K.） 67, 69, 189
マルセル（Marcel, G.） 60
ムスターカス（Moustakas, C.） 147, 217
メルロ＝ポンティ（Merleau-Ponty, M.） 15, 20, 29, 31, 32, 35, 43, 47-51, 52, 96, 143, 144, 227
モラン（Moran, D.） 29, 69, 226

■や行
ヤスパース（Jaspers, K.） 60
ヤードリー（Yardley, L.） 217-220

■ら行
ライル（Ryle, G.） 16
ラポート（Rapport, F.） 170
ラングドリッジ（Langdridge, D.） 4, 78, 83, 99, 104, 106, 108, 126, 192, 193, 196, 207, 226
リオタール（Lyotard, J-F.） 99, 223
リクール（Ricoeur, P.） 15, 31, 37, 55-56, 58-71, 72, 181-183, 186, 189-190, 192, 195, 196, 212-213, 219-220, 221-223, 226, 228, 235
レヴィナス（Levinas, E.） 14

事項索引

■あ行

アイデンティティ 50, 71, 72, 78, 92, 99, 151, 158, 183, 192, 194, 196, 198, 208-212, 231
遊び 66, 67, 69, 226
鋳型分析（TA） 76-78, 80, 112, 149, 151-153, 156, 172, 175-179, 221, 234
生きられた経験 1, 5, 6, 8, 15, 29, 51, 64, 117, 120, 140, 147, 172, 180, 231, 235
異性愛 81, 91, 207, 209-211, 213
一人称 4, 8, 21, 118, 120
逸話 109, 175, 232, 233
イデオロギー 68, 69, 190, 193, 213, 229
意味単位 120-123, 130, 140, 141, 143-146
意味・追想の解釈学 55, 58, 59, 68, 72, 189, 193, 212, 221, 222
インターネット 75, 96, 108
インタビュー 64, 75, 87, 89-101, 103, 109, 119, 120, 123, 140, 152, 153, 155, 158, 172, 176, 185, 186, 190, 197, 205, 207, 212, 218, 224, 231
インタビュー計画 90-93, 152
インフォームド・コンセント 86, 114
隠喩 43, 70, 228, 229
エスニシティ 79, 82, 124, 174, 189, 192
エポケー 9, 13, 21-23, 26, 27, 76, 121, 129, 146, 221
ＬＧＢＴ 197
応用心理学 2, 77, 149, 215, 216, 223, 234
大きな物語 223, 236

■か行

懐疑 59, 65-67, 78, 190, 210
懐疑の解釈学 55, 59, 67, 69, 72, 82, 112, 182, 188-190, 193-195, 197, 209, 211, 212, 221, 222
階級 25, 81, 82, 176, 194
解釈学（解釈学的） 6, 7, 15, 30, 35-37, 55-60, 66, 68-72, 76, 77, 109, 149, 151, 170-174, 181, 187-190, 193-195, 197, 209, 212, 228
解釈学的現象学 6, 7, 31, 55, 59, 61, 65, 69, 76-78, 80, 113, 149-151, 153, 156, 170-174, 179, 180, 192, 196, 221, 225, 226, 234
解釈学的循環 171, 193
解釈的現象学（IPA） 76, 78, 80, 112, 149-170, 172, 175, 177, 179, 221, 230, 234
解釈派 77, 78, 114, 149, 171, 179, 209, 221, 222, 227
会話分析 65, 101, 102, 224
科学的方法 3, 31, 57, 58, 216
語り 29, 42, 118, 120, 144, 178, 191
カッコ入れ 21, 22, 27, 30, 31, 35, 84, 121
カムアウト（カミングアウト） 157, 158, 200, 206, 210
看護 77, 117, 179, 234
観察法 87, 88, 109
間主観性（間主観的） 17, 96, 144, 153, 173, 226
機械の中の幽霊 16, 17, 150
記述的現象学 22, 55, 67, 76, 77, 79, 84, 103, 112-114, 117-143, 146, 147, 149, 151, 152, 171, 173, 218, 220, 222, 230, 231, 234, 235
気遣い 29, 41
規範的ナラティヴ 206, 207, 209, 210, 222
気分 29, 40, 99, 233
客体存在性 41
客観性 33, 34
教育学 77, 83, 121, 170, 172
共感 59, 65-69, 72, 96
共同存在 29, 42, 51
クィア 194, 197, 209-211
空間性 51, 76, 118, 143-146, 173, 230
ゲイ 83, 89, 91, 156-158, 197-211
経験の記述 5, 20, 25, 119, 120, 146, 222

経験の構造 10, 20, 112, 140, 173, 218
形相的直観 25
研究計画 7, 75, 79, 86, 93, 94, 119, 152
研究倫理 75
健康心理学 77, 149, 150, 179, 180, 218
言語ゲーム 225
言語行為理論 63
現象学的アプローチ 2, 10, 13, 81, 101, 114, 117, 147, 153, 179, 215, 221, 229, 235
現象学的還元 9, 13, 23, 24, 26, 27, 30, 36, 48, 49, 76, 121, 146, 218
現象学的心理学 1, 5, 6, 8, 9, 13, 17, 19, 23, 25, 26, 29, 31, 38, 47, 48, 50, 52, 53, 55, 59, 72, 75, 76, 79, 85, 89, 96, 97, 101, 103, 110, 114, 117, 146, 149, 179, 189, 194, 215, 217, 221, 223, 224, 227, 229, 230, 234
現象学的哲学 2, 5, 7-9, 12, 26, 27, 29, 51, 71, 75-77, 146, 150, 151, 171, 181, 215, 216, 221, 235
現象学的方法 6, 11, 13, 21, 22, 30, 35, 80, 103, 117, 149, 171, 182, 186, 216, 232
現存在 29, 37-42, 45, 51, 226
現存在分析 37
権力への意志 34, 67
構造記述 122-125, 131, 140-143, 146, 218
構造主義（ポスト構造主義） 61, 228
個性記述的 80, 150, 152, 185
コーディング 153, 155, 169, 175, 176, 178, 192, 209

■さ行

作用史 57, 68
参加者（研究参加者） 5, 11, 26, 50, 59, 78-89, 93-107, 111-112, 119-123, 152-153, 184-187, 219-223, 229, 231, 234
参与観察 88, 109
シェフィールド学派 31, 76, 78, 117, 118, 120, 124, 143-147, 173, 230
ジェンダー 25, 194
時間性 29, 39, 51, 76, 118, 143-146, 173, 230
志向性 9, 13, 15, 17, 18, 26, 27, 38, 49

志向的 16, 17, 31, 150
自己欺瞞 29, 45-47, 118
自己性 76, 98, 143-145, 183
事実性 29, 40, 41, 45, 51, 56
事象そのもの 5, 8, 15, 20, 22, 23, 56, 117, 118, 184
自然科学 4, 10, 31, 34, 44, 56, 57, 110, 112, 216
自然的態度 21-27, 29-31, 111, 124
実験 3, 4, 9, 150
実在論 3, 83, 224
実証主義 3-5, 9, 10
実存主義（実存主義的，実存主義的現象学） 6, 7, 15, 29-34, 37, 43, 47, 51, 52, 58-60, 76, 96, 118, 143, 144, 179, 225, 228
実存的 18-20, 22, 29-31, 76, 117, 174
実存的心理療法 37
実存哲学 29, 31, 32, 43, 76, 77
質的研究 1, 7, 10, 75, 78, 81, 90, 94, 109, 112-114, 120, 146, 180, 215-217, 219, 231, 234, 235
質的方法 2, 3, 7, 8, 216, 217, 234
質問紙 9, 178
詩的言語 43, 225, 226
死へ臨む存在 29, 40, 41, 70, 144
社会科学 3, 4, 57, 72, 85, 94, 107, 196, 209, 213, 215, 235
社会心理学 2, 3, 64, 118, 150, 215, 216, 223, 234
社会性 143-145
自由 32-34, 44-48, 51, 52
修辞的機能 190-192, 205, 207
修辞的特徴 191
従属変数 9
主観性 5, 16, 30, 49, 51, 68, 99, 194, 216, 217, 227
主体の幻想 68, 187, 193, 195, 197
人種 25, 194
身体化 20, 48, 50, 58, 72, 78, 96, 98, 99
身体性 49-51, 76, 96-100, 118, 143-146, 173, 227, 230
身体的主体 29, 47, 49, 50, 52
心理学（心理学的） 1-5, 7-9, 23, 26, 30, 31, 44,

266

48, 53, 55, 57, 72, 77, 81, 85, 90, 113, 114, 122, 140, 146, 147, 149, 150, 172, 181, 182, 196, 216, 217, 221, 224, 227, 229, 233-235
心理学的意義　120, 122, 131, 140, 146
心理学的態度　121, 140
心理療法　37, 183, 226, 229
筋立て　70, 183
スティグマ　143, 174
ストーリー　2, 70-72, 120, 174
生活世界　5, 29, 31, 48, 50, 51, 55, 76, 77, 109, 117-119, 124, 143-146, 149, 151, 156, 173, 175, 179, 181, 186, 190, 230, 232
精神分析　37, 59, 72, 83, 122, 189, 221, 222
世界内存在　20, 22, 38, 41-43, 58, 68, 72, 98, 100, 111, 197, 222
セクシュアリティ　25, 78, 82, 89, 92, 144, 189, 192, 194, 197, 198, 202, 206-211
先行理解　57, 67
先入見　21-23, 26, 27, 48, 58, 68, 84, 121, 189, 193
前反省的　40, 227
想像的変更　9, 13, 24, 26, 27, 121, 122, 190, 211
疎隔化　65, 186, 213
存在論　30, 38, 40, 224, 227

■た行

退屈　125
脱神秘化　67, 72
脱神話化　67, 72
妥当性　7, 75, 124, 171, 215, 217-220, 235
地平　37, 57, 63, 67, 72, 121, 171, 189
地平化（水平化）　23, 27, 121
地平融合　37, 57, 66, 69, 72, 99, 171, 188
超越論的　18-22, 29, 30, 36, 51, 67, 193, 223
直示的指示　62, 64
ディスコース　58, 101, 150, 226, 233
ディスコース心理学　2, 149, 196, 223-225
ディスコース分析　43, 101, 103, 153, 224
テクスト　24, 35, 37, 58, 61-72, 99, 102, 107, 108, 112, 120-122, 129-131, 140, 141, 144, 146, 154, 156, 172-176, 181, 182, 186, 188-197, 209, 210, 220, 224, 227-229, 232, 233

データ収集　4, 7, 75, 86, 89, 93, 94, 103, 106, 107, 109, 114, 117, 119, 124, 143, 149, 152, 153, 172, 181, 184, 186, 219, 232
哲学（哲学的）　1-9, 12-18, 20, 26, 29, 31, 32, 35, 37, 38, 48, 51, 56, 60, 71, 79, 83, 117, 146, 150, 181, 195, 212, 216, 217, 219, 221, 223-230, 234, 235
テーマ表　154, 168-170, 179
テーマ分析　77, 125, 153, 179, 192, 195
デュケイン学派　76, 117, 145, 147
同化　37, 64-66, 68
投企　39, 46, 50, 118, 143-146
同性愛　81, 207, 209-211, 213
独立変数　9
トランスクリプション　75, 101-103
トランスクリプト　64, 65, 101, 102, 107, 145, 153, 154, 159, 166, 168, 169, 174, 175, 188, 192, 197, 198, 205, 206, 208, 218

■な行

内観　26
7つの断面　143, 144, 146, 230
ナラティヴ　4-7, 55, 61, 68, 70, 72, 77, 78, 80, 105, 107, 112, 120, 123, 182-197, 205-213, 218, 222, 224, 227, 228, 230, 231, 235
ナラティヴ・アイデンティティ　70-72, 183, 192, 194, 213
ナラティヴのトーン　190-192, 194, 195, 205, 206, 211
ナラティヴ分析　78, 114, 181, 182, 184-186, 212, 231
二元論　5, 48, 117, 124, 150, 216, 222
二重の解釈学　150, 222
人間科学　29, 34, 51, 56, 57, 65, 68, 147, 180, 216, 232
人間性　1, 3, 4, 30, 31, 34, 51, 58, 70, 72, 85, 110, 182, 186, 196, 216, 221, 235
認識論　4, 19, 30, 83, 213, 230
認知　3, 8, 17, 26, 118, 122, 124, 125, 149, 150, 182, 222

事項索引 —— 267

認知心理学　149, 150, 215
ノエシス　9, 17-21, 27, 117, 150, 228
ノエマ　9, 17-21, 27, 117, 150, 228

■は行

白昼夢　123, 124
パースペクティヴ　34, 190, 222
パーソナルスペース　11, 100
発話法　119
パラダイム　3, 4
半構造化インタビュー　90, 93, 94, 103, 114, 120, 145, 146, 152, 157, 159, 175, 179, 185, 186
反射性　7, 75, 81-85, 114, 187, 220
反省　18, 19, 21, 23, 26, 40, 50, 71, 81, 96, 109, 172, 227, 233
非構造化インタビュー　93, 94, 120, 172
批判的社会理論　189, 193, 222
批判的ナラティヴ分析（CNA）　56, 77-78, 105, 107, 113, 181, 184-195, 211, 212, 222, 229, 230, 235
ヒューリスティック　51, 118, 143, 145, 171, 230
標本抽出　7, 75, 79, 80, 107, 114
フェミニスト　197, 227

不変項　24, 27, 79
プライバシー　87, 88, 114
方法崇拝　230, 234
方法論　4-7, 27, 32, 65, 80, 110, 146, 151, 181, 195, 216-224, 230, 231, 233, 234
ポスト現象学　215, 226, 227, 229, 235
ポストモダン，ポストモダニズム　7, 99, 223, 225, 228, 229, 235, 236
本質（現象の本質，本質的構造）　9, 21-23, 25-27, 31, 35, 44, 51, 52, 71, 76, 79, 118, 119, 123, 141, 144, 146, 151, 172, 216, 227
本来性　29, 41

■ま行

物語的様式　71, 182

■ら行

ラポール　90, 92, 94
理解（了解）　56-59, 62, 66, 67, 69, 71, 72, 171-174, 226, 234
量的方法　2, 3, 18, 21, 216
臨床心理学　2, 150
倫理（研究倫理）　85-89, 108, 109, 114
論理－科学的様式　71, 182

著者紹介

ダレン・ラングドリッジ（Darren Langdridge）
イギリス、オープン大学で心理学の教授を務める。専門は、質的研究、現象学、解釈学。1998 年、シェフィールド大学で心理学の博士号を取得、1999 年からハダースフィールド大学で講師を務めた後、2004 年にオープン大学に移籍、2011 年から 2014 年まで同大学で心理学科長を務めた。イギリスの現象学的心理学を代表する理論家であるとともに、実存心理療法を実践する臨床家でもある。セクシュアリティの問題を質的研究のフィールドとしており、性的マイノリティと現代社会の関係についても積極的に発言している。

訳者紹介

田中彰吾（たなか・しょうご）
東海大学現代教養センター教授。2003 年東京工業大学大学院社会理工学研究科博士課程修了。博士（学術）。専門は、現象学的心理学、身体性哲学。メルロ＝ポンティの現象学的身体論にもとづいて身体知の研究に従事。近年は、身体性に根ざした間主観性の解明に取り組む。主な論文に Intercorporeality as a theory of social cognition. *Theory & Psychology, 25*, 455-472.（2015）, The notion of embodied knowledge and its range, *Encyclopaideia, 37*, 47-66.（2013）等がある。

渡辺恒夫（わたなべ・つねお）
東邦大学名誉教授、明治大学兼任講師。京都大学文学部で哲学を、同大学院文学研究科で心理学を専攻。博士（学術）。主な著書に『夢の現象学・入門』（講談社、2016）、『他者問題で解く心の科学史』（北大路書房、2014）、『フッサール心理学宣言』（講談社、2013）、『人はなぜ夢を見るのか』（化学同人、2010）、『自我体験と独我論的体験』（北大路書房、2009）、『*La voie des éphèbes*』（Paris: Ed. Trismégiste, 1991）、『トランス・ジェンダーの文化』（勁草書房、1989）等がある。

植田嘉好子（うえだ・かよこ）
川崎医療福祉大学医療福祉学部医療福祉学科講師。大阪大学人間科学部卒業、JA 兵庫南生活福祉課勤務を経て、川崎医療福祉大学大学院医療福祉学研究科医療福祉学専攻博士後期課程修了。博士（社会福祉学）。主な著書に『質的研究のための現象学入門』（共著、医学書院、2009）、『ボランティア教育の現象学』（文芸社、2011）、『多面的視点からのソーシャルワークを考える』（共著、晃洋書房、2016）等がある。

現象学的心理学への招待
理論から具体的技法まで

初版第 1 刷発行　2016 年 7 月 10 日

著　者　ダレン・ラングドリッジ
訳　者　田中彰吾
　　　　渡辺恒夫
　　　　植田嘉好子
発行者　塩浦　暲
発行所　株式会社　新曜社
　　　　101-0051　東京都千代田区神田神保町 3-9
　　　　電話（03）3264-4973（代）・FAX（03）3239-2958
　　　　e-mail：info@shin-yo-sha.co.jp
　　　　URL：http://www.shin-yo-sha.co.jp/
印　刷　星野精版印刷
製　本　イマヰ製本所

ⓒ Darren Langdridge, Shogo Tanaka, Tuneo Watanabe, Kayoko Ueda, 2016.
Printed in Japan
ISBN978-4-7885-1485-0 C1011

新曜社の関連書

書名	著者	判型・価格
心理学における現象学的アプローチ 理論・歴史・方法・実践	アメデオ・ジオルジ 吉田章宏 訳	A5判304頁 本体3400円
看護実践の語り 言葉にならない営みを言葉にする	西村ユミ	四六判244頁 本体2600円
ドクターズ・ストーリーズ 医学の知の物語的構造	キャサリン・モンゴメリー 斎藤清二・岸本寛史 監訳	四六判384頁 本体4200円
人間科学におけるエヴィデンスとは何か 現象学と実践をつなぐ	小林隆児・西 研 編著 竹田青嗣・山竹伸二・鯨岡 峻 著	四六判300頁 本体3400円
遊びのリアリティー 事例から読み解く子どもの豊かさと奥深さ	中田基昭 編著 大岩みちの・横井紘子 著	四六判260頁 本体2400円
文化とは何か、どこにあるのか 対立と共生をめぐる心理学	山本登志哉	四六判216頁 本体2400円
遊ぶヴィゴツキー 生成の心理学へ	ロイス・ホルツマン 茂呂雄二 訳	四六判248頁 本体2200円
ヴィゴツキーの思想世界 その形成と研究の交流	佐藤公治	四六判320頁 本体2400円
越境する対話と学び 異質な人・組織・コミュニティをつなぐ	香川秀太・青山征彦 編	A5判400頁 本体3600円
ワードマップ **グラウンデッド・セオリー・アプローチ** 改訂版 理論を生みだすまで	戈木クレイグヒル滋子	四六判192頁 本体1800円
ノットワークする活動理論 チームから結び目へ	ユーリア・エンゲストローム 山住勝広・山住勝利・蓮見二郎 訳	四六判448頁 本体4700円
質的心理学の展望	サトウタツヤ	A5判288頁 本体3200円
新しい文化心理学の構築 〈心と社会〉の中の文化	ヤーン・ヴァルシナー サトウタツヤ 監訳	A5判560頁 本体6300円

＊表示価格は消費税を含みません。